教育部人文社会科学研究青年基金项目资助（项目批准号：13YJC630225）

养老保险支付能力分析与基金缺口应对研究

张秋秋　金刚　著

辽宁大学出版社

图书在版编目（CIP）数据

养老保险支付能力分析与基金缺口应对研究/张秋秋，金刚著. —沈阳：辽宁大学出版社，2016.3
教育部人文社会科学研究青年基金项目资助（项目批准号：13YJC630225）
ISBN 978-7-5610-7921-8

Ⅰ.①养… Ⅱ.①张…②金… Ⅲ.①养老保险制度—研究—中国 Ⅳ.①F842.67

中国版本图书馆 CIP 数据核字（2016）第 053292 号

出 版 者：辽宁大学出版社有限责任公司
　　　　　（地址：沈阳市皇姑区崇山中路66号　邮政编码：110036）
印 刷 者：抚顺光辉彩色广告印刷有限公司
发 行 者：辽宁大学出版社有限责任公司
幅面尺寸：170mm×240mm
印　　张：14.5
字　　数：270千字
出版时间：2016年3月第1版
印刷时间：2016年4月第1次印刷
责任编辑：贾海英
封面设计：徐澄玥
责任校对：吕　海

书　　号：ISBN 978-7-5610-7921-8
定　　价：36.00元

联系电话：024—86864613
邮购热线：024—86830665
网　　址：http://press. lnu. edu. cn
电子邮件：lnupress@vip. 163. com

前　言

养老保险，是国家通过法律确定的，在劳动者达到法定退休年龄，或者因年老丧失劳动能力退出劳动岗位后能够得到基本生活保障而设置的一种社会保险制度。中国养老保险制度经历了由企业保障到社会管理、由现收现付到个人账户建立的管理层次与制度模式的两个重大转变，统账结合制的社会养老保险制度基本建立。但是，在养老保险制度转轨过程中，转轨成本尚未完全弥补，同时，随着中国人口老龄化程度的不断加深，未来一段时期内，中国养老保险制度将出现较大规模的资金缺口，养老金实际可支出水平将低于达到一定合意替代率所要求的养老金实际需求水平。

养老保险制度在发展过程中受到经济、社会和人口结构等多种因素的影响，其运行和承受能力最终会通过基金收支是否达到平衡表现出来，并且直接影响养老保险制度的可持续发展能力及健康发展水平。随着人口老龄化程度的加重，企业职工养老保险制度赡养率将会显著提高，这对于现收现付制模式的统筹养老金支出将带来巨大的压力，加之企业养老保险制度未决、转轨成本的逐步显现以及实际缴费率、覆盖率、个人账户基金投资回报率等制度参数情况不甚理想等各种其他原因，养老保险基金支付压力已经开始显现，并且随着未来人口老龄化高峰期的到来，养老保险基金收支可能出现较大的缺口，成为养老保险制度可持续发展的威胁。

在人口老龄化高峰期到来之前，定期预测未来养老保险基金收支情况，对于养老保险制度的发展具有重要的基础性意义，这也是日本、美国等发达国家社会养老保险制度的通行做法。即以基金收支情况为基础，通过各种制度参数的调整甚至制度模式的改革，确保养老保险基金平衡，实现养老保险制度的持续有效运行。从中国的实际情况来看，对缴费率、覆盖率、替代率等各种制度参数的调整以及实施延迟退休政策、名义账户制转轨将成为养老保险近期和中期改革的目标。在这种情况下，对各类制度参数发展现状、趋势和对基金收支影响效应的分析，以及对延迟退休政策和名义账户制的模拟分析，不但可以完善养老保险制度，而且将会对未来改革提供切实可行的政策建议，将有助于了解中国养老保险制度的运行规律、未来发展趋势，提高改革措施的实际效果。在此基础上，本书主要进行以下几方面的研究：

第一，进行中国养老保险制度转轨成本测算。由于中国在企业养老保障阶段，职工的工资水平较低，在退休后主要由企业为职工提供养老金。在社会养老保险制度建立以后，就应当保证个人只要按照新制度规定，在养老保险制度转轨后，按期缴纳社会保险费就可以获得足额的养老保障。在统账结合制社会养老保险制度下，个人账户要为参保者提供一定替代率的养老金，而在新制度确立前参加工作的老职工，其个人账户资金在企业保障阶段并没有积累，因此，在退休时个人账户资金规模不足。如果在社会养老保险制度建立时，能够将这部分人的个人账户充实到一定规模的资金，使其在新制度确立后，按照新制度的规定和新参加工作的人员一样缴费至退休，就可以获得足额保障，那么就完全解决了制度的转轨成本问题。本书在测算时，将个人账户建立时需要充实老职工的个人账户规模定义为国有资产对社会养老保险制度转轨成本的负债，认为：在个人账户40％替代率要求下，国有资产对养老保险制度转轨成本负债为22838亿元，在个人账户22％替代率要求下，国有资产对养老保险制度转轨成本负债为5734亿元。

第二，对养老保险未来资金缺口进行测算。本书将社会养老保险制度的支付能力定义为养老保险制度筹资以满足养老金支付的能力，即社会养老保险制度可以筹集到并用于支付的资金规模与实现合意替代率参保者应该领取到的养老金规模之间的比较。如果支付能力不足，养老保险实际可支出规模与实现合意替代率所必需的支出规模之间会出现资金缺口。本书设定社会平均替代率60％为养老保险的合意替代率，并在一定参数假定之下测算2050年之前中国养老保险实际可支付规模与实现合意替代率之间的差距规模，测算结果为：中国人口老龄化程度不断加深，养老保障负担系数相应提高，在2035年左右达到老龄化高峰期；人口老龄化提高了养老金需求，养老保险实际支付水平可实现的社会平均替代率随之下降，从2007年开始实际可实现替代率低于60％合意替代率水平，在人口老龄化高峰期实际可实现替代率只有33％左右，远远

低于 60% 的合意替代率，养老金支付压力较大；在覆盖率、缴费率均为 100%
的条件下，中国社会养老保险制度的实际支付能力与 60% 的合意替代率所要
求的支付能力之间的资金缺口为 15.59 万亿元，养老保险制度需要制度外资金
补充以保障养老保险制度的顺利运行。

第三，研究延迟退休、名义账户等改革措施对企业养老保险基金收支影响
效应。首先，对延迟退休政策的效果进行分析。在对实施延迟退休的合理起始
点和目标退休年龄进行分析的基础上，设计几种不同方案，按照相应的方案分
别计算了退休人口数和工作人口数，并对不同方案下企业养老保险统筹基金结
余（缺口）情况进行逐年测算。测算结果显示：各种延迟退休方案都可以在一
定程度上缓解统筹养老保险基金收支压力。但是，延迟退休方案却无法完全消
除各年可能出现的基金缺口，即使在延迟退休方案下，人口老龄化高峰期企业
养老保险基金仍然可能出现当年的收支缺口。其次，对名义账户制转轨的效果
进行分析。由于"艾伦条件"得以满足、"隐性名义账户"已经存在、养老保
险基金支出压力较大等原因，制度模式向名义账户制转轨具有一定的现实意
义，可以采用"全名义账户"，即：制度模式从统账结合转向完全名义账户制
的假设，对现行退休年龄和两个延迟退休方案下名义账户制养老保险基金收支
情况进行逐年测算。测算结果显示："全账户＋延迟退休年龄方案"无法完全
消除各年的养老保险基金缺口，名义账户制也不具有从根本上消除未来基本缺
口的能力。

第四，探讨国有股权型养老保障的实现方式。本书尝试将国有资产水平作
为外生变量引入代际交叠模型，并得出以下分析结论：①在动态效率经济中，
单纯降低国有资产水平会降低社会福利；②利用国有资产部分收入用于私人消
费可以提高社会福利水平，此结论通过数值模拟验证。因此，在实证中将利用
国有资产收益充实全国社会保障基金的方式定义为国有股权型养老保障，并建
议将国有股权型养老保障作为中国经济动态效率条件下提高养老保险支付能力
的有效方式。在全国社会保障基金投资收益率、国有企业利润增长率、分红率
以及全国社会保障基金持股比例等指标不同假设基础之上，在社会保障基金实
现国有股权型养老保障的基础上，测算 2050 年之前提高中国养老保险制度支
付能力的效应。结果显示：在企业分红率确定的前提下，国有企业利润增长速
度和全国社会保障基金投资收益率是国有股权型养老保障实际效应的正向拉动

因素，国有企业利润增长速度和基金投资收益率的提高可以提高国有股权型养老保障的收入水平，增强国有股权型养老保障提高养老保险支付能力的作用。在企业分红率50％、国有企业利润年均增长率15％、基金投资收益率7％的假设条件下，随着国有企业利润的不断增长，全国社会保障基金持有10％的国有股权就可以充分保障养老保险制度支付能力充足，国有股权型养老保障的分红收入甚至可以超过当年养老保险制度本身养老金的可支出规模，相当于利用国有股权建立了一个支付能力超过社会养老保险的全新的养老保障制度。

养老保险制度基金运行的客观环境较为复杂，基金收支平衡的影响因素较多，同时养老保险制度目前仍在不断的调整与完善之中，未来还存在不确定性。本书内容仅是一个探索性的研究，还存在着许多不足，真诚希望与同行交流。

张秋秋　金刚

2016 年 3 月

目　　录

第1章　基本理论框架

1.1　人口转变理论

人口转变理论是西方学者在观察了西欧等发达国家人口出生率、死亡率及其相互关系变化的历史过程后，通过经验概括提出的一个重要理论模型。该理论起源于 20 世纪 30 年代的西方，并在随后的数十年间盛行于世。这其中，尤以法国人口学家兰德里、英国人口学家布莱克、美国人口学家汤普森、诺特斯坦和随后的科尔等学者的转变理论为代表。人口转变是指在工业革命及由此带来的工业化、城市化和现代化推动下，人口发展由高出生率、高死亡率、低自然增长率，经过高出生率、低死亡率、高自然增长率，向低出生率、低死亡率、低自然增长率转变的过程。它描述的是人口再生产类型从传统模式经由过渡模式，最终向现代模式转变的趋势，反映社会经济现代化进程与人口再生产的内在联系。其中，在从过渡模式向现代模式的转变过程中，出生率下降速度快于人口老龄化速度，从而使得有一段时期劳动人口对少儿扶养与对老年的扶养都比较低，从而形成人口的机会窗口。在这段时间内，劳动力供给充足，社会负担相对较轻，比较有利于社会经济发展，因而又被称为人口红利期。这种人口转变可能带来三方面的机遇：一是劳动力供给充分，劳动力人口年龄结构比较年轻，价格低廉，如果就业充分，就能创造出较多的社会财富；二是由于劳动力人口年龄结构比较轻，使得储蓄率较高，如果资本市场健全，能将储蓄转化为投资，就可以促进经济增长；三是由于人口老龄化高峰没有到来，所以社会保障支出负担轻，财富积累速度快，可以称为人口转变的社会经济效应，也可以理解为人口现代化的人口推力效应。但是，人口机会窗口期不可能长时间持续，随着时间的推移，曾经给经济发展带来助力的劳动力人口终将老去，而此时人口再生产类型已经逐渐完成由过渡模式向现代模式的转变，低人口增长率使得劳动适龄人口在总人口中的比例越来越小，此时的老年人口扶养压力会空前加大，进入人口负债期。尤其是中国的人口转变过程并不是自然完成的，而是通过计划生育政策强制完成的，并且仅用了几十年的时间就走完了西方国家上百年的人口转变历程，人口转变较快，这也决定了我国的人口红利期较短，而老龄化的状况将不断加重，最直接的影响就是会对养老保险产生较大的压力。

1.2 养老保险经济效应的相关理论

1.2.1 新古典经济增长模型与经济动态效率

经济动态效率（Dynamic Efficiency），是指经济均衡时私人消费最大化的一种状态，其判断标准是西方宏观经济理论中的黄金定律（Golden Rule），即均衡经济路径上的稳态资本存量是否偏离黄金律水平。

1.2.1.1 索洛经济增长模型—资本黄金律与经济动态效率

1956 年，索洛（Solow）和斯旺（Swan）提出了索洛模型[1]，将总量生产函数应用于经济增长的研究，奠定了现代经济增长理论的框架，成为几乎所有增长问题研究的出发点[2]。索洛模型是典型的外生经济增长模型，模型将储蓄率和技术进步率设定为外生变量，其基本内容为：

生产函数：

$$Y(t) = F[K(t), A(t)L(t)] \tag{1.1}$$

其中 $K(t)$ 为资本，$A(t)L(t)$ 为有效劳动［其中：$A(t)$ 为知识，$L(t)$ 为劳动］，生产函数规模报酬不变。因此：

$$F[K(t)/A(t)L(t), 1] = \frac{1}{A(t)L(t)} F[K(t), A(t)L(t)] \tag{1.2}$$

定义 $k = K/AL$，$y = Y/AL$，$f(k) = F[k, 1]$，生产函数可写为：$y = f(k)$。假定资本边际产品递减，$f(0) = 0$，$f'(k) > 0$，$f''(k) < 0$，并且生产函数满足稻田条件。在生产函数为柯布—道格拉斯生产函数时，$f(k) = k^a$。

定义时间为连续变量，资本、劳动和知识的初始水平既定，劳动和知识以不变速度增长：

$$\dot{L}(t) = nL(t) \tag{1.3}$$

$$\dot{A}(t) = gA(t) \tag{1.4}$$

---

① Solow R. A Contribution to the Theory of Economic Growth [J]. Quarterly Journal of Economics，1956（70）.

② 罗默. 高级宏观经济学 [M]. 北京：商务印书馆，2003：10.

产量分为消费和投资，其中用于投资的比例即储蓄率外生，假定为 s，折旧率为 δ，并假定 $n+g+\delta>0$。这样：

$$\dot{K}=sY(t)-\delta K(t) \tag{1.5}$$

k 的动态方程为：

$$\dot{k}(t)=sf[k(t)]-(n+g+\delta)k(t)① \tag{1.6}$$

即每单位有效劳动得到的平均资本变动率是两项之差，$sf(k)$ 为每单位有效劳动的实际投资，$(n+g+\delta)k(t)$ 为持平投资。如果实际投资大于持平投资，k 上升；反之，k 下降。如图 1.1。

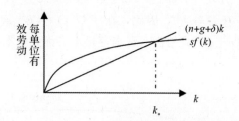

图 1.1　实际投资与持平投资

在图 1.1 中，k_* 为实际投资与持平投资相等时的资本存量，即 $\dot{k}(t)=0$ 的资本存量。索洛模型的基本结论之一是 k_* 是自动收敛的，即无论初始 k 值是多少，都向 k_* 收敛。如图 1.2。

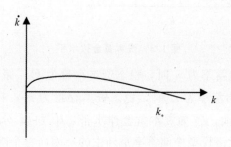

图 1.2　$\dot{k}$ 变化趋势图

在图 1.2 中，如果 $k>k_*$，那么 $\dot{k}<0$，k 下降；如果 $k<k_*$，那么 $\dot{k}>0$，k 增加；在 $k=k_*$ 处，$\dot{k}=0$，k 稳定。因此，k_* 是自动收敛的。

---

① 推导过程见罗默. 高级宏观经济学 ［M］. 商务印书馆，2003：19.

产出用于消费和储蓄，索洛模型假设储蓄率为外生变量 s，因此，均衡时产出中储蓄为 $sf(k_*)$。经济均衡时有：

$$\dot{k}(t)=sf[k(t)]-(n+g+\delta)k(t)=0 \qquad (1.7)$$

$$sf(k_*)=(n+g+\delta)k_* \qquad (1.8)$$

消费＝产出－储蓄（投资），即：

$$c_*=f(k_*)-sf(k_*)=f(k_*)-(n+g+\delta)k_* \qquad (1.9)$$

资本黄金律最早由费尔普斯（E. Phelps，1961）根据索洛的经济增长模型提出。根据公式（1.9），有：

$$\partial c_*/\partial s=[f^{'}(k_*)-(n+g+\delta)]\partial k_*/\partial s \qquad (1.10)$$

由于 $f^{''}(k_*)<0$，$\partial k_*/\partial s>0$，因此，在 $f^{'}(k_*)=(n+g+\delta)$ 时，c_* 达到最大值，使 $f^{'}(k_*)=(n+g+\delta)$ 的稳态资本存量水平称为资本黄金律水平。如图 1.3。

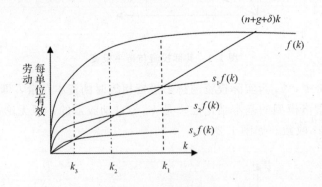

图 1.3　资本黄金律水平

在图 1.3 中，储蓄率为 s_1 时，稳态资本存量为 k_1，储蓄率为 s_2 时，稳态资本存量为 k_2，在储蓄率为 s_3 时，稳态资本存量为 k_3。在 k_2 处，$f^{'}(k_*)=(n+g+\delta)$，消费最大，k_2 为资本黄金律水平，k_1 和 k_3 分别大于和小于资本黄金律水平。由于索洛模型中储蓄率是外生的，因而每个既定的储蓄率水平都会自动收敛于与储蓄率相对应的一个稳态资本存量水平，而这个资本存量水平可能大于、小于或等于资本黄金律水平。

索洛模型中三个主要变量：储蓄率、人口增长率和技术进步率都被假定为是外生的，而这三个经济变量显然是由人们的经济行为所决定，它们的外生性假定既会使模型失去一定的理论价值，也会制约模型的现实解释力。因此，如何将它们内生化就成为索洛之后增长理论发展的方向。对索洛模型的完善沿着变量内生化的趋势进行，主要有两个方向：一是将储蓄率内生化，同时保持经济收敛的结论，如：拉姆齐（Ramsey）—卡斯（Cass）—库普曼斯（Koopmans）模型和戴蒙德（Diamand）代际交叠模型；二是将技术进步内生化，主要有非报酬递减型和内生技术进步型的研究，如阿罗（Arrow）的边干边学思想，罗默（Romer）的内生增长模型，宇泽（Uzawa）和卢卡斯（Lueas）构造的两部门内生增长模型。其中，储蓄率内生化的思想使资本黄金律水平以及经济动态效率的研究得到了深入发展。

1.2.1.2　卡斯—库普曼斯—拉姆齐模型——修正的资本黄金律

拉姆齐（Ramsey，1928）在《储蓄的数学理论》中研究一个国家储蓄多少是最优的，把宏观建立在微观基础之上，运用变分法，第一次从动态最优化角度探讨"时际福利"最大化问题，其研究方法已经成为宏观经济动态分析中广泛运用的基本方法。1965 年，卡斯（Cass）和库普曼斯（Koopmans）分别沿用拉姆齐的研究方法，采用指数贴现的处理方法，吸收现代最优控制理论的研究成果，重新表述了最优经济增长过程中储蓄率的决定问题，从而形成了拉姆齐—卡斯—库普曼斯模型，也简称为拉姆齐模型。

模型的基本内容为：有大量相同的厂商，生产函数形式及性质与索洛模型相同，要素市场完全竞争，技术进步率外生，厂商为家庭所拥有，不考虑折旧。在每一时点上，厂商雇佣劳动和资本存量，按边际产品付酬，获得零利润。

$$r(t) = f'[k(t)] \tag{1.11}$$

$$w(t) = f[k(t)] - k(t)f'[k(t)] \tag{1.12}$$

每一工人收入为 $A(t)w(t)$。

有大量相同的长生不老家庭，每一家庭的规模以速率 n 增长，每一成员在每一时点提供 1 单位有效劳动，并将所有资本租给厂商，最初每个家庭资本存量为 $K(0)/H$，H 为家庭数。家庭在每一时点将其收入（工资与资本利得）用于消费和储蓄，最大化其一生效用。

家庭效用函数为：

$$U = \int_{t=0}^{\infty} e^{-\rho t} u[C(t)] \frac{L(t)}{H} dt \tag{1.13}$$

$C(t)$ 为每一家庭成员 t 时的消费，$u(\cdot)$ 为即期效用函数，$L(t)$ 为总人口，ρ 为贴现率。其中，即期效用函数为相对风险规避系数不变的效用函数：

$$u[C(t)] = \frac{C(t)^{1-\theta}}{1-\theta}, \theta > 0, \rho - n - (1-\theta) > 0 \tag{1.14}$$

家庭最大化其一生效用，将 r 和 w 路径看作既定的，预算约束为一生消费现值不能超过其初始财富和一生劳动收入，即：

$$\int_{t=0}^{\infty} e^{-R(t)} C(t) \frac{L(t)}{H} dt \leqslant \frac{K(0)}{H} + \int_{t=0}^{\infty} e^{-R(t)} A(t) w(t) \frac{L(t)}{H} dt \qquad (1.15)$$

其中，$R(t) = \int_{t=0}^{t} r(\tau) d\tau$，即在期间 [0，t] 上连续计算复利的结果。用有效劳动数量将模型正规化[①]，得：

$$\int_{t=0}^{\infty} e^{-R(t)} c(t) e^{(n+g)t} dt \leqslant k(0) + \int_{t=0}^{\infty} e^{-R(t)} w(t) e^{(n+g)t} dt \qquad (1.16)$$

$$U = B \int_{t=0}^{\infty} e^{-\beta t} \frac{c(t)^{1-\theta}}{1-\theta} dt, \ B = A(0)^{1-\theta} \frac{L(0)}{H}, \ \beta = \rho - n - (1-\theta)g$$

$$(1.17)$$

为实现效用最大化，家庭选择为：

$$\max \quad u \qquad s.t.$$

利用变分法，得：

$$\frac{\dot{c}(t)}{c(t)} = \frac{r(t) - n - g - \beta}{\theta} = \frac{r(t) - \rho - \theta g}{\theta} \qquad (1.18)$$

对于任意 k 的初始值，都存在唯一的 c 的初始值与之相对应，满足家庭跨期最优化、资本存量动态变化、家庭预算约束和 k 不能为负的假设。将 c 的初始值表示为 k 的函数，可得"鞍点路径"，对于 k 的任意初始值，c 的初始值必等于鞍点路径上的值，并向 $\dot{c}=0$ 的资本存量水平收敛。如图 1.4，经济收敛于 E 点。

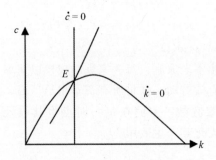

图 1.4 鞍点路径

在拉姆齐模型中，平衡增长路径上的资本存量不可能高于资本黄金律水平，而是收敛在低于黄金律资本存量的水平，即经济收敛在使 $f'(k_*) = \rho$ 的资本存量上（假设 $g=0$），而资本黄金律水平时 $f'(k_G) = n$，由于 $\rho > n$，因而 $k_* < k_G$。但是，由于家庭更偏重于现期消费，并且储蓄率是家庭行为选择的结

---

① 具体过程参见：罗默. 高级宏观经济学 [M]. 北京：商务印书馆，2003：57－58.

果，在 k_* 处短期消费的减少与长期消费提高之间的替代恰好相等，再提高 k_* 就会降低总福利，因而 k_* 是经济收敛的最优值，被称为修正的资本黄金律水平。

需要注意的是，与没有微观基础的索洛经济增长模型相比，拉姆齐—卡斯—库普曼斯模型充分考虑到微观条件中的影响因素，认为：经济会自动收敛到长期的最优增长路径上去，即该模型所实现的均衡是一个瓦尔拉斯一般均衡。如果这样，经济不会出现动态无效。之所以得出这一结论是由于该模型对行为人作出了"长生不老"的强假设，即行为人要对未来的效用进行现期折算，因而在稳态资本存量小于黄金律水平时达到效用最大化，不存在调整储蓄率提高效用的可能性。因此，要从理论上探讨经济出现动态无效的可能性，必须放弃拉姆齐—卡斯—库普曼斯模型而求助于更现实的、把行为人的生命期引入模型的代际交叠模型。

1.2.1.3　戴蒙德代际交叠模型——经济动态无效率

代际交叠模型最先由萨缪尔森（Samuelon，1958）提出，并经戴蒙德（Diamond，1965）扩展。标准戴蒙德模型作如下假定：人口不断新老更替，新人不断出生，老人不断死亡；时间为离散变量，$t=0$，1，2，…；每人只生存两期，L_t 个人与第 t 期出生，人口增长率为 n，$L_t=(1+n)L_{t-1}$；在第 t 期有 L_t 个人出于生命的第一期，$L_{t-1}=L_t/(1+n)$ 个人出于生命的第二期，每个人第一期提供一个单位劳动获得劳动收入，用于当期消费和储蓄，第二期仅消费上期储蓄和利息；$C_{1,t}$ 和 $C_{2,t+1}$ 分别表示 t 期出生的人在第一期和第二期的消费，效用函数：

$$U_t = \frac{C_{1,t}^{1-\theta}}{1-\theta} + \frac{1}{1+\rho}\frac{C_{2,t+1}^{1-\theta}}{1-\theta}, \quad \theta>0, \quad \rho>-1, \text{ 其中，} \rho \text{ 为贴现率；生产函数}$$

形式及性质与索洛模型中生产函数相同，不考虑折旧；初始资本为 K_0，由当期老年人平均拥有。在 $\theta=1$ 时，经济有唯一收敛的均衡水平：

$$k^* = \frac{1}{(1+n)(1+g)}\frac{1}{2+\rho}(1-\alpha)(k^*)^\alpha = D(k^*)^\alpha \qquad (1.19)$$

即：

$$k^* = \left[\frac{1}{1+n}\frac{1}{2+\rho}(1-\alpha)\right]^{1/(1-\alpha)} \qquad (1.20)$$

$$f'(k^*) = \frac{\alpha}{1-\alpha}(1+n)(2+\rho) \qquad (1.21)$$

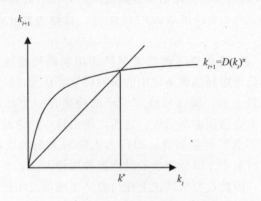

图 1.5　戴蒙德模型经济均衡图

在 α 足够小时，$f'(k^*)$ 小于 n，即平衡增长路径上的资本存量水平大于黄金律水平时，帕累托是无效的，存在着福利改进的可能性，将这种状态定义为经济动态无效。动态无效出现的原因是：戴蒙德代际交叠模型假设每人只能生存两期，因而每个人若要在第二期消费，就必须在第一期进行储蓄，储蓄可以获得市场利率。如果均衡时利率小于人口增长率，那么政府可以通过在年轻人和老年人之间配置资源，使得个人可以不通过储蓄获得人口增长率水平收益率，即"人口红利"。尽管戴蒙德代际交叠模型是建立在自由竞争假设之上的，但由于同时假设个人是有限的生命周期，而行为人无论利率高低都必须为自己在第二期的消费积累储蓄，因此，可能出现经济的动态无效，表现为利率小于人口增长率。在经济动态无效率时，可以通过调整储蓄率降低稳态资本存量，进而提高私人的消费水平，增进社会福利。

1.2.2　养老保险对储蓄率的影响

养老保险对经济运行的影响主要是通过对储蓄的影响实现的。新古典增长理论的结论是：储蓄只有水平效应，不具有增长效应，但储蓄率的变化会对均衡时的消费造成影响，并且经济在储蓄率发生变化之后向新的均衡点收敛的过程中会对经济整体运行产生影响。新经济增长模型在解释经济自增长的同时，在经济均衡时得到的结论与索洛模型基本一致。因此，研究养老保险的储蓄效应对经济的影响同样具有基础性作用。

拉姆齐（Ramsey，1928）率先研究了个人跨期消费储蓄决策，得出个人必定能够通过自身选择实现效用最大化的分析结论。但是，由于模型假设个人具有无限的生命周期，因而并不适合分析养老保险对个人生命期内储蓄的影响。代际交叠模型是分析养老保险储蓄效应的有力工具,《新帕尔格雷夫经济学大辞典》对"一般均衡的代际交叠模型（overlapping generations model of General Equilibrium）"描述为:"保罗·萨缪尔森在 1958 年为了分析利率而建立的消费贷款模型,毫无疑问已经在阿罗－德布鲁经济外的新古典一般均衡理论发展中成为最重要而又最有影响的范式。财政和宏观经济学中浩如烟海的文献都是基于该模型进行的,包括:国债、社会保险、资本积累的征税范围和遗赠、菲利普斯曲线、经济周期以及货币理论基础的研究。"标准的戴蒙德代际交叠模型对养老保险储蓄效应的分析结论是:现收现付制养老保险会降低储蓄率,对个人储蓄具有"挤出效应";完全基金制对个人储蓄的影响作用等同于储蓄的 1∶1 替代,因而是中性的,即完全基金制不会影响私人的储蓄水平。利用标准的代际交叠模型分析养老保险的储蓄效应,将在后面章节进行分析。本节主要介绍利用其他理论工具对养老保险储蓄效应的理论分析和经验研究。

费尔德斯坦（Feldstein, 1974）引入内生劳动供给决策[1],指出养老保险体系"引致退休效应"对个人生命周期内储蓄的重要影响作用,即养老保险体系可能诱使个人提前退休,那么个人必须要在工作期内增加储蓄以维持退休后的消费。在标准的代际交叠模型中,现收现付养老保险制度会降低储蓄,而"引致退休效应"可能会降低现收现付制对储蓄的作用,因而会导致很难判断现收现付制的养老保险制度对储蓄的影响作用。然而,基金制养老保险制度利用代际交叠模型的分析结论对个人储蓄的影响是中性的,因此,"引致退休效应"可能使基金制增加个人储蓄。现收现付的养老保险制度存在着高、低收入者之间的收入再分配,收入再分配可能使养老保险制度的储蓄效应发生变化。迪南等（Dynan, Skinner & Zeldes）研究发现[2]:高收入者的储蓄效应更高,养老保险的收入再分配会降低储蓄,但是高收入者养老保险财富与其他财富的替代效用更明显,在高收入者向低收入者转移财富而养老保险减少时,会明显地通过其他财富类型的储蓄进行弥补,因而养老保险又会使高收入者增加储蓄。所以,对养老保险储蓄效应的考察需要考虑不同收入阶层以及不同资产之间的替代效应。如果个人的养老保险资产与其他资产之间具有完全的替代性,那么储蓄效应就与标准的代际交叠模型结论一致。预防性储蓄是个人储蓄的重

---

① 　Feldstein M. Social Security, Induced Retirement and Aggregate Capital Formation [J]. Journal of Political Economic Perspectives, 1974 (4): 113—138.

② 　袁志刚. 养老保险经济学 [M]. 上海人民出版社, 2005: 73.

要动机，哈巴德（Hubbard，1986）提出[1]：在个人寿命不确定而且不存在向个人寿命提供保险的市场时，养老保险体系的引入会减少个人的预防性储蓄，无论养老保险是现收现付制还是基金制，只要能够提供年金化的养老金，都会减少预防性储蓄。默顿（Merton，1983）从人力资本投资的角度提出[2]，养老保险也是人力资本投资的保险机制，因而会减少预防性储蓄。

关于养老保险储蓄效应的经验研究结论目前还没有形成一致性意见。费尔德斯坦（1974、1996）的研究结论支持现收现付制养老保险减少个人储蓄的结论[3]。他在 1974 年的研究中，发现养老保险会显著减少个人储蓄，幅度在 30%～50%之间；在 1996 年的研究中，他利用更新后的数据和进一步完善的方法，发现养老保险减少了 60%左右的个人储蓄。雷默尔和莱斯诺（Leimer，Lesnoy，1985）利用 5 种方法进行计量研究[4]，其中三种方法证明现收现付制养老保险轻微地增加个人储蓄，剩下的一种方法证明现收现付制养老保险轻微减少储蓄，另一种方法证明则显著减少储蓄。完全基金制养老保险储蓄效应主要取决于养老储蓄与其他储蓄之间的替代效应，戴维斯（Davis，1995）的研究结果并没有发现基金制养老保险对个人储蓄的规律性影响，因而提出基金制养老保险对个人储蓄的影响依各种经济发展的实际情况而定[5]。还有一些学者构建经济模型时，利用数值模拟方法研究养老保险制度的储蓄效应，比如，科特利科夫（Kotlikoff，1979）利用一般均衡 A－K 模型证明，现收现付制养老保险显著减少个人储蓄[6]；萨姆维克（Samwick，1995）指出，引入个人劳动收入不确定性之后现收现付制养老保险减少个人储蓄的效应减少，因为养老保险财富不是预防性储蓄的良好替代[7]。

① Hubbard, R. G., Judd, K. L. Liquduty Constraints Fiscal Policy, and Consumption [J]. Brooking Papers on Economic Activity, 1986 (1): 360－399.

② Merton, R. C. On the Role of Security as a Means for Efficient Risk Sharing in an Economy Where Human Capital Is Not Tradeable [c]. Bodie, Zvi& Shoven, J. B. Financial Aspects of the United States Pension System [c]. University of Chicago Press, 1983: 325－358.

③ Feldstein M. Social Security and Saving: New Time Series Evidence [J]. National Tax Journal (49), 1996 (2): 151－164.

④ Leimer, D. r., Lesnoy, S. D. Social Security and Private Saving: Theory and Historical Evidence [J]. Social Security Bulletin (48), 1985: 14－30.

⑤ Davis, E. P., Pension Funds——Retirement－Income Security, and Capital Markets——A international Perspective [M]. Clarendon Press, Oxford, 1995.

⑥ Kotlikoff, L. J. Social Security and Equilibrium Capital Intensity. Quarterly Journal of Economics (93), 1979: 233－253.

⑦ Samwick, A. The Limited Offset Between Pension Wealth and Other Private Wealth: Implication of Buffer－Stock Saving [Mimeo].

1.2.3　养老保险对福利的影响

养老保险对福利的影响主要是通过养老保险的储蓄效应实现的，在图 1.6中，纵轴是均衡时的消费水平，横轴是均衡时的资本存量。在资本黄金律水平k_G 之左的Ⅰ区域，消费与稳态资本存量成正比，即 $\partial c_* / \partial k_* > 0$，在这个区域提高资本存量水平会增加消费进而增进社会福利；在资本黄金律水平 k_G 之右的Ⅱ区域，消费与稳态资本存量成反比，$\partial c_* / \partial k_* < 0$，在这个区域降低资本存量会增加消费进而增进社会福利。

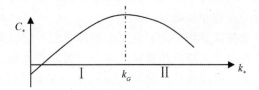

图 1.6　消费与资本存量

经济自发均衡水平主要由储蓄率决定，可能大于或小于资本黄金律水平，因此，在均衡水平偏离资本黄金律时，如果通过改变储蓄率而影响经济均衡水平就可以提高消费水平。具体过程是：如果经济自发均衡点在区域Ⅰ，那么应该提高储蓄率，以提高稳态资本存量水平；如果经济自发均衡点在区域Ⅱ，那么应该降低储蓄率，以降低稳态资本存量水平。均衡点在区域Ⅱ的经济是经济动态无效率的经济，降低储蓄率是对经济动态无效率的调整。

现收现付制养老保险可以降低经济中的储蓄率，因此，如果经济均衡在区域Ⅱ，那么引入现收现付制养老保险制度可以降低稳态资本存量水平，使经济的均衡点向资本黄金律趋近，消费水平提高；如果经济的均衡点在区域Ⅰ，那么引入现收现付制养老保险制度，会由于稳态资本存量的减少而降低消费，造成各代福利的下降。基金制的养老保险制度由于对储蓄率具有中性作用，因而不会影响资本存量水平和福利水平。

1.3　养老保险制度转轨的相关理论

1.3.1　养老保险制度类型划分

养老保险制度类型主要有两类划分标准，费尔德斯坦（Feldstein，2001）对其作了清晰的归纳：第一类标准按照养老保险待遇计发方式划分，可分为确定给付型（DB）和确定缴费型（DC）；第二类标准按照养老保险基金运行机制划分，可分为基金制和非基金制养老保险。按照第二类标准，从财务平衡机制上划分，养老保险制度可以进一步划分为现收现付制（Pay-as-you-go）、完全基金制（full-funded），以及同时具有两类特征的部分积累制。

现收现付制是指利用一个时期正在工作人的缴费支付当期退休人养老金的一种养老计划安排，一般为确定给付制，资金筹集多采用工资税的形式。现收现付制实质上是一种代际转移支付，易于操作，不受通货膨胀率和利率波动的影响。萨缪尔森（Samuelson，1958）利用无限期迭代模型，提出在各代收入和缴费率不发生变化的条件下，每一代人的退休收入以经济增长率增长作为养老保险经济学分析的开端和基础。

完全基金制养老保险是指劳动者在工作期间按照一定缴费率在个人账户上积累资金，退休后按照个人账户积累额从账户中领取养老金，一般称为缴费确定型。完全基金制养老保险建立在精算的基础上，采取"同代自养"的方式，不受人口结构变化的影响，对个人激励作用明显，但资金积累容易受到经济波动、通货膨胀、利率变化等因素的影响，并且不具有代际之间和不同收入水平人之间进行收入再分配的功能。

部分积累制养老保险是现收现付制和完全基金制之间的一种养老保险制度组合，筹集所得资金部分按照现收现付制支付，部分按照完全基金制进行积累。完全基金制兼有现收现付制和完全基金制的优点，受人口结构、通货膨胀、利率变化等因素的影响较小，同时还具有一定的收入再分配功能。

1.3.2 现收现付制向基金制养老保险转轨的理论

世界银行（1994）较早提出了养老保险由现收现付制向基金制转轨的观点，在《防止老龄化危机：保护老年人及促进增长政策》中，提出了三支柱养老保险改革思路：第一支柱为强制性政府税收融资的现收现付制；第二支柱为强制储蓄型的完全基金制；第三支柱为自愿储蓄形式的商业保险和企业年金。之后，关于现收现付制向完全基金制转轨具体方式的理论研究开始增多，出现了两种观点：一是"改良主义"，主张在现有制度基础上进行改良；二是"激进主义"，主张从现收现付制完全过渡到私人管理的基金制。"激进主义"的代表是费尔德斯坦和萨姆维克（Feldstein and Samwick，1996，1997）、科特利科夫（Kotlikoff，1998）、墨菲和维尔克（Murphy and Welch，1998）等，认为私人管理的完全基金制可以提高经济的总储蓄水平、减少劳动供给扭曲、提高经济增长效率，从理论上可以获得一条帕累托有效的转轨路径，因而应该进行彻底改革。"改良主义"的代表是戴蒙德（Diamand，1998）、奥斯泽格和斯蒂格利茨（Orszag and Stiglitz，1999），认为完全基金制不一定能够增加经济的总储蓄水平，个人账户很难获得较高收益率，转轨过程会损害一代或几代人的利益，因此，转轨不是帕累托改进过程，并主张利用提高退休年龄、降低养老金给付标准、财富审查和扩大养老保险覆盖面等措施保持现收现付制养老保险体系的财政均衡。

1.3.3　转轨方式与成本偿付时间

尽管在养老保险的具体转轨方式上存在争论，但是由于人口老龄化给养老保险制度本身的财务可持续发展能力带来了巨大挑战，很多国家都已经或正在进行养老保险制度从现收现付制向基金制及部分积累制的转轨。养老保险转轨的成本主要是指显性化的隐性债务，制度转轨的方式和成本偿付的时间会影响到转轨成本的规模及结构。在养老保险转轨的国家，一般来说，私人要得到补偿才愿意转到新的基金制中，在拉美国家表现得较为明显。如果在转轨时偿付这种补偿，现金流的需求最大，金额等于所有转换者支付的相应显性化隐性债务；如果在退休时采用后偿付补偿，现金流需求相对较低，智利是这种方式的代表；如果在退休后，债权按期以年金形式兑付，现金流需求最小，阿根廷是这种方式的代表。霍尔兹曼（Holzmann，1998）动态模拟了三种转轨方式[①]，结果显示：如果所有尚未退休的在职工人都被一次性转入基金制养老金计划，转轨成本可以通过发行债券解决，现金支付的高峰期将在转轨后立即到来；如果转轨前已经工作的和退休的人仍然实行现收现付制，只对新参加工作的年轻人实行基金制，那么不用发行债券就可以实现顺利转轨，现金支付高峰期在转轨后的 40 年开始，需要用 80 年时间完成转轨；第三种情况是 41 岁以下的人立即转入基金制，其他人仍然留在现收现付制，在这种情况下发行较少债券就可以实现转轨，支付高峰期出现在转轨后的第 20 年。

1.3.4　转轨成本的资金筹集方式

债券和税收是偿付养老保险转轨成本的重要方式，并且会对储蓄、资本形成、产出、工资水平等经济变量造成影响。科特利科夫（1995）利 A－K 模型对现收现付制向基金制转轨，采用税收和国债方式弥补转轨成本进行了动态模

---

①　Holzmann, R. Financing the Transition to Multipillar [R]. World Bank Social Protection Discussion Paper，No. 9809，1998.

拟①。假定在转轨初期5～10年利用国债满足养老金给付，之后提高收入税满足养老金给付以使养老保险债务与社会总资本的比率恒定，逐步解决转轨成本。结果显示：国债对资本存量有短期挤出效应，长期来看，利用税收弥补养老保险转轨成本的基金制将有利于社会福利的改善，私有化的基金制使长期资本存量、产出与工资分别提高52.2％、15.9％和9.5％。

科特利科夫的研究建立在人口增长率恒定不变的假设之上，分析并比较在养老保险实现转轨之后的基金制与转轨之前的现收现付制。本节的分析思路是建立在由于老龄化使人口结构发生变化导致养老金长期不足的假设之上，在这种情况下，利用税收、国债方式长期弥补养老保险资金缺口是长期行为，而不是仅仅弥补转轨成本的相对短期行为，对税收和国债方式对经济运行的影响与科特利科夫的方法不完全一致。

国有资产也是解决养老保险转轨成本的方式之一，政府可以利用国有资产与养老保险制转轨成本之间进行置换，以偿付养老保险转轨成本，并且由于这种置换只是政府资产与负债之间的一种转换，因而不改变政府的净资产水平。在一些国家，例如：玻利维亚、波兰、墨西哥、克罗地亚等，国有资产已经成为支付养老保险转轨成本的重要资金来源。在波兰，国有企业私有化与社会保障体系改革紧密结合，规定私有化的国有企业必须将股份的25％划归国库，用于建立社会保障基金，这种方式也有利于基金公司参与国有企业的改革。有一些学者对此种方式提出了不同的看法。霍尔兹曼（1994）提出，国家可以直接用于支付养老保险转轨成本的国有资产规模是有限的，即使在一个100％国有化的国家也只能占到总成本的30％～70％；在微观层面上，养老保险基金面临着资产流动性、公司治理以及资产多样化等困难。从一些国家的实践经验来看，利用国有资产提供的资金有限，在5～10年内每年大约只能提供GDP1％～2％规模的资金②。

1.4　养老保险基金管理的相关理论

1.4.1　养老保险基金的投资运营

1.4.1.1　养老保险基金的委托—代理
养老基金的投资运营一般是通过专业的投资机构完成的，进行养老保险基

---

① Kotlikoff, L. J. Privatization of Security: How It Works and Why It Matters [R]. NBER Working Paper No. 5330, 1995.

② 袁志刚. 养老保险经济学 [M]. 上海：上海人民出版社，2005：172.

金投资的机构由此成为基金的托管人，而且政府的养老保险基金管理部门同养老保险参保者之间也存在着委托—代理关系。因此，委托—代理理论成为养老保险基金投资的基础理论。养老保险基金管理架构的一般形式如图 1.7。

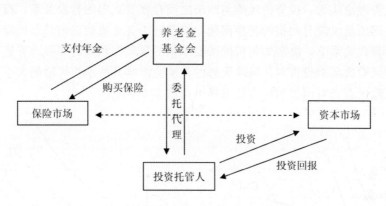

图 1.7　养老保险基金投资的基金管理结构

哈姆特和霍姆斯特朗（Hart O.，Holmstrom，B.，1987）对委托—代理问题作了清晰的表述[①]，假定委托人为风险中立，代理人为风险厌恶，二者均为追求自身效用最大化的理性经济人。委托人希望利用最小的转移支付方式使代理人作出特定行动。在这样的假设之下，委托—代理问题就成为满足参与约束和激励相容约束两个条件的效用最大化问题：

$$\max \pi_b V(x-s) \tag{1.22}$$

满足：$\pi_b u(s) - c_b \geqslant 0, \pi_b u(s) - c_b \geqslant \pi_a u(s) - c_a$　(1.23)

其中，$V(\cdot)$ 为委托人的效用函数，x 为委托人所得的利益，s 为委托人选择的激励方案，$u(s)$ 为委托人从激励方案中获得的效用，b 为委托人希望托管人作出的选择，a 为托管人可以作出的除 b 之外的选择，π_a、c_a 为托管人作出选择 a 的概率和成本，π_b、c_b 为托管人作出选择 b 的概率和成本。

委托—代理问题的起因是信息不对称，主要是事后信息不对称，即委托人无法掌握代理人行动的所有信息，因此，代理人可能按照自身效用最大化而不是委托人效用最大化行动。所以，委托—代理关系需要确定一个激励方案，并对代理人进行监督。根据研究，可以对委托—代理问题提供了几种激励方案：一是收入分享，代理人分享一定比例的利润；二是强迫合同，对代理人规定绩效标准和相应的薪酬；三是内部劳动市场，按照代理人努力程度大小支付相应

①　Hart，O.，Holmstrom，B. The Theory of Contracts [C]. Bewley，T. Advanced in Economic Theory [C]，Cambridge University Press，1987：71—156.

报酬。与此相对应，养老基金在代理人市场上选择投资托管人，并利用相应的激励手段促进投资管理人的投资运营行为，以保证养老保险基金的保值增值。

1.4.1.2 资产组合理论

投资理论认为，投资的风险与回报之间存在着正向的替换关系，投资理论的中心问题是风险与回报的替换问题。投资行为首先要确定的是在风险与回报的正向替代关系下，决定如何搭配所要承担的风险和预期的回报。养老基金是典型的风险厌恶型投资者，风险厌恶的程度会影响其所承担风险的大小。一个典型风险厌恶者对回报和风险的选择可用图 1.8 表示。

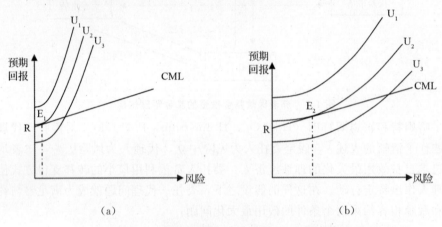

(a)　　　　　　　　　　　　　(b)

图 1.8　养老保险基金投资的基金管理结构

风险厌恶者的无差异曲线如图 1.8 中 U_1、U_2、U_3，风险厌恶程度越大，无差异曲线越平坦；CML 为资本市场线，表示风险与回报之间的线性关系。无差异曲线与资本市场线的切点，是投资者效用最大化时的选择。图 1.8（a）是风险厌恶程度较大的投资者，图 1.8（b）是风险厌恶程度较小的投资者。风险厌恶程度较大的投资者所承担的风险要比风险厌恶程度较小的投资者所承担的风险小，资产组合中无风险资产的比重要比风险厌恶程度较小的投资者高。养老保险基金的资产组合取决于基金自身可以承受的风险，或者准备接受多大的预期回报率。从各国养老基金的投资分析，养老基金的投资组合主要包括实物资本和金融资本，实物资本主要是房地产和基础设施投资，金融资本主要是债券、银行存款、贷款等债务合同和各类股票等。一般认为，股票的风险较高，但从实证分析结果来看股票的高风险集中在短期，长期来看股票的风险甚至低于债券。英国 1984 年至 1998 年，股票的标准差是 14％ 而债券为16.5％；美国与其他主要市场的股票平均实际年收益率（扣除通货膨胀）分别为 6.9％和 5.1％，而衡量风险的年收益率标准差分别为 6.3％和 5.8％，相比之下，债券平均实际年收益率尽管分别只有 1.6％ 和 0.8％，但年收益率的标准差却达到了 4.7％ 和 5.3％；杰里米·J·西格尔（Jeremy J. Siegel，2007）根据对 1802—2001 年以来不同持有期下实际回报率的标准差测算，证明随着持有期的延长，不同资产类型的风险水平都呈递减的趋势，一旦持有期增长到 15～20 年，股票的实际年均回报率的标准差就小于债券和国库券平均回报率的标准差，如果持有期超过 30 年，股票风险小于债券的国库券风险的 3/4。因此，如果从长期投资角度来看，股票的投资风险实际上要小于债券。

现代资产组合理论的提出主要是针对化解投资风险的可能性。该理论将市场风险分为两种：非系统性风险和系统性风险。前者是指围绕着个别公司的风险，是对单个公司投资回报的不确定性；后者指整个经济所产生的风险，无法由分散投资来减轻。现代资产组合理论最初由哈里·马科维茨（Markowits）于 1952 年创立，他认为最佳投资组合应当是具有风险厌恶特征投资者的无差异曲线和资产的有效边界线的交点。威廉·夏普（Sharpe）则在其基础上建立了资本资产定价模型（CAPM），指出无风险资产收益率与有效率风险资产组合收益率之间的连线代表了各种风险偏好的投资者组合。投资组合理论的基本假设为：

资产的投资收益具有确定的概率分布；预期收益率为资产收益率的数学期望 $E(r) = \sum_{i=1}^{n} p_i r_i$，其中，$r_i$ 为第 i 种可能的收益，p_i 为第 i 种可能收益出现

的概率；资产的风险为收益的标准差 $\delta = \sqrt{\sum_{i=1}^{n} [r_i - E(r)] p_i}$ 。

投资组合理论确定最优资产组合的方式为：

（1）无风险资产与单一风险资产的组合方式

$$E(r) = \omega E(r_s) + (1-\omega) r_f = r_f + \omega [E(r_S) - r_f] \tag{1.24}$$

$$\delta = \delta_s \omega \tag{1.25}$$

其中，$E(r)$ 为资产组合收益的数学期望，δ 为资产组合收益的方差，$E(r_s)$ 为风险资产收益的数学期望，r_f 为无风险利率，ω 为投资与风险资产的比例，δ_s 为风险资产收益率的方差。这样，给定个人的风险承受能力和收益率水平，就可以确定相应的最优投资组合。

将（1.25）式代入（1.24）式，可得资产组合的收益与方差之间的关系：

$$E(r) = r_f + \frac{E(r_s) + r_f}{\delta_s} \delta \tag{1.26}$$

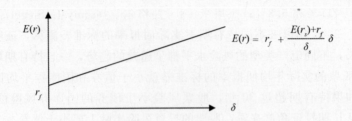

$$E(r) = r_f + \frac{E(r_s)+r_f}{\delta_s} \delta$$

图 1.9　无风险资产与单一风险资产组合的收益与风险

（2）两种风险资产的投资组合

两种风险资产投资组合收益的数学期望为：

$$E(r) = \omega E(r_1) + (1-\omega) E(r_2) \tag{1.27}$$

收益的方差为：

$$\delta^2 = \omega^2 \delta_1{}^2 + (1-\omega)^2 \delta_2{}^2 + 2\omega(1-\omega)\rho\delta_1\delta_2 \tag{1.28}$$

其中，$E(r_1)$ 为风险资产 1 收益的数学期望，$E(r_2)$ 为风险资产组合 2 收益的数学期望，δ_1 为风险资产 1 收益率的方差，δ_2 为风险资产 2 收益率的方差，ω 为风险资产 1 的比例，ρ 为两种资产的相关系数。

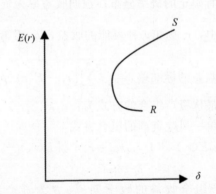

图 1.10　两种风险资产组合的投资收益率与方差

（3）风险资产的最优组合

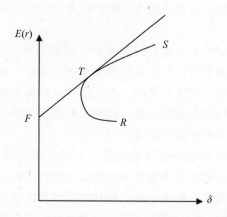

图 1.11　两种风险资产组合的投资收益率与方差

经过 F 点（完全投资于无风险资产）的直线与曲线 RS 的切点 T 为风险资产的最优组合点。这一投资组合的投资比例为：

$$\omega_1 = \frac{[E(r_1)-r_f]\delta_2{}^2 - [E(r_2)-r_f]\rho\delta_1\delta_2}{[E(r_1)-r_f]\delta_2{}^2 + [E(r_2)-r_f]\delta_1{}^2 - [E(r_1)-r_f+E(r_2)-r_f]\rho\delta_1\delta_2}$$

$$\text{(1.29)}$$

$$\omega_2 = 1 - \omega_1 \tag{1.30}$$

无风险资产与两种风险资产组合形成的投资组合，其投资收益率与风险的关系为：

$$E(r) = r_f + \omega[E(r_T)-r_f] = r_f + \frac{[E(r_T)-r_f]}{\delta_T}\delta \tag{1.31}$$

其中，$E(r_T)$ 为两种风险资产组合收益率的数学期望，δ_T 为两种风险资产组合收益率的方差。

通过资产组合，基金可以在确定的风险水平下获得比持有单一资产组合更高的收益，或者在确定的收益率下承担更低的风险水平，这一发现使资产组合成为养老基金投资运营的基础理论。

1.4.2　养老保险对资本市场的促进作用

关于养老保险基金与资本市场关系的研究始于 20 世纪 80 年代初，很多学者对此进行了大量研究。其中，穆勒尔（Munnell，1976）较早研究了养老保险基金在美国资本市场中的作用；博迪（Bodie，1990）首次明确提出养老基金积累是促进金融创新的重要因素；戴维斯（Davis，1995）从国际比较的视角对养老基金影响资本市场总量与结构、影响金融创新程度等方面作了系统研究；维塔斯（Vitatas，2000）、卡迪兰（Catalan，2001）、沃尔克（Walker，

2002）等人从养老保险基金资产组合、投资绩效、影响资本市场结构等方面作了深入研究。

从养老保险基金对资本市场的影响来看，养老保险基金作为机构投资者，其自身的特点会增加资本市场的中长期投资和资金供给，推动金融中介机构的发展，并促进金融创新。有研究表明：零息债券、担保投资契约等金融工具的产生与养老保险基金投资有直接联系。同时，养老保险基金具有流动性效应和利率效应，对资本市场有正向的促进作用。

流动性效应是指养老保险通过缴费将个人的非流动性资产转化为养老基金，进而通过养老基金资产组合的流动性提高金融投资需求，并增加整个社会对流动性金融资产的需求，推动金融市场和资本市场的发展。养老基金的流动性效应受到各种因素的影响，其中主要是养老基金的投资策略和养老基金的投资管制，养老基金资产组合中，投资于股票、债券等流动性金融资产比重越大，流动性效应越强，宽松的养老保险基金投资管制比严格的管制流动性效应要强。

0 利率效应，是指养老基金的发展将会降低整个金融市场的均衡利率水平，其中包括资本市场的实际利率水平，它不但会降低企业的资本成本，减少资本市场风险溢价和长期利率与短期利率的差异，提高股票融资弹性，还可以强化资本市场的信息披露和公司治理，提高资源配置效率，最终促进资本市场和实体经济的增长。利率效应主要受利率市场化程度的影响，市场化程度越高，利率效应越明显。

1.4.3　养老保险基金投资的政府管制

新古典经济学认为，当存在市场失灵时，需要政府管制以弥补市场失灵的缺陷。在关于管制与效率的研究中，阿瑟（Brian Arthur，1995）提出了自增强理论，即政府管制本身会产生一种自增强机制，逐渐使管制范围越来越大，可能超过足以弥补市场失灵的边界；沃尔夫（Charles Wolf，1993）指出，尽管政府采用管制是必要的，但是在市场失灵的领域，政府管制替代市场机制往往会产生"非市场的无效率"；青木昌彦（1996）指出，政府干预不是在任何时候都有效，即使在民间部门发展不够的时候也并不必然需要政府的干预，政府参与标准的制定一旦失误将导致巨额成本。在关于养老基金市场失灵的研究中，沃尔夫提出，养老金基金的管制措施限制了养老基金潜在的、能够促进金融市场发展的功能，同时并不能避免养老基金长期积累不足的问题；李绍光提出了政府管制养老基金的"边界"，认为在确定管制目标的情况下合理设计对养老基金管制的边界，在转轨经济中，政府"深思熟虑的自律"可能比"积极干预的态度"更加可取。养老保险基金也存在市场失灵，适度的监管可以提高养老保险基金投资运营管理的效率。戴维斯（Davis，1995）指出，养老保险基金的三种类型市场失灵，分别是：信息不对称，例如，养老保险基金同托管人之间信息不对称；外部性，主要是指金融市场上的连锁反应；垄断，主要是雇主凭借相对于雇员的垄断地位可能自由支配养老保险基金。李绍光（1998）对养老保险基金的政府监管作了系统的阐述，将养老保险基金的监管归纳为对基金资产的监管和对基金负债的监管。

对养老保险基金资产的监管主要是对基金资产组合的监管，目的是保证基金持有与其负债偿还和风险承受能力相适应的资产组合。这是各国政府普遍采用的监管措施，大体可以分为两种类型：一是以美国、英国、加拿大、荷兰等国为代表的"谨慎人原则"监管，在这种模式下政府要求托管人有义务像对待自己的资产一样谨慎地为养老基金选择最有效率的资产组合，而对基金资产组合的具体选择没有过多限制，是一种"软管制"，这种模式需要有完善的法律基础作为保障；二是以德国、瑞士、丹麦等国家为代表的"严格监管"模式，在这种模式下政府对养老基金的资产组合制定指导性原则，通常是规定某类资产的最低或最高比例。

对养老保险基金负债监管的目的是保证基金兑现其对缴费人做出的收益承诺，主要包括对基金安全性和便利性的监管。基金安全性，是指适时兑现养老金收益承诺的能力，主要有四种类型的措施：一是对养老金市场价值的监督，保证养老金市场价值达到合意规模；二是对养老金资产组合选择的约束；三是实施共同保险，并对持有较高风险资产组合的托管人设定较高的保险费率；四是养老保险给付的指数化调整，特别是确定给付制养老保险给付的指数化调整，以应对通货膨胀对养老金实际购买力的影响。基金的便利性，是指雇员在不同雇主之间转移其积累的养老金权利，有研究表明：基金的便利性会提高劳动力市场的流动性，便利性是完全的个人账户制的内生结果。因此，便利性的监管主要针对规定受益制的现收现付养老保险。

1.5　公司治理与股利政策的相关理论

1.5.1　公司治理理论

公司治理，主要是指按照一定的程序、规定、方法或原则，在遵守法律的基础上，对公司进行管理、控制和发展的一套体系。具有代表性的公司治理理论主要有两种：一是以委托—代理问题为核心的公司治理理论；二是利益相关者共同治理理论。

以委托—代理问题为核心的公司治理理论认为，公司治理问题是随着委托人和代理人之间的关系而产生的。由于现代股份有限公司股权日益分散、经营管理复杂、专业化程度增加，股东一般不直接作为公司经营者，而是将经营权委托给职业经理人，形成了股东与经理层之间的委托—代理关系，两者利益不一致又导致产生代理成本，并可能导致公司经营成本增加而出现委托—代理风险：其一逆向选择，主要是由于信息不对称导致选择代理人和决策失误，造成企业经营重大损失；其二道德风险，通常是代理人出于利己目的而损害委托人利益。这一理论主要研究所有者与经营者、债权人与股权人的相互关系问题，认为公司治理结构是对公司除人力资本以外的其他资本剩余控制权的分配，以股东利益保护为核心，关注企业股东价值的最大化，体现追求效率的主要原则。

利益相关者共同治理理论认为：由于公司是不同要素提供者之间组成的一个契约关系网络，公司的目标应该是为所有要素提供者创造财富、增加价值，而不仅仅是为股东利益的最大化服务。这种理论主要研究股东、债权人、职工等利害关系人之间有关公司经营与权利配置的机制。利益相关者共同治理公司，是这种理论对公司法人治理结构的主流看法，主张建立关注利益相关者福利最大化的公司治理模式，促进企业与社会的协调发展，充分体现公平的原则。

1.5.2　养老金参与公司治理

养老金参与公司治理在美国表现得非常明显，主要原因是：首先，公司管理层级由过去的垂直型开始向扁平型过渡，管理层的约束和管制力量开始衰弱；其次，养老基金随着各种退休计划的出现而得到快速的发展，使绝对资产规模不断扩大，大量机构投资者参与到公司治理过程中，他们期望提高被投资公司的质量，通过长期投资获得超额收益。因而，投资策略逐步转向通过指数型投资作为养老基金的主要权益产品；再次，随着法律体系的不断完善，为养老金参与公司治理提供了法律基础和依据；最后，为了避免由于管理疏忽导致的丑闻，很多机构投资者开始加大对公司治理方面的研究，化解养老金在参与公司治理时可能出现的道德风险，使投资人和职业经理人之间形成较好的"委托—代理"关系。一般来说，养老金参与公司治理的方式经历了"华尔街准则"向"积极股东主义"的变化。

华尔街准则，是指养老金对参与所投资公司的治理保持低调，主要通过财务评价以及考察公司的成长业绩等手段来确定投资方向，当出现偏差时就"以脚投票"，通过抛售股票来规避投资风险、确保投资收益。这种方式容易引发股市价格的频繁波动，不利于解决委托—代理问题，并且成本较高。20 世纪 80 年代之后，越来越多的养老基金放弃此种方式，而采取相对积极的模式逐步参与公司治理，即"积极股东主义"。

20 世纪 80 年代中期之后，随着养老保险基金规模增大，机构投资者在与经理层的竞争中取得优势，机构股东逐渐认识到参与公司治理的必要性，并且由于基金持股的广泛性和稳定性，其利益与参保者的长期利益关系密切，这些利益相关者也成为实施股东积极主义的积极要素，养老基金逐步向积极参与公司治理转变。"积极股东主义"，是指养老基金从被动投资者转向主动所有者，通过积极参与公司治理的方式确保自身投资收益和价值的增值，采取的主要方式有制定有效的公司治理原则、投票与协商、"曝光"不良公司治理、联合成立机构投资者委员会联合行动、改善公司治理法律环境等。养老基金作为机构投资者会给目标公司经理层外在压力，督促他们关注目前公司治理问题，为目标公司的发展计划提供建设性指导，并鼓励、支持目标公司的研发投入，因此，积极股东主义有助于提高公司绩效，为公司带来长远价值。Stephen Nesbitt（1994），Smith，M.（1996），Opler 和 Sokobin（1998）发现：Philip English（2004）等的实证研究结论验证了积极股东主义提高公司绩效的效应①。

1.5.3　股利政策

传统股利政策主要有："MM 股利无关论"、"税差理论"和"一鸟在手理论"。"MM 股利无关论"由米勒和莫迪利阿尼（Miller and Modigliani，1961）② 提出，结论是股利支付对股东没有实质性影响，也不会影响企业的市场价值，股利支付是可有可无的；"税差理论"最早由法勒和塞尔文（Farrar ang Selwyn，1967）③ 提出，结论是股票价格与股利支付率成反比，公司为了最大化市场价值必须支付较低的股利；"一鸟在手理论"是最广泛和持久的股

---

① Philip EngliSh, Thomas Smythe, and Chris McNeil. The Calpers Effect Revisited. Journal of Corporate Finance, 2004 (10)：157—74.

刘子兰，刘万. 养老金与公司治理：股东积极主义效应分析 [J]. 现代管理科学，2005 (9)：102—104.

② Miller M. E., Modigliani, F. Dividend Policy, Growth and the Valuation of Shares [J]. Journal of Business, 1961：411—433.

③ Farrar, D., Selwyn, L. Tax. Corporate Financial Policy and Return to Investors, National Tax Journal, 1967：444—454.

利政策理论，代表人物是林特纳（Lintner，1956）[1]，结论是股票价格与股利支付率成正比，公司为了最大化市场价值要制定较高的股利支付率。

现代股利政策理论主要研究股利政策影响股票价格的原因，主要有"追随者效应学派""信号假说"和"行为学派"。"追随者效应学派"认为，处于不同边际税率的人对不同的股利政策偏好不同，各类投资者选择适合自己偏好的股票，在市场供求平衡时，股利政策不会影响股价。"信号假说"认为，在企业内部与外部投资者存在信息不对称的条件下，股利政策是未来盈利能力的事前信号，较高支付率代表未来较强的盈利能力，因而支付率与股票价格将成正比。"行为学派"认为，企业支付股利与留存利润之间此消彼长，由于预期与实际之间存在差异、消费预算等原因，股利政策会以不同方式影响股票价格。

一般认为，股利政策的决定因素有：①投资机会：因为股利支付会减少公司在其他条件保持不变情况下的投资规模，公司投资机会越多，收益中用于股利发放的比例越小；②收益稳定性：收益稳定并且收益可预期的公司股利支付率越高；③资本的其他来源：外部融资成本较低的公司，会支付更高的股利；④信号激励：公司利用股利变动向金融市场传递信息，股利增加一般是关于未来现金流量的积极信号，导致价值上升；⑤股东特征：公司股利政策受公司股东类型的强烈影响，股东偏好分红的企业，股利支付率较高。

本章小结

在工业革命及工业化、城市化和现代化的推动下，人口发展经历循环过程。我国的人口红利期没有持续较长时间，目前老龄化趋势越来越明显，养老保险的支付面临较大压力。索洛经济增长模型中的储蓄率、人口增长率和技术进步都被假定是外生的，主要受人们经济行为的影响。拉姆齐模型认为，经济会自动收敛到长期的最优增长路径上，不会出现动态无效，但是这一模型是建立在行为人是"长生不老"的假设上，因此，其得出的结论在现实世界中还存在缺陷。戴蒙德代际交叠模式则是在人口不断新更替的基础上建立起来的，认为人是有限生命期的，行为人无论利率高低都必须在第二期为自己的消费进行储蓄，因而会出现经济的动态无效，可以提高私人的消费水平，增进社会福利。费尔德斯坦引入内生劳动供给决策，指出养老保险体系的"引致退休效应"会对个人生命周期内储蓄决策产生重要影响作用。

---

① Lintner, John. Distribution of Income of Corporations among Dividends, Retained Earning and Taxes. American Economic Review, 1956（5）：97—113.

　　对于养老保险制度类型主要有两种划分方法，费尔德斯坦提出：一类是按照养老保险待遇计发方式，分为确定给付型和确定缴费型；一类是按照养老保险基金机制划分，分为基金制和非基金制。如果按第二类标准，还可以更进一步划分为现收现付制、完全基金制和部分积累制。随着世界银行较早提出养老保险由现收现付制向基金制转轨的观点后，大量研究开始集中在这个领域，可以归纳为两种观点：一是改良主义，在现有制度的基础上进行改良；二是激进主义，从现收现付制完全过渡到私人管理的基金制。在现实中，很多国家已经开始尝试从现收现付制向基金制及部分积累制转轨。

　　对于养老保险基金的管理，通常是由专业投资机构完成的，以委托—代理理论为分析框架，主要是指养老基金在代理人市场上选择投资托管人，利用相应的激励手段促进投资管理人的投资运营行为，保证养老保险基金的保值增值。在养老保险基金与资本市场的关系研究中，有很多学者认为，养老保险可以提高资源配置的效率，促进资本市场和实体经济的增长。为了克服养老保险基金的市场失灵，适度监管可以提高管理的效率，而造成养老保险基金市场失灵主要有三种类型，即信息不对称、外部性和垄断。在实施监管过程中，要保障基金的安全性和便利性。

　　养老金参与公司治理在发达国家比较常见，主要是公司管理层级趋于扁平化，而且有大量的投资机构参与到公司治理中，期望通过长期投资获取超额收益，投资策略开始转向指数型投资，相关的法律体系越来越完善，而机构投资者为了避免出现失误，开始加大对公司治理方面的研究，在投资人和职业经理人之间形成较理想的"委托—代理"关系。

第 2 章　养老保险制度变迁与转轨成本测算

2.1　中国渐进式经济转轨

经济转轨，是指经济体制的转轨，即从一种经济体制转变为另一种经济体制，其实质是资源配置方式和经济运行方式的转变。始于 20 世纪中期并延续至今，包括中国在内的部分国家从计划经济体制向市场经济体制的变革引发了对经济转轨问题的广泛研究。社会保障制度的建立与完善是经济转轨的目标之一，也是经济转轨的必要条件。斯蒂格利茨（Stiglitz，2001）指出，转轨国家变革过程的前提是以新的福利契约替代旧的福利机制，最终把过去政府与全体社会公民事实上存在的社会契约"转化"掉[①]。社会养老保险制度是社会保障制度的核心内容，其本身制度模式和运行方式的变革是经济转轨所引发的整体制度变迁中的重要组成部分之一。萨克斯（Sachs，1994）将经济转轨的四大任务归纳为稳定化、自由化、私有化和社会安全网的建立。从经济转轨的视角，将社会养老保险制度改革置于经济体制转轨的整体之中，可以更全面地分析和审视社会养老保险制度改革成本的性质，从而探寻解决改革成本的方法与途径。

2.1.1　中国经济转轨模式

经济转轨国家的转轨实践形成了两条截然不同的转轨路径。一条路径是以俄罗斯以及波兰、捷克等东欧国家为代表的激进式改革路径[②]，"华盛顿共识"是这种转轨模式的指导思想，其特征是迅速、全面、大规模地建立一套西方式的经济体系，按照这种思路进行经济转轨的俄罗斯等国家并没有取得显著的成效。"后华盛顿共识"是对"华盛顿共识"的一种调整与校正，进一步指出经济转轨必须要采用更加广泛的工具以实现更加宽泛的目标，包括注重生活标准

---

① 吕炜. 经济转轨理论大纲 [M]. 北京：商务印书馆，2006：2.

② 波兰的经济转轨从 1993 年起被认为从激进式转为渐进式。

的提高、均衡发展、民主发展等方面。另一条路径是以中国为代表的渐进式改革路径，"北京共识"由乔舒亚·库泊·雷默（Joshua Cooper Ramo，2004）在其论文中最先提出，是西方学者对中国发展模式的总结。"北京共识"的核心是经济转轨国家要按照自己的国情，走适合自己的道路，比如：在保持独立的同时实现增长，自由贸易等要通过极其审慎的途径来达成，强调创新和实验等。

激进式改革和渐进式改革呈现出各自不同的特点。激进式改革追求在尽量短的时间内同时实现稳定的宏观经济、经济自由化和私有化。其中，稳定的宏观经济是必要条件，私有化是基础，经济自由化是核心。而渐进式改革显示出政府较强的驾驭力，更加注重经济转轨的过程性和阶段性，强调经济转轨采用先易后难、先增量后存量等方法逐步深入。中国的渐进式经济转轨首先从传统体制的薄弱环节开始，通过在 20 世纪 70 年代末 80 年代初采取农村家庭联产承包责任制、发展非国有经济等政策打破了计划边界和所有制边界，为下一步的改革和核心问题的解决积累经验并创造条件；20 世纪 80 年代中期从价格双轨制开始至 90 年代中期逐步建立了市场价格体系；1992 年党的十四大明确提出建立社会主义市场经济体制的转轨目标，1997 年党的十五大通过确立"以公有制为主体、多种所有制经济共同发展是我国社会主义初级阶段的一项基本经济制度"，被认为是在所有制方面的理论创新。一般认为，20 世纪 90 年代中后期中国完成经济转轨的前期任务，从 20 世纪 90 年代末开始，中国则进入了经济转轨的中后期。各项改革持续深入，同时积累的一些矛盾和问题也开始暴露出来，养老保险的改革成本问题便是其中之一。

2.1.2　经济转轨中的国有企业改革

国有企业改革是经济转轨的核心内容。国有企业在实行计划经济的国家居于经济的主导地位，是计划配置资源方式的载体，在计划经济向市场经济转轨的过程中，国有企业必须要实现自身产权制度、治理结构、经营方式等方面的改革，以适应市场经济体制的要求。采用不同经济转轨模式的国家，其国有企业改革的模式也不尽相同。采取激进式转轨的国家，国有企业的改革大都采用私有化的方式，即实现产权从国有部门向私人部门的转移。从东欧各国的国有企业私有化进程来看，国有企业私有化主要采取了以下三种具体方法：内部私有化、外部私有化和无偿分配①。

中国渐进式改革思路在国有企业改革中也有明显的表现。与激进式经济转

---

① 孔田平. 东欧经济改革之路［M］. 广州：广东人民出版社，2003：178—185.

轨选择的国有企业私有化改革方式不同，中国国有企业改革显示出"梯次改革"和"增量改革"的特点。

"梯次改革"表现在中国国有企业改革经过的四个主要阶段：第一阶段是1979年至1986年的放权让利阶段，意在推动国有企业向具有一定自主权益的相对独立的经济实体转变，这一阶段主要采取了利润分成、基本建设投资"拨改贷"、两步"利改税"的方式；第二阶段是1987年至1994年的转换企业经营机制阶段，这一阶段的改革沿着所有权和经营权分离的思路探索国有企业的多种经营方式，采取的主要方式是企业承包经营责任制；第三阶段是1995年至2002年的现代企业制度建立阶段，这一阶段的改革以理顺国有企业产权关系为中心，确定了"产权明晰、责权分明、政企分开、管理科学"的现代企业制度目标，股份制得到了肯定；第四阶段是2003年至今的国有资产管理制度确立阶段，以解决"政企不分""政资不分"的问题，在这一阶段建立了"中央政府和地方政府分别代表国家履行出资人职责，享有所有者权益，权力、义务和责任相统一，管资产与管人、管事相结合的国有资产管理体制"。中国国有企业改革的前两个阶段并没有涉及企业财产制度的安排问题，而只是在一定条件下实现企业所有权和经营权的不同程度和不同方式的分离，并没有触及到国有企业改革核心问题——产权制度改革；从第三阶段开始，中国国有企业开始了企业产权制度的改革，企业权利的委托—代理制度、出资者的有限责任制度、企业法人财产制度、企业法人治理结构和现代企业管理制度逐步建立，国有企业逐渐成为自主经营的法人实体。

增量改革表现在：中国在对国有企业进行产权制度改革之前以及进行产权制度改革的过程中，非国有经济得到了快速发展，在国民经济中的份额不断增长。或者说，中国在没有使国有经济绝对数量下降的同时发展非国有经济，保持了国有资产的绝对规模。中国渐进式的经济转轨形成了多种所有制结构并存的态势。与此同时，国有经济通过股份制、联营等多种形式进一步增强了控制力，国有经济规模稳中有升。各种经济成分中固定资产投资比重的变化趋势可以在一定程度上反映出增量改革的进程，具体情况见表2.1。

表2.1   按登记注册类型分全社会各种固定资产投资比重

年份	固定资产投资各种经济成分所占比重（%）		
	国有经济	集体经济	其他
1985	81.9	5	13.1
1990	66.1	11.7	22.2
1995	54.4	16.4	29.2

年份	固定资产投资各种经济成分所占比重（%）		
	国有经济	集体经济	其他
2000	50.1	14.6	35.3
2001	47.3	14.2	38.5
2002	43.4	13.8	42.8
2003	39	14.4	46.6
2004	35.51	14.14	50.35
2005	33.41	13.48	53.11
2006	33.2	3.63	63.17
2007	31.2	3.7	65.1
2008	30.9	4.0	65.1
2009	33.3	4.1	62.6
2010	31.9	3.8	64.3
2011	28.2	3.5	68.3
2012	27.2	3.4	69.4
2013	25.9	3.1	71
2014	25.6	3.1	71.3

注：表中数据根据各年《中国统计年鉴》数据整理。

2.2 中国国有企业改革与社会养老保险制度变迁

大多数经济转轨国家在经济转轨过程中都进行了社会养老保险制度的改革，但是，由于中国经济转轨前实行企业层次的社会养老保险制度，以及中国国有企业改革的渐进方式，中国社会养老保险制度改革具有区别于大多数经济转轨国家的特点，并形成较为特殊的制度转轨成本。

2.2.1 中国社会养老保险制度变迁

新中国建立至今，中国社会养老保险制度经历了多次制度变迁，统账结合的社会养老保险制度正在逐步建立与完善。通过分析中国社会养老保险制度不同历史时期的特点，可以将其划分为以下四个阶段：

第一阶段：企业保障阶段，从新中国建立之初到 20 世纪 80 年代中期。这一阶段社会养老保险突出的特点是以企业为单位进行。1951 年国家颁布实施了《中华人民共和国劳动保险条例》，1953 年通过了《关于中华人民共和国劳动保险条例若干修改意见的决定》，1955 年国务院颁布了国家机关、事业单位工作人员养老保险办法，1958 年统一了企、事业和国家机关的养老保险制度，中国城镇劳动者统一的养老保险制度基本上在全国建立起来。这个阶段养老保险的基本规定是：企业按月缴纳相当于企业职工工资总额的 3% 的保险费，其中 70% 存入企业工会支付养老保险待遇，30% 上缴全国总工会用于全国调剂。但是"文革"期间，根据《关于国营企业财务工作中几项制度的改革意见（草案）》，规定国有企业停止提取社会保险基金，企业退休费用等社会保险开支改为营业外支出列支，实报实销，职工养老保障开始由企业提供。"文革"结束后，职工养老保障一直由企业承担。1978 年 5 月，根据《国务院关于安置老弱病残干部的暂行办法》和《国务院关于工人退休、退职的暂行办法》的规定，养老金水平为本人标准工资 60%～75%，养老金从企业成本中列支，由企业支付给退休人员，退休人员管理工作也由企业承担。

在这一阶段，国有企业改革尚未开始，国有企业职工实行的是低工资、高积累、高保障的政策，职工的养老费用在工资中予以事先扣除留在企业中，待退休由企业支付，国家做财政兜底。尽管在这一阶段中职工不用进行养老保险缴费，但由于低工资政策，实际上职工对自己的养老也付出了代价。这一阶段可以近似理解为"隐性基金制"，即职工实际上为自己的养老积累了资金，但这笔资金没有表现为显性的养老保障积累，而是以隐性的方式留在企业中。

第二阶段：现收现付阶段，从 20 世纪 80 年代中期至 90 年代中期。在这一阶段，社会养老保险制度基本实现了社会统筹。为了解决"利改税"导致不同企业竞争地位差异以及非国有经济组织中职工养老保险权益缺失的问题，中国开始了养老保险社会化的探索，养老保险制度由"企业化"向"社会化"的制度变迁也从此时开始。到 1991 年，全国已有 2300 多个市县进行了退休费用统筹，占全国市县的 98%。同年，国务院颁布《关于企业职工养老保险制度改革的决定》，在肯定社会统筹成果的同时，提出要实行国家、企业、个人三方共同负担养老保险费用。在这一阶段，社会统筹的养老保险制度基本建立。

第三阶段：名义统账结合阶段，从 20 世纪 90 年代中期至 2001 年辽宁社会保障试点。这一阶段属于统账结合模式的探索阶段。1993 年党的十四届三中全会通过的《中共中央关于建立社会主义市场经济体制若干问题的决定》，提出养老保险实行社会统筹与个人账户相结合的原则；1995 年国务院颁布的《关于深化企业职工养老保险制度改革的通知》，明确提出了社会统筹和个人账户相结合的改革方向；1997 年国务院颁布的《关于建立统一的企业职工基本养老保险制度的决定》，提出要在全国范围实行统一的社会养老保险制度，并规定了制度的基本内容。在这一阶段中，由于从现收现付制向统账结合制转轨的成本没有及时得到解决，"老人"和"中人"的个人账户无法建立和及时补充，全国各地出现了个人账户资金用于支付当期养老金的情况，即"空账"问题。这一阶段的社会养老保险制度虽然确定了统账结合的方向和目标，但由于转轨成本的问题，实际上社会养老保险制度仍然按照现收现付方式运行，个人账户只是名义上存在的，因此，可以将这一阶段的社会养老保险制度称为名义统账结合阶段。

第四阶段：实际统账结合阶段，从 2001 年辽宁社会保障试点至今。在这个阶段中，中央政府和地方政府开始尝试通过由政府注入资金来承担养老保险制度转轨的成本，以解决养老金当期支付不足的问题以及前期形成的"空账"，进而实现现收现付制同个人账户基金管理运营的完全分离。2000 年，国务院下发了《关于印发完善城镇社会保障体系的试点方案的通知》，并于 2001 年在辽宁正式启动试点工作；2004 年，在总结辽宁试点经验的基础上将试点扩大到东北三省；2005 年劳动与社会保障部《关于扩大做实企业职工基本养老保险个人账户试点有关问题的通知》，提出要扩大东北三省养老保险改革，做实个人账户的试点范围，2005 年末进一步确定试点范围扩大到上海、天津、山西、山东、河南、湖北、湖南和新疆八个地区；2006 年 12 月，中央政府将总额 50 亿元的资金由国家财政部下拨至新增试点省份的社保基金专户。至此，中国统账结合制的养老保险制度在全国城镇开始得到真正实现和推广，尽管只是在部分地区实行做实个人账户的试点，并且对于空账问题解决的试点方案不一[①]，但对制度转轨成本的解决以及提高养老保险制度发展的可持续能力已经达成共识。在这一阶段中，个人账户已经开始做实并且改革省份不断增加，因此，可以将这一阶段的社会养老保险制度称为实际统账结合阶段。

在这四个阶段中，中国社会养老保险制度经历了两次比较大的制度变迁：一是发生在 20 世纪 80 年代中期，国有企业改革背景下的"企业保障"向"社会统筹"的变迁；二是发生在 20 世纪 90 年代中期"现收现付制"向"统账结合制"的变迁。中国养老保险制度变迁直接导致两个结果：一是养老保险制度

---

① 做实个人账户从东三省的试点情况看有两种模式：一是"辽宁模式"，实现社会统筹与个人账户的完全分离，在做实个人账户同时由中央和地方财政对社会统筹的缺口予以弥补，即实现完全的部分积累制；二是"黑吉模式"，即不实现社会统筹与个人账户的完全分离，财政资金只用于弥补个人账户，而部分个人账户资金仍然用于当期社会统筹支付，与有些学者提出的名义账户制类似。(任波. 辽宁社保行至"十字街头"[EB/OL]. 财经（网络版）. http：//www. zydg. net/magazine/article/1671 -4725/2006/08/346039. html，2006-08)

转轨在原制度终止时产生的隐性债务以及转轨成本，关于这笔隐性债务的规模，不同机构有不同的估计，最小的估计值是 19000 亿元（世界银行，1996），最大的估计值则高达 76000 亿元（国家体改办，2000），人民大学王晓军的测算结果最小，为 25839 万亿元～44578 万亿元①；二是对解决转轨成本滞后造成的对当期社会保障基金的占用②，即"空账问题"，目前积累的"空账"已近 5000 亿元③。

2.2.2 中国社会养老保险制度改革动因分析

2.2.2.1 保障国有企业改革

经济转轨国家进行社会养老保险制度改革，主要目的是解决财政收入下降和养老金支出上升之间的矛盾。激进式经济转轨使转轨国家出现了不同程度的经济衰退，这种衰退被称为"转轨性衰退"。经济衰退造成国民生产总值下降，进而造成国家财政收入的下降。与此同时，转轨时期的劳动力市场调整造成许多工人提前退休，退休人口在转轨经济中大幅增加是一个普遍现象。而且，转轨时期失业率的增加使养老保险制度的赡养率进一步提高，降低了养老保险制度的支付能力。以东欧国家为例：经济转轨时期，东欧国家养老金支出占国内生产总值的比例大约为 10%④。在此背景下，东欧国家主要采取了国家养老计划部分私有化和改革公共养老金体制，并鼓励公民加入私人养老金两种模式进行社会养老保险制度的改革。

中国社会养老保险制度改革的目的与一般经济转轨国家不同，在中国养老保险社会化改革前期，中国的养老金支出压力并不大，1990 年中国养老金支出占 GDP 比例为 0.9%，1996 年也仅为 1.5%，远远低于其他转轨国家的水平⑤；中国 1980 年老年抚养比仅为 7.9%，2000 年为 10%⑥，而东欧经济转

---

① 王晓军. 中国养老保险制度及其精算评价 ［M］. 北京：经济社会科学出版社，2000：125.

② 由于国家在制度转轨时没有直接投入足够资金解决"老人"和"中人"的养老保险支出，所以地方政府在对"老人"和"中人"进行养老保险给付时动用了新养老保险制度形成的个人账户基金，进而造成了空账问题。随着辽宁试点方案在全国部分省份的推广，国家投入资金对做实这部分省份的个人账户投入资金。实际上，国家完全可以在空账出现以前用这部分资金支付当期养老金以避免空账，因此，将空账问题的产生归结为国家对历史性债务解决的滞后。

③ 李绍光. 划拨国有资产和偿还养老金债务 ［J］. 经济学动态，2004（10）：57－60.

④ 1991 年转轨国家养老金支出占 GDP 比重：保加利亚 9.1%，捷克 7.5%，匈牙利 10.5%，波兰 14.2%，罗马尼亚 7.5%，斯洛文尼亚 9.3%（封进. 人口转变、社会保障与经济发展 ［M］. 上海：上海人民出版社，2005：67）.

⑤ 根据《中国劳动统计年鉴》历年数据得来.

⑥ 柳清瑞. 中国养老金替代率适度水平研究 ［M］. 北京：辽宁大学出版社，2004：52.

轨国家在经济转轨时期老年抚养比在 30％左右①。这些数据表明，养老金支出压力并不是中国社会养老保险改革的最初原因。中国社会养老保险制度改革从企业保障向社会统筹转轨开始，目的是将养老保障从企业分离出去，一方面降低国有企业养老保障负担以使国有企业利改税、承包经营等一系列放权让利的改革政策真正发挥作用；另一方面建立社会统筹的养老保险制度为"增量改革"奠定社会保障制度基础。企业保障时期社会养老保险的突出特点是养老金支出从企业成本中列支，这种以企业为单位的社会养老保险制度与国有企业改革的各项政策意图相悖，因为国有企业改革是从放权让利开始的，目的是通过利润分成、利改税、承包经营责任制等政策，调整国有企业同国家的经济利益关系，进而建立国有企业的激励机制。而每个企业养老保险支出由企业退休人员的数量决定，并在企业成本中列支，这相当于每个国有企业从改革开始就具有不同规模的不可自主选择的固定成本，这不利于企业间的公平竞争，会降低改革政策的激励作用；企业保障形式将企业职工的养老保障直接同企业联系起来，不利于国有企业建立现代企业制度，也不利于国有企业的改组、改造、兼并、破产、下岗分流等项措施的实施。中国国有企业改革要求社会统筹的养老保险制度要与改革发展需求相适应，这是中国社会养老保险制度改革的主要原因。

中国养老保险社会化改革几乎与国有企业改革同步进行。从 1984 年开始，中国在部分地区开始进行了"社会统筹的试点"；1991 年国务院《关于企业职工养老保险制度改革的决定》标志着养老保险社会化改革的全面开始。而 20世纪 80 年代中期也是中国国有企业放权让利改革深入推进时期，1981 年《关于实行经济责任制若干问题的意见》要求全面试行经济责任制，同年开始全面实行拨改贷，1983 年开始实行"利改税"，1986 年开始推行承包经营责任制。1994 年《关于建立社会主义市场经济若干问题的决定》，明确提出建立现代企业制度。上述改革时间的同步性，印证了国有企业改革拉动中国社会养老保险制度改革的结论。

2.2.2.2　增量改革

增量改革是中国国有企业改革的特征之一。增量改革的意义不仅仅体现在对经济稳定和增长的贡献，还体现在提供新的就业岗位。国有企业改革过程中，劳动力从国有部门向外转移是一个普遍现象，1992 年大部分东欧国家的失业率都达到了两位数。企业的性质要求按照利润最大化原则确定各种生产要素的数量，包括劳动力，国有企业也不例外。随着现代企业制度的建立，国有

---

① 孔田平. 东欧经济转轨之路 [M]. 广州：广东人民出版社，2003：198.

企业必然要减少多余劳动力，隐性失业开始显性化，表现为国有企业职工的失业；并且，国有企业的重组、兼并、破产等也会造成国有企业职工失业。

表 2.2 失业及非国有经济单位就业情况

年份	1991	1992	1993	1994	1995	1996	1997	1998	1999	2000	2001	2002	2003	2004	2005
登记失业人数（万人）	352	364	420	476	520	553	570	571	575	595	681	770	800	827	839
非国有经济从业人数（万人）	4227	4386	4655	3958	3953	3896	3902	3528	3382	3382	3383	3634	3871	4138	4618

数据来源：各年《中国统计年鉴》。

斯蒂格利茨关于经济转轨过程中就业问题的观点比较具有代表性，他认为在国有企业改革过程中能否创造出就业岗位是衡量改革"好坏"的标准，并建议国有企业改革必须同步创造出新的工作岗位[①]。中国的国有企业改革通过增量改革的方式实现了部分劳动力在各种经济类型之间的转移，降低了改革成本。从这个意义上说，增量改革为国有企业改革创造了劳动力分离的途径，是国有企业改革的一项配套措施。非国有经济部门的发展，需要建立社会化的养老保险制度，增量改革对社会化养老保险制度的需求也是中国养老保险制度社会化改革的原因之一，即建立社会化的养老保险制度为市场经济的建立制度基础。

2.2.3 中国社会养老保险制度转轨成本分析

2.2.3.1 制度转轨成本与国有资产

社会养老保险制度的转轨成本是指从企业养老保障转轨至统账结合制社会养老保险需要的资金规模。企业层次的养老保障是中国社会养老保险制度最突出的特点，并在养老保险从企业层次向社会化转轨的过程中形成国有资产对养老保险的负债。中国社会养老保险改革第一阶段是企业统筹向社会化管理的转轨，在企业统筹阶段养老金支出表现为企业成本，而没有进行实质性缴费。因此，企业统筹向社会化管理转轨，实质上是重新建立一个全新的社会养老保险制度。企业保障时期实行低工资制度，在职职工实质上积累了获取养老金的权利，在老年期可以获得企业提供的养老保险保障。因此，养老保险制度由企业

---

① 毛增余. 斯蒂格利茨与转轨经济学［M］. 北京：中国经济出版社，2005：41.

保障向社会化管理有效转轨的标志是：企业保障时期参加工作的职工应该和制度转轨之后参加工作的新职工一样，只需要按照新制度规定在制度转轨之后进行缴费就可以获得足额的养老保障，而不必再为制度转轨之前的时期支付任何费用。因为，老职工已经在企业保障时期通过低工资的形式积累了自己从参加工作到制度转轨时养老金领取的权利，同时获得了国家对其发放养老金的权利。如果社会化管理阶段完全采取现收现付形式，老职工养老金权利积累应该表现为转轨之后按期缴费就可以获得养老金；如果社会化管理阶段社会养老保险制度中含有个人账户形式，那么老职工养老金权利积累就应该表现为在制度转轨时点上，老职工应该具有从参加工作起至制度转轨时点的、按照新制度规定应该积累的个人账户，以使老职工可以在新制度下获得足额的养老保障。大多数经济转轨国家在经济转轨之前，尽管国有企业在提供福利方面起到了非常重要的作用，包括为职工及家属提供住房、学校、医院等各项福利，但是养老保险基本上是社会化管理。波兰改革前的养老保险体系是现收现付制，主要来自于雇主的缴费，所有缴费由社会保险基金收取或支付，基金由社会保险局管理；匈牙利改革前的养老金体系以现收现付制为主，雇主缴费率为 24%，个人为 6%；捷克和斯洛文尼亚改革前具有现收现付制的公共养老金体系；前苏联的养老保险制度实行统一筹资、雇主缴费、高度集中管理的模式。这些国家在经济转轨时，尽管有的也采用了国有资产充实养老保险基金的方式，以此保障养老保险制度转轨，但这种模式并不是以国有资产对养老金权利的负债为基础，因为这些国家尽管采取计划经济体制，但职工个人与企业已经为职工的养老进行了显性化的缴费，而缴费所积累的规模是这些国家职工养老权利的积累。

　　中国的实际情况与上述国家都不同，工人获得的养老保障是以低工资为代价，并由国有企业完成。何帆、张宇燕（1996）将计划体制时期中国追求的目标概括为：内部稳定和赶超[①]。为了实现内部稳定，最主要的是要保持充分就业，结果是压低并限制工资水平。在此情况下，国家同个人之间存在着契约：国家给予工人福利待遇以补偿低工资对个人消费的影响，并提高个人应对风险的能力。为了实现赶超发达国家的目标，政府制定了优先发展重工业的战略，借助计划与行政命令配置资源，保证资源向重工业部门集中，其中包括对工人工资的扣除。国家行为衍生出计划经济下的国有企业，国有企业被确定为提供国家福利制度的载体。国家同国有企业之间事实上存在以一个隐含的长期契约：企业保证社会成员的就业权利，提供必要的福利制度，国家统一对企业配置资

---

①　何帆，张宇燕. 国有企业的性质 [J]. 管理世界，1996（5、6）：128－135，137－144.

源，并对企业盈亏负责，见表2.3。

表 2.3　　　　　计划经济时期国家、企业、个人之间的契约联系

国家与个人 之间的契约	个人接受低工资支持国家发展战略，国家在实现高积累同时给予工人福利待遇以补偿低工资对个人消费的影响，提高个人应对风险的能力。国家通过这个契约使工人的部分收入转化为经济发展所必需的资本，促进了国有资产规模的增长和相关产业的发展，个人通过这个契约获得了国家福利提供的承诺，包括养老、医疗、教育、住房等。
国家与企业 之间的契约	国家向企业配置资源，对企业盈亏负责；企业保证职工的就业和相关福利。通过这个契约，国家可以配置资源，实施发展战略，企业由此成为了"社区单位"。

这两个契约，使国家实现了稳定和赶超的目标。随着经济体制的转轨，这两个契约随之解除。国家同企业之间的契约解除是通过国有企业改革实现的，现代企业制度的建立使得国有企业成为自主经营、自负盈亏的法人实体，并不再承担福利提供的功能。国家与社会成员之间在企业层次养老保障契约的解除上，主要是通过社会保险替代企业保障实现的。在经济体制转轨之后，社会公民的养老保障采取社会保险的形式，用市场化的契约替代原契约。社会保险要求社会成员，获得养老保障要以年轻期的缴费即养老金积累为条件。而在原契约下，社会成员获得养老保障以低工资支持国家战略为代价，养老金积累转化为部分国有资产，在社会养老保险契约替代原契约时，原契约覆盖的社会成员的养老金积累就应该转化为社会养老保险契约所要求的形式，以实现原养老保障契约向社会养老保险契约的完全转化。因此，社会养老保险制度转轨成本与国有资产之间具有历史性的紧密联系。

2.2.3.2　企业保障向现收现付制转轨——隐性负债

在企业保障阶段，尽管职工名义上没有养老积累，但由于企业实行低工资、高积累、相对较高保障的工资政策，职工工资已经对各项福利政策予以扣除，其中包括养老费用的扣除，即企业承诺在职工退休时给予养老保障。因此，这种养老保险模式可以被认为是"隐性基金制"，是国有企业职工在事实上为自己的老年生活积累了基金，但没有实际归属于职工个人的账户存储基金，包括养老金积累的各项职工事先予以扣除的福利费用。这一阶段，企业内部国有资产的增加是以老职工的低工资为代价获得的，他们将工资收入的一部分作为国有经济的壮大和国有资产的积累。有关研究资料表明：从新中国建立初期到1978年，职工实际平均工资每年仅递增0.38%；到1978年，全国职工的货币工资平均615元，当年人均储蓄存款只有21.88元，而积累率却由1952年的21.4%上升到1978年的36.5%。这些数字实证地表明：我国国有资产中包括较大规模的劳动者劳动贡献的积累①。

当社会养老保险制度从企业保障向社会统筹的现收现付制转轨时，在转轨发生的时刻，就已经意味着国有资产对原制度下企业职工养老保障的负债。因为，在社会统筹的现收现付制下，参保人员的养老保障来源于当期的缴费，而与其个人前期的养老积累不再发生任何关系，在这种情况下，相当于老职工原来的养老积累固化为国有资产，而养老保障却来自于政府实施的现收现付制度。但是，国有资产对养老保险的负债并不一定意味着必须要将国有资产转化为养老保险基金，因为只要新制度能确保原制度覆盖职工的养老保障，那么国有资产对养老保险的负债就不会显性化，也就没有必要将国有资产转化为养老基金。因此，中国社会养老保险制度转轨的第一阶段，是国有资产对原制度下企业职工养老保障的负债产生的时期，但由于这一时期社会养老保险制度采取现收现付制的形式，因而只要资金充足，负债就不会显性化，也不必要求国有资产转化为养老基金。

2.2.3.3　现收现付制向统账结合制转轨——隐性负债显性化

现收现付制向统账结合制的转轨意味着参保人员若要享受养老保障就必须符合两个条件：一是进行现收现付制的缴费，二是具备个人账户的积累。这两个条件对于原企业养老保障覆盖的职工来说，由于个人账户前期并没有积累，因此第二个条件得不到满足，需要对个人账户进行补充，要建立"中人"和"老人"的个人账户。如果账户不能建立，那么本应该从个人账户中领取的养老金就只能通过其他渠道的资金弥补，这也是"空账"问题产生的原因。由于老职工在低工资的企业保障时期实际已经做了养老扣除并固化在国有资产中，在向统账结合制转轨后，为了使老职工能在新制度下依然能够获得养老保障，理论上应该将这部分国有资产转化为养老保险基金以建立老职工的个人账户。然而在现实操作中，国有资产已经固化，所以在中国社会养老保险制度从现收现付制转向统账结合制时，国有资产对养老保险制度的负债已经显性化，表现为职工企业保障时期个人账户的空缺。运用国有资产充实养老保险基金，将固化在国有资产中的老职工养老积累转化为个人账户积累可以保证老职工获得社会养老保障，从而实现养老保险制度的顺利转轨。

但是，国有资产对社会养老保险的负债仅仅发生在社会统筹之前，职工在工资中被扣除的养老积累留在了企业，并固化在企业的国有资产中；从社会统筹开始，职工的养老积累已经脱离了企业，因此，从企业保障向社会统筹转轨

---

① 邓大松，吴汉华和吴小武. 做大、做强全国社会保障基金的战略选择 [J]. 管理世界，2006 (3)：138－139.

之后，国有资产不再对社会养老保险负债。从 1991 年之后，国有资产对社会养老保险的负债没有增加，只是由于现收现付制向统账结合制的转轨，使得原来国有资产对社会养老保险的负债显现出来。因此，单从国有资产偿还社会养老保险负债的角度来看，国有资产只对建立老职工从参加工作至 1991 年的个人账户负债，而不对 1991 年之后老职工的个人账户负债。从实际情况来看，2001 年辽宁社会保障试点至今，全国各试点省份做实个人账户的资金主要来自于中央和地方财政①，即财政基金偿还了国有资产对社会养老保险的负债。目前的情况是，国有资产对社会养老保险制度的负债已有部分转化为国有资产对财政的负债。

2.2.3.4 不完全契约理论与企业层次养老保障契约解除

不完全契约理论是现代契约理论的重要内容，主要分为两类：第一类是没有完全指定某一方或双方责任的契约；第二类是没能完全描述未来所有可能的状态下对应行为和责任的契约。对于第一种类型的不完全契约，也称为"责任"不完全的契约，或者是有"瑕疵"的契约。第二种类型的不完全契约，称之为"不能充分描述各种可能机会"的不完全契约，这是经济学关注的不完全契约。从本质上说，当契约所涉及的未来状态足够复杂时，个人在签约时的主观预期就不可能是完全的。因此，"不可预见的可能性"就成为契约不完全性的最本质原因。

企业保障时期的养老保障契约属于第二种类型的不完全契约。在确立企业保障模式的养老契约时，国家和社会成员都没有预见到未来经济体制的改变，更没有对在经济体制改变时养老保障的具体实现方式作出规定。经济体制的转轨，使得国家按照原契约为社会公民提供养老保障的成本极高，国家必须要解除原契约，并在社会成员之间重新确立一个适应新经济体制的新养老保障契约，市场化的社会养老保险契约成为政府的选择。由于社会公众并没有和政府讨价还价的能力，每名社会成员都成为新的社会养老保险契约的接受者。这相当于政府对原契约的违约，并和社会成员签订了新的契约以替代原契约。养老契约是一种长期契约，因为养老契约要经历一个人年轻和年老时期，时间跨度要达到几十年。契约理论认为，长期契约存在的原因在于激励契约方为建立资产专属性关系进行投资。按照这种观点，投资方如果不能在 t_i 期内补偿 t_i 期的支出，将不愿在 t_i 内进行沉淀成本型的投资。除非有一个契约，保证支付方在 t_{i+1} 期进行支付，否则支付方在 t_i 期作出的在 t_{i+1} 期支付的承诺就是不可

---

① 目前个人账户的"空账"发生在新职工账户，但"空账"的原因是资金用于老职工养老金支出，因此，做实"个人账户"相当于为老职工建立"个人账户"。

信的。因此，只有支付和投资方形成跨期支付的契约，否则就不会有沉淀型投资。这种理论也暗示，应该在投资方得到充分回报机会以弥补投资成本之前，禁止支付方违约①。

在过去国有企业的工资制度和养老保障体制下，职工的工资当中并不包含养老金权利，企业和国家也没有设立养老基金，将部分企业收入按年投入到这些基金中，作为未来支付的固定来源，而只是将所有对职工工资的扣除都计为企业利润，并用于投资形成了国有资产以满足国家发展的需要，进而对职工在年老时的养老保障作出承诺。因此，如果按照社会保障支出与资本金利息率的关系倒算，目前的一部分国有资产，应该属于国有企业职工的社会保障基金。通过上述基本关系，可以得出以下推论：社会保障体制改革的重要内容是对一部分国有资产所有权的归属进行重新认定或划定，即正式明确原来的一部分国有资产应从此认定为社会保障基金的资本金。正因如此，社会保障体制改革关系到国有资产的重组和国有资产的产权调整、产权转移②。在原养老保障契约之中，投资方是社会成员，支付方是政府。社会成员按照劳动边际报酬应得的工资与实际工资之间的差距是对政府的投资，其中包括：自身养老保障的投资，政府在社会成员年老时给予一定的养老保障是政府的支付行为。资产专用性在企业层次养老契约中并不明显，因为形成的资产是国有的，是全民所有的。每个社会成员的投资并没有形成与个人相对应的专属资产，但形成了理论上归属全体社会成员的国有资产。而原有养老保障契约向社会养老保险契约转化时，有相当部分的社会成员已经进行了养老保障投资，但还没有或没有完全得到政府的充分回报以弥补社会成员的养老保障投资，即这部分社会成员没有领取养老金或没有领取到全部养老金。在这种情况下，这部分社会成员的养老保障转由社会养老保险提供。由于国家并没有对这部分社会成员的投资进行完全弥补，造成社会养老保险制度建立后个人账户的空账运行，空账实质上是利用当期社会成员的社会养老保险缴费对上述社会成员的养老保障投资进行弥补。从资产专属权角度分析，在企业保障时期，社会成员由于国家养老保障承诺，才能以低工资形式响应国家战略，这可以理解为社会成员对国有资产作的沉淀型投资，投资所形成的国有资产从专属性上属于全体社会成员。如果企业养老契约解除，国家应该支付与社会成员所做的沉淀性投资形成的、与专属性

---

① 科斯，哈特和斯蒂格利茨，等. 契约经济学［M］. 李凤圣，等，译. 北京：经济科学出版社，1999：105.

② 樊纲. 社会保障体制改革、国有资产重组与国有投资公司的作用［J］. 经济研究参考，2001 (1)：14—17.

资产价值相等的养老保障。目前的实际情况是，国家使用年轻人在社会养老保险契约下的缴费，用于支付养老社会契约所覆盖的社会成员的养老金，这种方式不能从根本上实现企业养老契约的解除，只是国家利用权力转移原养老保障契约的支付责任，这会产生新的问题。目前，政府已经开始着手利用财政资金补充等方式补偿对年轻人个人账户资金的占用。这说明，原企业养老保障契约的解除应该按照原契约的规定，由国家开辟资金筹集渠道，履行契约的支付责任，以实现原契约向社会养老保险制度的完全转换。从专属性投资角度分析，如果国家其他筹资方式没有将属于原养老契约覆盖的社会成员投资形成的国有资产变现方式效率高，那么变现国有资产支付社会成员从企业层次养老保障向社会养老保险契约的转轨成本就是可行的。实质上，这是国家与社会成员之间由于原企业保障契约不完全而采取重新签订契约的方式对不完全契约进行调整，而重新签订的契约必须要得到双方的共同赞成，保证原契约覆盖的投资方利益是重新签订合同的必要条件，而将原契约投资方投资形成的专属性资产返还给投资方，从而成为保证投资方利益的有效方式。

2.3 社会养老保险制度转轨成本及国有资产对转轨成本负债规模测算

2.3.1 测算模型

2.3.1.1 测算思路

中国社会养老保险转轨成本由于个人账户的建立而显性化。在企业保障阶段，原制度体系覆盖的职工已经为自己的养老做了付出，因而在制度转轨之后，老职工不应该再为制度转轨之前做任何付出，而只需按照新制度内容，从转轨时开始继续为自己的养老做积累，不必考虑新制度是现收现付制还是个人账户制或是统账结合制。如果新制度是完全的现收现付制，并且制度的筹资能力可以满足转轨之后的养老需求，那么养老保险的转轨成本是不会显性化的。从这个意义来说，国有资产也没有必要转化为养老基金，因为老职工只要在新制度下和新职工一样为现收现付制缴费，那么在退休时就可以得到养老保障。但是，中国社会养老保险制度选择是统账结合制，加入了个人账户的形式。个人账户制的一个突出特点就是养老金给付同账户积累金额之间存在着关联，积累额低，养老金给付水平就低。为了保证企业保障阶段老职工的养老金权益，必须保证在制度转轨后老职工具有按照新制度办法应该具有的个人账户积累，以使老职工能够获得足额的养老保障。目前的实际情况是，在制度转轨之后，对原制度覆盖的职工实行了"老人"老办法、"中人"中办法，即将在社会养老保险制度转轨时已经退休的老职工称为老人，其养老金按照制度转轨之前的规定计发，将在养老保险制度转轨之前参加工作，制度转轨时没有退休的职工称为中人，其养老金在现收现付和个人账户给付基础上增加过渡性养老金，以解决其个人账户制度转轨前空白的问题。这种方法尽管可以解决制度转轨后老职工的养老金给付。但是，由于制度转轨并没有对"老人"和"中人"设计额外的养老金来源渠道，因而造成养老保险基金积累不足，为了满足养老金给付需求，中国社会养老保险出现了"空账"的问题，即使用个人账户积累用于当期养老金支出。如果将原制度覆盖的老职工个人账户按照新制度内容一次性做实，即将老职工过去对自己养老保险的积累反映在其本应具有的个人账户中，将固化在国有资产中的养老金隐性缴费显性化为个人账户资金，使老职工可以同制度转轨后参加工作的新职工一样，仅仅通过转轨后对社会养老保险的缴费就可以获得足额的养老保障，则社会养老保险制度转轨成本就得到了彻底解决。

　　本章测算的基本思路是：原养老契约的内容是由国有企业保障个人在退休后的生活，如果将原养老契约解除，那么新的社会养老保险制度应该保证个人只要按照新制度办法在原养老保险契约解除后按期进行社会保险的缴费就可以获得足额的养老保障。而原养老契约被统账结合制的社会养老保险制度所替代，个人账户的缴费额需要严格地按照精算确定，即在新制度确立后参加工作的人按期缴费，个人账户可以为其提供一定替代率的养老金。而在新制度确立前参加工作的、曾经通过包括养老在内的福利契约获得国家养老承诺的老职工，由于在新制度确立之后缴费时间要比新参加工作的个人短，因而其个人账户资金不能使其获得足额的养老金。如果在社会养老保险制度建立时，即原契约解除时，能够将这部分人的个人账户充实一定规模的资金，使其在新制度确立后，按照新制度规定和新参加工作的人一样缴费至退休，就可以获得足额保障，那么就完全实现了原养老契约的解除。本章将在原养老契约解除时需要充实老职工的个人账户规模定义为社会养老保险制度的转轨成本，并将社会统筹阶段个人账户在理论上应积累规模扣除后，进一步测算国有资产对制度转轨成本的负债规模。

　　2.3.1.2　测算区间

　　根据对中国社会养老保险制度变迁历程的分析，企业养老保障时期在1991年社会统筹制度初步建立时终止。养老保险实行社会统筹之后，职工的养老金缴费已经脱离企业实行社会统筹，此时原养老契约已经解除。由于1991－1997年实行的是社会统筹的现收现付制养老保险制度，职工不必个人缴费，因此，原养老契约解除成本并未显现，职工仍然同企业保障阶段一样，在年老时可以得到足额养老保障。从 1997 年起，个人账户开始建立，企业保障层次养老契约的解除成本显性化，因而国有资产对从 1991 年开始至 1997 年全国建立个人账户为止的这段时期产生的个人账户并无负债。本文将测算计算区间确定为 1991 年之前。

2.3.1.3 测算方法

测算 1997 年社会养老保险向统账结合制转轨的时点，新制度下"老人"和"中人"从参加工作至 1991 年，应按照新制度规定测算其个人账户应该积累的资金规模之和。

个人账户规模测算方法[①]：①按照 1997 年《关于建立统一的企业职工基本养老保险制度的决定》（国发〔1997〕26 号，以下简称《决定》）的规定，在《决定》实施后参加工作的职工，个人缴费年限累计满 15 年的，退休后按月发给基本养老金，基本养老金由基础养老金和个人账户养老金组成。退休时的基础养老金月标准为省、自治区、直辖市或地（市）上年度职工月平均工资的 20％，个人账户养老金月标准为本人账户储存额除以 120。个人缴费年限累计不满 15 年的，退休后不享受基础养老金待遇，其个人账户储存额一次支付给本人。个人账户支付期为 10 年。如果社会养老保险制度实现平均替代率为60％[②③]，根据《决定》对养老金计发办法的规定，基础养老金可以实现 20％的替代率，如果合意替代率为 60％，则个人账户应该实现 40％的平均替代率；②按照《国务院关于完善企业职工基本养老保险制度的决定》（国发〔2005〕38 号）规定，现收现付制基础养老金按照参加工作年限每年领取当年指数化平均工资的 1％，一个标准的参保人通过现收现付制养老保险可以实现 38％的平均替代率[④]，如果合意替代率为 60％，个人账户应该实现 22％的平均替代率。因此，在目前确定缴费型的完全基金制下，个人账户应该具有的规模取决于合意替代率，即保障老年人生活的政府应该确保最低替代率以及新制度对个人账户的设计，合意替代率越高，转轨成本越高；个人账户对合意替代率的贡

---

① 由于在企业统筹阶段实行的是低工资的政策，因此，在计算职工个人账户应具有的规模时，需要将工资还原至正常工资水平。由于相关数据的缺乏，本文在测算时采取从个人账户替代率出发的办法，即计算在新制度下个人账户应该对职工实现的替代率，进而测算企业保障时期职工个人账户应具有的规模。

② 平均替代率＝平均养老金/同期社会平均工资。

③ 通过《中国统计年鉴 2005》相关数据计算，1997—2005 年养老保险社会平均替代率分别为76.34％、74.11％、77.3％、71.21％、63.17％、63.43％、57.61％、53.27％、50.73％，9 年算术平均数为 65％，在此基础上本文选取合意平均替代率为 60％，接近平均水平。

④ 20 岁参加工作，58 岁退休，工作 38 年。

献要求越高，转轨成本越高。根据前面两个关于养老保险的制度规定，本文选取了两个个人账户平均替代率的目标水平，分别为 40% 和 22%，并以此为基础测算国有资产对社会养老保险制度转轨成本的负债。

国有资产对"中人"转轨成本负债规模的测算方法："中人"退休时个人账户在 10 年支付期内实现合意替代率所要求的理论规模减去 1997 年至退休阶段个人账户可积累规模即为养老保险的转轨成本，再减去 1991 年至 1997 年按照现行制度规定，个人账户可积累规模以及社会统筹之后参加工作职工的转轨成本规模[1]，作为国有资产对转轨成本的负债规模。

国有资产对"老人"转轨成本负债规模的测算方法："老人"退休时统账结合制度尚未建立，按照个人账户支付期 10 年的规定，从 1997 年开始到"老人"退休 10 年为止，个人账户实现合意替代率所要求的规模为"老人"的制度转轨成本[2]，再减去 1991 年至"老人"退休年份按照现行制度规定个人账户可积累规模为国有资产对转轨成本的负债规模。

假设条件：名义社会平均工资年增长率 3%；个人账户投资运营年名义收益率 5%；参保人员年末缴费、年末一次性领取当年养老金；人口数据根据王晓军在《中国养老制度及精算评价》书中对 1996 年分年龄职工人数估计得出的[3]；平均工资数据根据各年统计年鉴，假设平均工资年增长率 3%。

（1）"中人"制度转轨成本及国有资产对转轨成本负债规模测算

测算指标 1："中人"退休时个人账户要达到 40% 和 22% 的目标平均替代率所需要规模的 1997 年现值。

各年龄段每人个人账户理论规模 1997 年现值

$$= \sum_{n=1}^{10} w_{1996+58-1996\text{年年龄}} \times \frac{1.03^{n-1}}{1.05^{n-1}} \times \text{目标替代率} \tag{2.1}$$

各年龄段总规模＝每人个人账户理论规模 1997 年现值 $\times P$ $\tag{2.2}$

其中，w 为工资，P 为各年龄段人数。

测算指标 2：1996 年末（1997 年初）"中人"退休时个人账户按照新制度规定没有其他资金注入时可以达到规模的 1997 年现值。

各年龄段每人退休时个人账户可以积累规模 1997 年现值

---

①　在社会统筹之后参加工作的人 1997 年年龄为 21～26 岁，即在 1992—1996 年参加工作；这部分人没有企业养老保障阶段的工作经历，因此，国有资产不对这部分人的转轨成本负债。

②　假设某"老人" 1992 年退休，到 2001 年退休 10 年。按照个人账户支付期规定，1992—2001 年为个人账户的支付期（10 年），因此，在 1997 年养老保险转轨时，1997 年到 2001 年各年个人账户实现合意替代率的规模为制度转轨成本，并且由于国有资产对该"老人"转轨成本的负债规模。

③　王晓军. 中国养老制度及精算评价 [M]. 北京：经济科学出版社，2000：148—149.

$$= \sum_{n=1}^{58-1996年年龄} w_{1997} \times \frac{1.03^{n-1}}{1.05^{n-1}} \times 0.08 \qquad (2.3)$$

各年龄段总规模＝每人退休时个人账户可以积累规模 1997 年现值 $\times P$ (2.4)

测算指标 3："中人"在 1991－1996 年间按照新制度规定理论上应该具有的个人账户规模。

各年龄段每人可以累积个人账户规模 1997 年现值

$$= \sum_{n=1991}^{1996} w_n \times 0.08 \times 1.05^{1997-n} \qquad (2.5)$$

各年龄段总规模＝每人退休时个人账户可以积累规模 1997 年现值 $\times P$

测算指标 4："中人"制度转轨成本。

"中人"制度转轨成本＝指标 1－指标 2

测算指标 5：国有资产对"中人"转轨成本负债规模。

国有资产对"中人"制度转轨成本负债规模

＝指标 1－指标 2－指标 3 (2.6)

（2）国有资产对"老人"转轨成本负债规模测算

测算指标 1："老人"转轨成本（1997 年 58 岁至 67 岁各年龄段在退休后个人账户支付 10 年并实现 40％和 22％目标平均替代率应具有的理论规模的 1997 年现值）。

各年龄段每人个人账户理论规模现值

$$= \sum_{n=1}^{10-1997年年龄-58} w_{1997} \times \frac{1.03^{n-1}}{1.05^{n-1}} \times 目标替代率 \qquad (2.7)$$

各年龄段总规模

＝每人退休时个人账户可以积累规模 1997 年现值 $\times P$ (2.8)

测算指标 2：1991 年至个人退休年份理论上应该积累的个人账户规模。

各年龄段每人个人账户理论规模现值

$$= \sum_{n=1991}^{退休年份} w_n \times 0.08 \times 1.05^{1997-n} \qquad (2.9)$$

各年龄段总规模＝每人退休时个人账户可以积累规模 1997 年现值 $\times P$

(2.10)

测算指标 3：国有资产对"老人"转轨成本负债规模。

"老人"转轨成本＝指标 1－指标 2 (2.11)

2.3.2 测算结果

2.3.2.1 国有资产对"中人"转轨成本负债规模

中国社会养老保险制度在 1991 年转轨至社会统筹阶段，因而本文测算从新中国建立初期至 1990 年参加工作，即在企业保障阶段参加工作的老职工的个人账户欠账规模。1990 年 20 岁参加工作，在 1997 年时 27 岁，本文测算 1997 年在岗的企业保障时期覆盖老职工欠账集中在 1997 年 27～57 岁的职工。

表 2.4　　　　　　　"中人"转轨成本及国有资产对转轨成本负债规模

1997 年初年龄	1997 年初人数（万人）	40%替代率下每人转轨成本（元）	22%替代率下每人转轨成本（元）	40%替代率下转轨成本总额（亿元）	22%替代率下转轨成本总额（亿元）	国有资产对每人转轨成本负债规模（40%替代率）（元）	国有资产对每人转轨成本负债规模（22%替代率）（元）	国有资产对转轨成本负债规模（40%替代率）（亿元）	国有资产对转轨成本负债规模（22%替代率）（亿元）
54	143	41043	20384	587	291	38761	18102	554	259
49	220	39088	17342	860	382	36805	15059	810	331
44	344	30206	10454	1039	360	27924	8172	961	281
39	457	22139	4198	1012	192	19856	1915	907	88
34	319	14811	0	472	0	12529	0	399	0
29	561	8156	0	458	0	5873	0	330	0
28	482	6900	0	333	0	4617	0	223	0
27	607	5667	0	344	0	3385	0	206	0
22	493	2906	0	143	0				
合计				24880	6238			21102	4848

注：1. 1991—1997 年个人账户每人按照新制度可以积累的规模 1997 年现值为 2282.5 元。

2. 国有资产对每人转轨成本负债规模＝各年龄中人退休后个人账户 40%（22%）替代率的规模总和的 1997 年现值－1997 年开始至退休个人可积累的个人账户规模的 1997 年现值－1991 年至 1997 年积累额。

3. 国有资产对转轨成本负债规模＝对每人的负债×人数。

4. 表中 0 值说明这些年龄段的老职工个人账户可以实现目标合意替代率，从合意替代率的角度出发，从参加工作开始建立个人账户就可以满足实现合意替代率的需求，因而不存在转轨成本，也不需要国有资产进行弥补，即新制度可以保证其获得足额的个人账户资金。同时说明，新制度的设计决定了转轨成本的规模，如果对个人账户实现替代率的要求较低，转轨成本较小。反之，对个人账户实现的替代率设计要求较高，转轨成本较大。

2.3.2.2　国有资产对"老人"转轨成本负债规模

对 1997 年之前已退休人员国有资产对其个人账户的欠账测算范围限定在新中国建立之后参加工作的人员，原因是新中国建立前参加工作的人员在

1997 年时基本已经过了新制度规定的个人账户给付期限（10 年）。1949 年 20 岁参加工作，1996 年时 67 岁，因而本文测算对象年龄范围为 1997 年时 58～67 岁的人。

表 2.5   "老人"转轨成本及国有资产对转轨成本负债规模

1996 年年龄	人数（万人）	退休时间	各年龄 1997 年到支付 10 年期每人个人账户应具有规模（22%替代率）（元）	40%合意替代率下国有资产对每人转轨成本欠账规模（元）	22%替代率下国有资产对每人转轨成本欠账规模（元）	转轨成本总额（40%）（亿元）	转轨成本总额（22%）（亿元）	国有资产欠账总额（40%替代率）（亿元）	国有资产欠账总额（22%替代率）（亿元）
58	227	1996	10884	17507	8602	449	247	397	195
59	225	1995	9266	15086	7505	379	208	339	169
60	224	1994	7800	12907	6525	318	175	289	146
61	207	1993	6430	10836	5575	242	133	224	115
62	217	1992	5141	8820	4613	203	112	191	100
63	187	1991	3970	6967	3719	135	74	130	70
64	172	1990	2790	5073	2790	87	48	87	48
65	184	1989	1692	3077	1692	57	31	57	31
66	153	1988	742	1348	742	21	11	21	11
67	154	1987	已过支付期	已过支付期	已过支付期	0	0	0	0
总和						1890	1040	1736	886

注：1997 年 58 岁、59 岁、60 岁、61 岁、62 岁、63 岁退休职工在 1991 年之后退休，因而这部分人的企业层次养老契约解除成本应该减去 1991 年退休时个人账户按新制度缴费规定具有的规模，分别为每人 2282.5 元、1760.8 元、1275.7 元、855.5 元、527.7 元、250.9 元。

本章小结

中国经济的渐进式改革拉动了养老保障制度的变迁，养老保障从适应计划经济体制的企业保障形式过渡到适应市场经济体制的统账结合制的社会养老保险形式。在这个过程中，社会养老保险制度的转轨成本逐步显现，并且由于转轨成本未能及时有效解决，导致个人账户"空账"等一系列问题。中国企业层次的养老保障是和中国当时的发展战略紧密相关的，国有企业职工以低工资为代价，支持国家发展战略并获得养老保障承诺，在养老保障制度社会化之前，职工的养老金积累被从工资中扣除，并固化在国有资产中。国有资产与社会养老保险制度的转轨成本具有历史性的联系，而制度转轨成本直接影响社会养老保险制度的支付能力，利用国有资产解决社会养老保险制度的转轨成本，是提高中国社会养老保险制度支付能力的重要方式之一。

本书将企业保障时期参加工作的职工，在社会养老保险转轨之前，按照新制度规定实现一定水平社会平均替代率（60％）所要求的个人账户规模定义为国有资产对中国社会养老保险制度转轨成本的负债规模，也就是使老职工获得与新职工同等养老权利理论上国有资产应该偿还的资金规模。测算结果为：

（1）个人账户 40％目标平均替代率水平下，"中人"转轨成本规模测算结果为 24880 亿元，国有资产对转轨成本负债规模测算结果为 21102 亿元（1997 年现值）；个人账户 22％目标平均替代率水平下，"中人"转轨成本测算结果为 6238 亿元，国有资产对转轨成本负债规模测算结果为 4848 亿元（1997 年现值）。

（2）个人账户 40％目标平均替代率水平下，"老人"转轨成本的测算结果为 1890 亿元，国有资产对转轨成本负债规模测算结果为 1736 亿元（1997 年现值）；个人账户 22％目标平均替代率水平下，"老人"转轨成本测算结果为 1040 亿元，国有资产对转轨成本负债规模测算结果为 886 亿元（1997 年现值）。

（3）社会养老保险制度转轨成本规模为"中人"与"老人"转轨成本之和。个人账户 40％目标平均替代率水平下，测算结果为 26770 亿元（1997 年现值）；个人账户 22％目标平均替代率水平下，测算结果为 7124 亿元（1997 年现值）。

（4）国有资产对养老保险制度转轨成本负债规模为"中人"与"老人"之和。在个人账户 40％目标平均替代率下，测算结果为 22838 亿元；在个人账户 22％目标平均替代率下，测算结果为 5734 亿元。具体数值详见表 2.6。

表 2.6 养老保险转轨成本及国有资产对转轨成本负债规模的测算结果 单位：亿元

类别	个人账户 40％替代率条件下	个人账户 22％替代率条件下
中人转轨成本	24880	6238
老人转轨成本	1890	1040
总转轨成本	26770	7124
国有资产对中人转轨成本负债	21002	4848
国有资产对老人转轨成本负债	1736	886
国有资产对转轨成本负债之和	22838	5734

第3章 中国养老保险制度支付能力测算

3.1 养老保险制度支付能力分析

社会养老保险制度的支付能力是指制度本身满足养老金支出需求的能力，社会养老保险制度依靠本身的筹资，按照制度规定对参保者进行给付以实现目标替代率或合意替代率的能力[1]。如果社会养老保险制度本身的支付能力不足，不能实现目标替代率或合意替代率，那么利用制度外资金对社会养老保险基金进行补充以实现制度的保障功能就是必需的。

3.1.1 现收现付制养老保险制度的支付能力

现收现付制，是利用指定税或工薪税等当期收入为养老金受益者提供养老金的一种融资方式，一般为待遇确定型。即以同一个时期正在工作的一代人的缴费来支付已经退休的一代人的养老金，按照"以支定收"的原则确定缴费收入，当期的缴费收入只满足当期的养老金支出，收支相抵后没有过多的结余。财务平衡条件为：

$$缴费率 = \frac{平均养老金}{职工平均工资} \times \frac{退休职工人数}{缴费职工人数} = 平均替代率 \times 制度抚养比 [2]$$

即：平均替代率＝缴费率/制度抚养比

假设每人生活两期，人口增长率为 n，制度抚养比 η，即经济中老人与年轻人的比率为 $1/(1+n)$，现收现付制缴费率为 τ，社会平均工资为 w，可实

---

① 待遇确定性的养老保险支付能力的衡量标准是实现目标替代率，缴费确定型的养老保险支付能力的衡量标准是实现合意替代率，即保障参保者一定生活水平所需要的替代率。

② 有的研究将退休职工人数/缴费职工人数称为抚养比。由于抚养比还有其他的意义，比如，老年抚养比、少儿抚养比等，容易造成混淆，本文将退休职工人数/缴费职工人数称为制度抚养比，即养老保险制度覆盖下的老年抚养比比较适合本章研究。

现替代率[1]为平均工资的 β。

$$\beta = \tau / \eta = \tau \times (1+n) \tag{3.1}$$

设目标替代率为 β_*，在缴费率 τ 不变的条件下，现收现付制养老保险制度的支付能力取决于制度抚养比。设在使 $\beta = \beta_*$ 时的制度抚养比为 η_*，如果 $\eta \leqslant \eta_*$，则现收现付制养老保险具有足够的支付能力；反之，如果 $\eta > \eta_*$，则现收现付制养老保险制度支付能力不足。

3.1.2　基金制养老保险制度的支付能力

基金制，是指一个养老保险计划的参加者，在工作期间把一部分劳动收入交给一个可投资的基金，等参加者退休以后，该基金再以投资所得的回报向他兑现当初的养老金承诺的一种养老金制度安排[2]。基金制一般为缴费确定型，缴费确定型的社会养老保险制度支付能力的衡量标准是其是否可以提供保证参保者一定生活水平的替代率。

考虑一个最简单的个人模型，年轻期缴费工资 w_y 的 α 比例，收益率为 r，老年期可以获得的给付为 $w_y \times \alpha \times (1+r)$，老年期时社会平均工资为 w_o，合意替代率为 β_*，基金制养老保险制度可实现的替代率为 β。

$$\beta = w_y \times \alpha \times (1+r) / w_o \tag{3.2}$$

如果 $\beta \geqslant \beta_*$，则基金制养老保险制度具有足够的支付能力；如果 $\beta < \beta_*$，由于政府承担保障社会成员一定生活水平的责任，因此，此时基金制养老保险的支付能力不足。基金制养老保险制度的支付能力将取决于投资收益率和工资增长率，与投资收益成正比，与工资增长率[3]成反比。在工资增长率一定的情况下，如果投资收益过小，基金制养老保险制度可能会出现支付能力不足的情况。

3.1.3　统账结合制社会养老保险制度支付能力分析

3.1.3.1　基本模型

假设条件：人口增长率为 n，可实现社会平均替代率为 A，现收现付制缴费率为 τ。

现行统账结合制社会养老保险制度的可实现收益计算：

$$L_{t+1} \times w_{t+1} \times \tau + L_t \times \frac{\text{每人基金制积累额}}{\text{计发月数}} = L_t \times A \times w_{t+1} \tag{3.3}$$

---

① 替代率有多种定义，本章将替代率定义为 $\frac{\text{养老金给付}}{\text{社会平均工资}}$，即社会平均替代率。

② 魏加宁主编. 养老保险与金融市场——中国养老保险发展战略研究 [M]. 中国金融出版社，2002：7.

③ 此处工资增长指退休之前与退休之后的工资水平之比。

则：
$$A = \frac{L_{t+1} \times w_{t+1} \times \tau + L_t \times \dfrac{\text{每人基金制积累额}}{\text{计发月数}}}{L_t \times w_{t+1}}$$

$$= \tau \times (1+n) + \frac{\text{每人基金制积累额}}{\text{计发月数} \times w_{t+1}} \tag{3.4}$$

如果 60% 为合意的社会平均替代率，$A \geqslant 60\%$ 时，统账结合制养老保险制度具有足够的支付能力，$A < 60\%$ 时，统账结合制养老保险制度支付能力不足。

根据可实现收益率的基本模型可得：$\partial A / \partial n = \tau > 0$。

在其他条件不变时，年轻人口与老年人口之比越高，统账结合制养老保险制度可实现社会平均收益率越高。

3.1.3.2 社会养老保险制度转轨对可实现收益率的影响

社会养老保险制度向统账结合制转轨之后，原制度覆盖下的职工不具有个人账户，这部分职工的养老金只能依靠目前现收现付制资金给付，相当于降低了基金制的参保人数，会直接降低养老保险的可实现替代率。设老职工人数为 $L_t^{'}$，制度转轨使统账结合制养老保险的基金平衡公式改变为：

$$L_{t+1} \times w_{t+1} \times \tau + (L_t - L_t^{'}) \times \frac{\text{每人基金制积累额}}{\text{计发月数}} = L_t \times A_1 \times w_{t+1} \tag{3.5}$$

$$A_1 = \frac{L_{t+1} \times w_{t+1} \times \tau + (L_t - L_t^{'}) \dfrac{\text{每人基金制积累额}}{\text{计发月数}}}{L_t \times w_{t+1}}$$

$$= \tau(1+n) + (1 - \frac{L_t^{'}}{L_t}) \frac{\text{每人基金制积累额}}{\text{计发月数} \times w_{t+1}}$$

$$= A - \frac{L_t^{'}}{L_t} \frac{\text{每人基金制积累额}}{\text{计发月数} \times w_{t+1}} \tag{3.6}$$

$\partial A / \partial L_t^{'} > 0$，即在转轨之后退休人数一定的情况下，退休人员中不具有个人账户的人数越多，统账结合制社会养老保险制度可实现收益率越低。

制度转轨本身造成转轨后的统账结合制社会养老保险制度不能完全发挥应有的功能，可实现替代率降低，降低的幅度为 $\dfrac{L_t^{'}}{L_t} \dfrac{\text{每人基金制积累额}}{\text{计发月数} \times w_{t+1}}$。如果 $\dfrac{L_t^{'}}{L_t} \dfrac{\text{每人基金制积累额}}{\text{计发月数} \times w_{t+1}} > A - 60\%$，那么未弥补的制度转轨成本造成统账结合制社会养老保险支付能力不足。

3.1.3.3 人口老龄化对可实现收益率的影响

人口老龄化使年轻人与老年人人数之比下降，直接降低现收现付制养老保险的可实现收益率，进而降低统账结合制养老保险制度的可实现收益率。假设人口老龄化使年轻人与老年人人数之比由 $(1+n)$ 降低为 $(1+n')$，相应的基金平衡公式为：

$$L_{t+1} \times w_{t+1} \times \tau + L_t \times \frac{每人基金制积累额}{计发月数} = L_t \times A_2 \times w_{t+1} \qquad (3.7)$$

$$A_2 = \frac{L_{t+1} \times w_{t+1} \times \tau + L_t \dfrac{每人基金制积累额}{计发月数}}{L_t \times w_{t+1}}$$

$$= \tau(1+n') + \frac{每人基金制积累额}{计发月数 \times w_{t+1}}$$

$$= [\tau(1+n) + \frac{每人基金制积累额}{计发月数 \times w_{t+1}}] - 0.2(n-n')$$

$$= A - \tau(n-n') \qquad (3.8)$$

$\partial A_2 / \partial n' = \tau > 0$，即人口老龄化程度越弱，$n'$ 越大，可实现替代率越高；反之，人口老龄化程度越深，可实现替代收益率越低。特别是，如果老年人口增长的同时退休人口中有一定比例不具有个人账户，那么人口老龄化对可实现收益率的影响作用就是双重的，既体现在现收现付制，又体现在个人账户制。

$$L_{t+1} \times w_{t+1} \times \tau + (L_t - L_t') \times \frac{每人基金制积累额}{计发月数} = L_t \times A_3 \times w_{t+1} \qquad (3.9)$$

$$A_3 = A - \frac{L_t'}{L_t} \frac{每人基金制积累额}{计发月数 \times w_{t+1}} - \tau(n-n') \qquad (3.10)$$

人口老龄化可能造成统账结合制养老保险支付能力不足。

3.2　中国社会养老保险制度支付能力测算

3.2.1　政府社会养老保险契约履行压力

社会养老保险是一种政府与社会公众订立的契约，社会公众按照社会养老保险制度规定履行缴费义务，从而享有养老金的领取权。政府对社会养老保险制度的运行进行管理，并按照制度规定进行养老金给付，以保证社会公众年老时一定的生活水平。

现行的社会养老保险制度是由现收现付制和基金制共同组成的。基金制养老契约履行要求政府保证一定的投资收益率以满足支付的需要，并和现收现付制一起实现合意的替代率水平。在统账结合制下，基金制的支付压力是间接的，即缴费确定型的基金制养老保险支付压力是由于统账结合制的社会养老保险制度不能提供合意的替代率，而政府却负有保证合意替代率实现的责任。现收现付制养老保险契约可能给政府带来直接的履约压力，因为现收现付制养老保险是以人口结构作为基础的，政府与社会公民签订的契约内容是：政府用当期年轻人缴费直接支付给当期退休人养老金，实现承诺的替代率。在这样的契约规定下，即使人口结构变化使政府征收的现收现付制养老保险缴费不足以按照契约承诺支付当期退休人养老金，政府也必须保证利用其他渠道筹资满足养老金支付需求。因为，对政府来说，为社会成员提供养老保障是政府不可推卸的责任和义务。这样，政府履行社会养老保险契约就有可能存在支付的压力，养老保险缴费在某些情况下可能不足以满足支付需求。然而，在社会养老保险契约下，政府提高缴费率对经济运行会造成影响，在社会养老保险基金收不抵支的情况下，如果不能提高缴费率，那么政府就需要开辟养老保险缴费收入之外的筹资渠道来满足养老金支付需要，以履行社会养老保险契约。

3.2.2 测算模型

3.2.2.1 测算方法

目前实行的统账结合制的社会养老保险制度，并没有弥补制度转轨之前原养老契约的成本解除，给养老保险造成支付压力。并且，社会养老保险制度还面临着人口老龄化带来的支付压力。测算中国社会养老保险制度可能出现的支付缺口，可以有针对性地确定中国现实条件下确保统账结合制养老保险制度的支付能力所需要的制度外资金规模。本章假设养老保险转轨成本没有一次性弥补，但个人账户全部做实，即个人账户从 1997 年开始建立并实账运行，1997 年之前没有个人账户积累，在假设条件之下，测算 2050 年之前中国社会养老保险制度的实际可支付能力，分析各年养老保险制度实际可支出养老金的规模能够实现的平均替代率及与 60% 合意替代率之间的差距。

按照国务院［2005］38 号文件的规定，目前中国社会养老保险制度每年可以用于支付的养老基金主要有两部分，一是社会统筹现收现付制基础养老金，每年可以用于支付的规模是当期的养老金收入，二是个人账户基金每年用于支付的规模，即个人账户积累规模/个人账户支出年限，按照文件规定，个人账户支出年限根据各地区实际情况确定。

在此基础上建立中国统账结合制养老保险制度支付能力测算公式：

社会养老保险支付能力＝各年养老保险制度下可以用于支出的养老金规模－合意替代率所要求的养老金支出规模

如果指标大于或等于 0，则社会养老保险制度支付能力充足；反之，如果指标小于 0，社会养老保险制度支付能力不足。

3.2.2.2 测算区间与测算指标的选取

本文测算区间选择为 2001 年至 2050 年。

测算指标 1：各年人口老龄化系数和养老保险负担系数；

测算指标 2：各年现收现付制养老金收入；

测算指标 3：各年可用于支付的个人账户资金规模①；

测算指标 4：各年养老金支付能力

＝各年社会统筹现收现付制养老金收入＋各年可用于支付的个人账户资金规模；

测算指标 5：各年养老金实际可支出规模可以实现的社会平均替代率以及与 60％合意替代率所要求的支出规模之间的差距。

3.2.2.3　基本假设

假设 1：养老保险制度模式假设：以国发〔2005〕38 号文件规定的养老保险制度模式作为建立测算模型的制度基础，并假设个人账户已全部做实；

假设 2：参数假设：制度覆盖率 100％；20 岁参加工作，男性 60 岁退休，女性 55 岁退休，工作连续不间断；名义社会平均工资年增长率 3％；个人账户投资运营年收益率 5％；参保人员年末缴费、年末一次性领取当年养老金；个人账户支付年限 15 年；合意替代率为 60％；

假设 3：人口数据根据辽宁大学人口研究所人口预测结果。

3.2.3　测算结果

3.2.3.1　人口老龄化及养老保险负担系数测算

根据各年人口数据，中国 2001－2050 年老龄系数和养老保险负担系数测算结果见图 3.1。

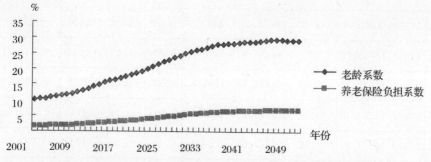

图 3.1　2001—2050 年中国人口老龄化和养老保险负担系数图

注：老龄化系数＝60 岁及以上人口数/人口总数，养老保险负担系数＝缴费人数/退休人数。其中，缴费人数＝男 20 岁至 59 岁人口＋女 20 岁至 54 岁人口，退休人数＝男 60 岁及以上人口＋女 55 岁及以上人口。

---

① 各年可用于支付的个人账户资金规模为当年退休人个人账户总额除以计发年数。

图 3.1 显示，2001—2050 年老龄系数总体呈现增长趋势，2010—2035 年增长趋势明显，增长速度较快，在 2035 年左右增长趋势放缓；养老保险负担系数总体趋势与老龄系数变化趋势相近。老龄系数与养老保险负担系数持续上升的趋势将给中国社会养老保险制度造成养老金支付的压力。人口老龄化程度的加深及养老保险负担系数的提高，对社会养老保险制度的支付能力提出了更高的要求。社会养老保险制度本身的筹资和支付能力能否应对人口结构变化对养老金支出需求的提高，将是中国社会养老保险制度必然面临的一个重大课题。

3.2.3.2 中国统账结合制养老保险制度支付能力测算结果

根据各年的人口数据和工资数据，按照现行的社会养老保险制度规定，本文测算了各年养老金实际可以用于支付的规模、可以实现的社会平均替代率以及与 60%、合意平均替代率目标之间的差距。具体测算结果见表 3.1。

表 3.1　　　　　　　　　中国社会养老保险支付能力测算结果

退休时间（年）	平均工资（元）	每年基础养老金收入（亿元）	每年可支出个人账户规模（亿元）	每年养老金收入（千元）	每年退休人口数（千人）	可实现社会平均工资替代率（%）	与60%替代率的差距（%）	与60%替代率差距总额（亿元）	与60%替代率差距总额2001现值（亿元）
2001	10870	6193.83	28	6221.48	54498	1.05	0.45	2667	2667.12
2005	18364	7514.10	113	7627.46	65878	0.63	0.03	369	303.35
2010	21289	9161.58	410	9571.59	86193	0.52	−0.08	−1438	−927.04
2015	24680	10788.79	897	11685.43	110171	0.43	−0.17	−4629	−2337.71
2020	28611	12438.86	2403	14841.70	138888	0.37	−0.23	−9000	−3561.67
2025	33167	14593.13	5069	19661.83	173955	0.34	−0.26	−14956	−4637.40
2030	38450	16977.87	9286	26263.67	208094	0.33	−0.27	−21744	−5282.56
2035	44574	19966.68	14853	34819.79	232698	0.34	−0.26	−27414	−5218.44
2040	51674	23392.04	21764	45155.98	249849	0.35	−0.25	−32308	−4818.65

续表

退休时间（年）	平均工资（元）	每年基础养老金收入（亿元）	每年可支出个人账户规模（亿元）	每年养老金收入（千元）	每年退休人口数（千人）	可实现社会平均工资替代率（％）	与60%替代率的差距（％）	与60%替代率差距总额（亿元）	与60%替代率差距总额2001现值（亿元）
2045	59904	27491.04	29728	57218.69	260714	0.37	−0.23	−36488	−4264.08
2050	69445	32885.29	38074	70959.71	260868	0.39	−0.21	−37737	−3455.31
总和规模									−155836.50

注：1. 各年男（女）性个人账户积累规模为 1997 年至男（女）性退休时每人个人账户按 5％ 投资收益率可以积累的规模。

　　2. 各年基础养老金收入＝当年平均工资×（当年男性 20 岁至 59 岁人数＋当年女性 20 岁至 54 岁人数）×20％。

　　3. 各年可支出个人账户资金规模＝（当年退休男性个人账户积累总额＋当年退休女性个人账户积累总额）/15。

　　4. 各年可支出养老金总额＝当年基础养老金收入＋当年可支出个人账户资金规模。

　　5. 各年社会平均工资替代率＝各年可支出养老金规模/[当年平均工资×（当年男性 20 岁至 59 岁人数＋当年女性 20 岁至 54 岁人数）]

　　6. 各年与60%替代率差距总额＝（各年社会平均工资替代率−60%）×[当年平均工资×（当年男性 20 岁至 59 岁人数＋当年女性 20 岁至 54 岁人数）]

　　测算结果显示，随着中国人口老龄化程度的加深，中国社会养老保险制度实际可实现的社会平均替代率呈现出逐年下降的趋势，在 2035 年左右下降趋势相对减缓。在 2005 年之后，中国社会养老保险制度可实现的社会平均替代率小于 60％ 合意平均替代率，需要额外资金的注入，见图 3.2。

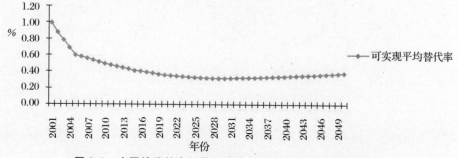

图 3.2　中国统账结合制养老保险制度可实现目标收益率分析

本章小结

在覆盖率、遵缴率为100％的条件下，中国社会养老保险制度的实际支付能力与60％的目标替代率所要求的支付能力的差额2001年现值为15.59万亿元，即若中国社会养老保险制度要达到60％的社会平均替代率，在假设条件下需要有15.59万亿元的制度外资金注入。

上述测算指标数值是在假设制度覆盖率为100％的情况下得出的，现实条件下由于制度的覆盖率远没有达到100％，2006年中国社会养老保险制度覆盖率仅为49.9％[①]，因此，实际资金缺口比测算数值小。在合意的平均替代率目标设定为60％的情况下，养老保险基金2005年出现基金缺口，在100％制度覆盖率条件下，每年资金缺口的现值在高峰时期为5000亿元左右。这就要求中国社会养老保险制度开辟制度外资金来源渠道，为将要发生的制度支付能力不足提前做好资金储备，以保证社会养老保险保障老年人生活的功能有效发挥。

---

① 根据《中国统计年鉴2007》中在岗职工与参保职工人数计算得出。

第 4 章　延迟退休对养老保险基金
收支平衡的影响效应

在中国人口预期寿命延长以及未来劳动力数量减少的背景下，关于退休年龄延迟的呼声日渐增多。中国现阶段的退休年龄尤其是女性退休年龄偏低，普遍低于英、美、德等发达国家，具备进行调整的可能性。金融危机爆发后，世界各国已经对退休年龄进行调整，并以此缓解经济危机和社会保障的给付压力。因此，应当尽快对中国现行退休政策进行相应调整，研究和设计科学、合理且可行的退休年龄延迟方案，提出具体的制度安排、推进策略以及配套政策，为政府相关部门制定政策提供科学依据，具有十分重要的理论价值和现实意义。

本章根据 2010—2050 年中国人口规模与结构的预测结果，按照"先女后男、小步渐进、男女同龄"的基本原则，建议将延迟退休年设定为 2015 年，同时设计了"较慢"、"较快"和"弹性选择"三种延迟退休方案并作可行性分析，分别研究每种方案对劳动力供给、养老金收支平衡、制度赡养比、企业缴费率等各个方面的影响效应，为延迟退休政策的实施提供决策参考。

4.1　中国退休年龄现状及退休年龄规定存在的问题

4.1.1　中国退休年龄的现状

中国现行退休年龄的规定始于 1951 年政务院颁发的《劳动保险条例》，其中对正常退休的规定是："男工人与男职员年满 60 岁，一般工龄满 25 年，本企业工龄满 5 年；女工人与女职员年满 50 岁，一般工龄满 20 年，本企业工龄满 5 年"。除了正常退休规定之外，1951 年《劳动保险条例》还对特殊工种和延迟退休作出规定。对特殊工种的退休规定为："井下矿工或固定在华氏三十二度以下的低温工作场所或华氏一百度以上的高温工作场所工作者，男工人与男职员年满 55 岁，女工人与女职员年满 45 岁；在提炼或制造铅、汞、砒、磷、酸的工业中及其他化学、兵工工业中，直接从事有害身体健康工作者，男工人与男职员年满 55 岁，女工人与女职员年满 45 岁"。对延迟退休的规定为："因该企业工作的需要，留其继续工作者，除发给原有工资外，应由劳动保险基金项下，按其本企业工龄的长短，每月付给在职养老补助费，其数额为本人工资百分之十至二十。"1951 年政务院颁发的《劳动保险条例》（1953 年进行修订但未对退休年龄作出修改）基本奠定了中国退休年龄规定的框架。

1955 年国务院颁布《关于国家机关工作人员退休暂行办法》，对国家机关工作人员退休年龄作出调整，主要规定是："男子年满 60 岁，女子年满 55 岁，工作年限已满 5 年，加上参加工作以前主要依靠工资生活的劳动年限，男子共满 25 年、女子共满 20 年；男子年满 60 岁，女子年满 55 岁，工作年限已满 15 年的；工作年限已满 10 年，因劳致疾丧失工作能力；因公残废丧失工作能力"。该办法突出的变化是将国家机关中女性工作人员的退休年龄从 1951 年《劳动保险条例》中 50 岁的规定提高至 55 岁，并加入对伤残提前退休的规定。1957 年国务院颁布《关于工人、职员退休处理的暂行规定》，对机关工作人员和工人的退休制度进行调整和统一，对于退休年龄也进行了相应调整。一是降低了一般工龄年限的限制，将之前"一般工龄男性满 25 年，女性满 20 年"的规定，调整为"一般工龄男性满 20 年，女性满 15 年，连续工龄男女均为 5 年"；二是将对特殊工种及由于身体原因提前退休的规定进行整合；三是改变了延迟退休政策，规定："在本规定发布以后因为工作需要，企业、机关继续留用的人员，都不加发在职养老补助费"，从而取消了延迟退休期间的养老补助费待遇。

1978 年国务院《国务院关于安置老弱病残干部的暂行办法》和《国务院关于工人退休、退职的暂行办法》（国发〔1978〕104 号），对中国退休年龄进一步进行了调整，这也是目前中国退休年龄的两个基本规定。按照《国务院关于安置老弱病残干部的暂行办法》的规定，党政机关、群众团体、企业、事业单位的干部退休条件为："男年满 60 周岁，女年满 55 周岁，工作年限满 10 年；男年满 50 周岁，女年满 45 周岁，工作年限满 10 年，经过医院证明完全丧失工作能力；因工致残，经过医院证明完全丧失工作能力"。按照《国务院关于工人退休、退职的暂行办法》规定，全民所有制企业、事业单位和党政机关、群众团体的工人，退休条件为："男年满 60 周岁，女年满 50 周岁，连续工龄满 10 年；从事井下、高空、高温、特别繁重体力劳动或者其他有害身体健康的工作，男年满 55 周岁、女年满 45 周岁，连续工龄满 10 年；男年满 54 周岁、女年满 45 周岁，连续工龄满 10 年，由医院证明，并经劳动鉴定委员会确认，完全丧失劳动能力；因工致残，由医院证明，并经劳动鉴定委员会确认，完全丧失劳动能力"。在之后的中国养老保险制度改革进程中，尽管制度模式进行了多次调整，但没有再对退休年龄作进一步修改。

除此之外，中国目前还有专门针对提前退休和延迟退休的规定。按照《国务院关于在若干城市试行国有企业破产有关问题的通知》和《国务院关于在若干城市试行国有企业兼并破产和职工再就业有关问题的补充通知》中的相关规定，国务院确定的 111 个"优化资本结构"试点城市的国有破产工业企业中，距法定退休年龄不足 5 年的职工可以办理提前退休。根据 1983 年《国务院关于高级专家离休、退休若干问题的暂行规定》和《国务院关于延长部分骨干教师、医生、科技人员退休年龄的通知》中的相关规定，副教授以及相当于这一级别的高级专家退休年龄可以延长至 65 周岁，教授、研究员以及相当于这一级别的高级专家可以延长至 70 周岁；根据 1990 年人事部《关于高级专家退（离）休有关问题的通知》和 1992 年中央组织部《关于县（处）级女干部退（离）休年龄问题的通知》，在本人自愿基础上，高级职称女专家和处级及以上女干部可以与男性同龄退休。

通过前面的分析，我们可以将目前中国退休年龄的一般性规定概括为："男性 60 周岁，女性干部退休年龄 55 周岁，女性工人退休年龄 50 周岁，同时工龄满 10 年"。目前的退休年龄规定是一个政策体系，除了一般性退休年龄规定之外，对于特殊工种、身体条件、企业改制、职称级别等还有相对于一般退休年龄的提前退休和延迟退休等规定。

在老龄化加剧的整体环境下，我国从 2012 年开始研究延迟退休的问题，并在当年发布《社会保障"十二五"规划纲要》，首次提出"研究弹性延迟领取养老金年龄政策"。2013 年 11 月，党的十八届中央委员会第三次全体会议通过《中共中央关于全面深化改革若干重大问题的决定》，提出"研究制定渐进延迟退休年龄政策"。2015 年 11 月 3 日，《中共中央关于制定国民经济和社会发展第十三个五年规划的建议》明确提出："出台渐进式延迟退休年龄政策"，根据"小步徐趋、渐进到位"的原则，经过一段时间的社会预告，将在 2017 年正式推出延迟退休政策的具体方案，并至少在 5 年后实施。

4.1.2　中国退休年龄规定存在的问题

（1）退休年龄偏低

中国目前对退休年龄的一般性规定，基本沿用了 1951 年《劳动保险条例》及 1955 年《关于国家机关工作人员退休暂行办法》中对退休年龄的规定，而在经济社会快速发展的条件下，这一退休年龄标准明显偏低。首先，退休年龄与人口预期寿命延长不相适应。1950 年中国人口的平均预期寿命男性仅为 40 岁，女性仅为 42.3 岁[①]，而 2010 年中国人口预期寿命已经提高至男性 72.38

---

① 李珍. 关于中国退休年龄的实证分析 [J]. 中国社会保险，1998 (4).

岁，女性 77.37 岁①。随着人口预期寿命的提高，人们退休之后的生命余年将延长，在目前退休时点的人力资本存量依然保持较高水平，如果继续使用 50 余年之前的退休年龄规定，显然已不适合。其次，退休年龄与教育年限延长不相适应。改革开放以来，中国教育事业取得了长足进步，人均教育年限与 20 世纪 50 年代相比有了显著提高，进而推迟了劳动力就业的平均年龄。维持原来的退休年龄规定，意味着人力资本投资回报期的缩短，劳动力可能处在人力资本高峰期就退休，这不但是人力资本的巨大浪费，同时也会转而抑制人们进行人力资本投资的积极性，阻碍人力资本总量的提高。最后，退休年龄与人口老龄化趋势不相适应。中国人口老龄化程度已经大幅度提高，1964 年第二次全国人口普查数据显示，61 岁及以上人口占总人口比重为 5.5%，而 2001 年全国 1% 人口抽样调查数据显示 60 岁及以上人口占总人口比重已达到 11.03%，65 岁及以上人口比重也已高达 7.69%，2000 年第五次全国人口普查数据就已显示中国已经进入人口老龄化社会②。并且，人口老龄化程度在未来一段时期还有不断加大的趋势，据预测，2030 年左右中国将进入人口老龄化高峰期，届时人口老龄化程度将达到 24.5%③。人口老龄化程度的提高对经济社会发展提出了挑战，突出表现在劳动人口比重下降、人力资本存量减少、社会保障压力提高等方面，在这种条件下，逐步提高退休年龄是世界各国普遍采取的缓解人口老龄化压力的一项政策。而中国在人口老龄化程度不断加剧的条件下，却依然维持较低的退休年龄规定，这将对人口老龄化条件下经济社会的可持续发展造成压力。

(2) 退休年龄人群差异较大

退休年龄的人群差异主要体现在性别差异和身份差异。目前中国男女退休年龄存在较大差距，男女干部之间退休年龄差距为 5 岁，男女工人之间退休年龄差距为 10 岁。随着经济社会的发展，男女在教育水平等方面的差距日益缩小，且女性人均寿命高于男性，在男女之间缩小甚至实行完全相同的退休年龄规定，是符合自然规律和社会文明进步的基本表现。根据 2002 年联合国对 166 个国家退休年龄的统计数据，有 62% 的国家和地区实行了男女同龄退休，而在实行男女差别退休年龄的国家中，中国男女工人 10 岁的退休差距居于第一位。男女退休年龄差距过大，造成女性工作时期相对缩短，不利于女性特别是高学历女性人力资本的充分利用，一定程度上降低了女性人力资本投资的积极性，也不利于女性在工作期间获得相对公平的晋升机会，还进一步增大了养老保险制度的支付压力。

① 中华人民共和国国家统计局. 第六次全国人口普查汇总数据 [R]. 2010.

② 中华人民共和国国家统计局，http://www. stats. gov. cn

③ 项怀诚. 养老储备基金管理 [M]. 北京：中国财政经济出版社，2005.

表 4.1　　　　　　　　　　2002 年 166 个国家男女退休年龄差异情况

国家与地区	男女相同		男女不同		合计
	数量（个）	占比（%）	数量（个）	占比（%）	数量（个）
亚洲	14	41.2	20	58.8	34
非洲	35	81.4	8	18.6	43
欧洲	17	42.5	23	57.5	40
拉美和加勒比地区	37	75.5	12	24.5	49
合计	103	62	63	38	166

资料来源：转自樊明，等.退休行为与退休政策[M].北京：社会科学文献出版社，2008：22.

除了性别之间的退休年龄差距较大之外，由于工作性质不同还存在着退休年龄的身份差异，突出表现在女性工人退休年龄低于女性干部（一般女性工人退休年龄为 50 岁，一般女性干部退休年龄为 55 岁）。20 世纪 50 年代，由于工作条件所限，对于女性工人设定较早的退休年龄是相对合理的。但是，随着工作环境的改善和技术进步，目前从事技术性劳动而非体力劳动的女性工人比重提高，如果还是根据原有全部女工人退休年龄一致的规定，将不利于女职工提高学习技术的积极性，需要及时调整女性工人和女性干部在退休年龄上的差距。同时，目前延迟退休年龄的对象只限于高级职称专家和处级以上女性干部，对于技术性工人没有延迟退休的政策，这种制度规定也不尽合理。

（3）提前退休情况较为严重

提前退休是世界各国普遍面对的一个共性问题。Sveinbjörn Blöndal（1997）提出，老年人提前退出劳动力市场是大多数经济合作和发展组织（OECD）国家在最近几十年中所共同经历的最显著的社会经济问题之一[①]。中国提前退休的问题同样比较严峻，1980—2004 年中国平均退休年龄见图 4.1。

图 4.1　1980—2004 年中国平均退休年龄

注：转自梁玉成.市场转型过程中的国家与市场——一项基于劳动力退休年龄的考察 [J]. 中国社会科学，2007 (5).

① Sveinbjörn Blöndal and Stefano Scarpetta. Early Retirement in OECD Countries：The Role of Social Security Systems [J]. OECD Economic Studies No. 29，1997/II.

图 4.1 显示，1991 年之后中国平均退休年龄有下降趋势，由于中国对退休年龄的规定没有改变，图 4.1 可以在一定程度上说明中国提前退休的现实情况。按照中国退休年龄的规定，特殊工种、工伤残疾等情况可以正常提前退休，这是对劳动者的正常保护措施。但是，除了正常提前退休之外，中国还存在着较多的利用提前退休规定，但不符合政策要求的非正常退休情况。据不完全统计，1998 年全国 23 个省新增企业退休人员 13319 万人，而违反国家规定提前退休的为 2715 万人，占退休总人数的 18.19%。其中，以病退为由提前退休的有 1619 万人，占非正常提前退休人数的 66.17%；以特殊工种为由提前退休的 211 万人，占非正常总数的 11.59%[①]。除了国有企业改革过程中的减员增效行为、下岗失业人员增多、企业经营不善导致工资无法正常发放等原因促使人们通过非正常提前退休获得养老金之外，提前退休行为还与退休政策的设计有关。目前，中国关于养老金领取资格的规定是达到最低缴费年限的 15 年，多缴多得的机制并不明显，在一定程度上使养老保险制度收益激励不足，另外给付机制存在一定的问题也造成提前退休现象的发生。

4.2 世界各国退休年龄的现状与比较

4.2.1 各国退休年龄现状

世界上绝大多数国家都规定了明确的退休年龄，按照《全球社会保障》中 173 个国家的资料[②]，明确规定退休年龄的共有 170 个国家，其中退休年龄最高的国家是丹麦和爱尔兰，男女退休年龄均为 67 岁，最低的是科威特和基里巴斯，男女均为 50 岁。这 170 个国家中平均退休年龄为男性 60.6 岁，女性 58.8 岁，其中，欧洲及北美地区男女平均退休年龄最高，分别为 64.2 岁和 63.1 岁；撒哈拉以南非洲男性平均退休年龄最低，为 57.9 岁；亚洲及太平洋地区女性平均退休年龄最低，为 56.5 岁[③]。

通过对各国退休年龄的比较，可以得出以下几条结论：一是人口预期寿命较高的地区一般来说退休年龄相对也较高。根据联合国《Human Development Report—2014》按区域对"出生时预期寿命"进行测算，其中，阿拉伯国家男性为 68.4 岁，女性为 72.2 岁；东亚和太平洋地区男性为 72.3

---

① 李红岚，武玉宁. 提前退休问题研究 [J]. 经济理论与经济管理，2000 (2).

② SSA. Social Security Programs Throughout the World —2002, 2003.

③ 刘铮，潘锦棠. 世界各国退休年龄现状分析比较 [J]. 甘肃社会科学，2005 (5).

岁，女性为 75.8 岁；欧洲和中亚男性为 67.3 岁，女性为 75.4 岁；拉丁美洲和加勒比地区男性为 71.8 岁，女性为 78 岁；南亚男性为 65.7 岁，女性为 68.9 岁；撒哈拉以南非洲男性为 55.6 岁，女性为 58 岁。世界平均预期寿命男性为 68.8 岁，女性为 73 岁；最不发达国家男性为 60.3 岁，女性为 62.8 岁；小岛屿发展中国家男性为 67.7 岁，女性为 72.4 岁。欧洲及北美国家是世界男女平均预期寿命最高的地区，其平均退休年龄也为世界最高；撒哈拉以南非洲男性平均预期寿命是世界最低的，其男女平均退休年龄也为世界最低；二是人口老龄化程度较高地区平均退休年龄也较高。170 个国家中 65 岁以上人口比例超过 7％ 的国家总共有 63 个，男性平均退休年龄为 63.4 岁，女性退休年龄为 61.3 岁。而 65 岁以上人口比例不到 7％ 的国家，男性平均退休年龄为 59.7 岁，女性平均退休年龄为 58 岁；三是高收入国家的平均退休年龄和平均预期寿命都是最高的。按照联合国《Human Development Report－2002》中对国家收入高低的分类，高收入国家男女平均退休年龄分别为 63.6 岁和 62.6 岁，男女平均预期寿命分别为 74.7 岁和 80.5 岁。低收入国家男女平均退休年龄分别为 57.7 岁和 56.1 岁，男女平均预期寿命分别为 52.6 岁和 55.2 岁。

4.2.2　发达国家退休年龄变动趋势

前面的分析是以世界 170 个国家为对象，由于其中包括了较大比例的低收入国家和小国，这可能会对研究结论造成干扰。因此，为了将研究进一步深入，下面将以经济合作与发展组织（OECD）国家为研究对象，考察发达国家退休年龄的变动规律，为中国退休年龄调整提供经验借鉴。OECD 各国的退休年龄相对较高，男女同龄退休比较普遍，并总体上显示出随着人口预期寿命的延长和人均收入的增加，退休年龄具有逐步提高的趋势。

表 4.2　　　　经济合作与发展组织（OECD）国家退休年龄　　　单位：岁，年

国别	男性退休年龄			女性退休年龄		
	1975	1995	2002	1975	1995	2002
澳大利亚	65	65	65	60	60	62.5
奥地利	65	65	65	60	60	60
比利时	65	65	65	60	60	62
加拿大	65	65	65	65	65	65
丹麦	67	67	67	67	67	67
芬兰	65	65	65	65	65	65
法国	65	60	60	65	60	60
德国	65	65	65	65	65	65

国别	男性退休年龄			女性退休年龄		
	1975	1995	2002	1975	1995	2002
希腊	62	62	65	57	57	65
冰岛	67	67	67	67	67	67
爱尔兰	68	66	66	68	66	66
意大利	60	62	65	55	57	60
日本	60	60	65	55	58	65
卢森堡	65	65	65	60	65	65
荷兰	65	65	65	65	65	65
新西兰	65	62	65	65	62	65
挪威	67	67	67	67	67	67
葡萄牙	65	65	65	62	62.5	65
西班牙	65	65	65	65	65	65
瑞典	67	65	65	67	65	65
瑞士	65	65	65	62	62	63
英国	65	65	65	60	60	60
美国	65	65	65	65	65	65

资料来源：[1] 1975 年和 1995 年数据来源于 Sveinbjörn Blöndal and Stefano Scarpetta. Early Retirementin OECD Countries：The Role of Social Security Systems [J]. OECD Economic Studies No. 29，1997/II.

[2] 2002 年数据根据 SSA. Social SecurityPrograms Throughout the World —2002，2003. 中相关数据整理。

表 4.2 数据显示，OECD 国家整体退休年龄较高，2002 年 23 个 OECD 国家平均退休年龄男性为 65.08 岁，女性为 64.11 岁，男女平均退休年龄差距仅为 0.97 岁。同时，男女同龄退休是主要趋势，目前 23 个国家只有 6 个国家实行男女差别退休，其余 17 个国家均实行男女同龄退休。OECD 国家延迟退休年龄主要发生在 1995 年之后，特别是在 1995 年依然实行男女差别退休年龄的国家比较普遍。在 1995 年依然实行男女差别退休年龄的 9 个国家中，有 6 个国家在 1995—2002 年之间提高了女性退休年龄，分别是比利时、希腊、意大利、日本、葡萄牙、瑞士，其中希腊、意大利和日本还同时提高了男性的退休年龄，而希腊、日本、葡萄牙在调整之后实行男女同龄退休。而在 1995 年实行男女同龄退休的国家中，1995—2002 年之间只有新西兰同时提高了男女退休年龄，并改为实行男女同龄退休，其余国家没有调整退休年龄。这在一定程度上说明男女同龄退休的调整压力较小，而男女差异退休年龄规定面临的调整压力较大，并且延迟女性退休年龄是退休制度改革的重要内容。

　　除了现行的退休年龄规定之外，一些国家还制订了未来提高退休年龄调整的规划。2006 年，英国政府公布了养老系统改革白皮书，计划到 2020 年英国提高女性退休年龄以达男女同龄退休，到 2024 年把所有公民的退休年龄提高到 66 岁，并到 2044 年最终提高到 68 岁[①]。1983 年，时任美国总统里根签署《社会保障法案》，规定从当年至 2017 年，美国退休年龄将由 65 岁逐步提高到 67 岁。2006 年，德国联合政府内阁会议通过了退休体制改革决议草案，从 2012 年开始，退休年龄由原来的 65 岁延后延迟到 67 岁[②]。

　　同时，值得关注的是，法国在 2003 年将退休年龄提高至 65 岁之后，在金融危机的背景之下，2008 年国会通过的《社会保险局预算修正案》又进一步提高了退休年龄，其中规定"在受薪人达到 65 岁之前，雇主将询问其是否准备自愿退休。如果受薪人不同意，或者企业忘记询问受薪人的意见，雇主便无权勒令其退休，直到 70 岁退休"[③]。根据 2014 年经济合作与发展组织（OECD）的资料显示，部分国家平均实际退休年龄如表 4.3 所示。

表 4.3　　　　经济合作与发展组织（OECD）国家平均实际退休年龄　　单位：岁，年

国别	男性退休年龄					女性退休年龄				
	1974	1984	1994	2004	2014	1974	1984	1994	2004	2014
澳大利亚	66.1	62.9	62.6	63	65.3	63.6	58.7	59.9	60.7	63
奥地利	66	63.2	61.6	58.8	62.2	65.4	61.7	59.8	58.2	60.2
比利时	64.2	60.7	58	58.6	60	63	57.4	56.8	57	59.3
加拿大	65.5	63.9	62.2	63.2	64.5	65.2	62.4	60.7	61.9	62.4
智利	70.8	66.9	69.2	68.5	70.9	69.2	65.3	67.6	65.4	70.3
丹麦	66.4	65.6	62.4	63.4	63.4	65	63.2	59.4	61.2	60.6
爱沙尼亚	66.4	65.6	63.9	59.6	63.7	61.5	60	62.4	60.6	62.9
芬兰	65.9	63.6	60.9	60	61.9	62.9	62.7	59.8	60.3	62.3
法国	65.7	61.2	59.7	58.8	59.4	65.3	61.8	60.1	58.8	59.8

---

　　① 新浪网. 英国政府公布养老系统改革白皮书：退休年龄提高至 68 岁 [EB/OL]. http：//news. sina. com. cn/w/2006－05－26/15209036588s. shtml，2006－05－26.

　　② 新浪网. 德国内阁通过草案，拟将退休年龄推迟至 67 岁 [EB/OL]. http：// news. sina. com. cn/w/2006－12－03/203010671652s. shtml，2006－12－03.

　　③ 欧洲时报. 参议院通过 70 岁退休条款，审议 2009 社保机构预算草案 [EB/OL]. http：// www. oushinet. com，2008－11－18.

国别	男性退休年龄					女性退休年龄				
	1974	1984	1994	2004	2014	1974	1984	1994	2004	2014
希腊	66.7	65.3	63	62.6	61.6	64.4	63.4	59.8	61.3	60
匈牙利	66.9	64.5	61.8	57.8	62.6	63.8	60	57.4	55.6	60.1
爱尔兰	70.8	66.5	64	65.3	65.4	73.1	67.7	65.6	64.7	62.6
意大利	63.6	62.5	60.3	60.4	61.4	61.2	61.9	57	61.7	61.1
日本	72.3	70	71.2	69.5	69.3	66.5	66	66.5	66.1	67.6
韩国	65.7	66.4	71	69.9	72.9	65.6	62.6	66.6	66.9	70.6
卢森堡	62.4	60.2	59.2	58.7	61.9	64.9	59.9	58.5	59.1	60.8
荷兰	64.6	61.6	60.4	60.5	62.9	65.8	62.2	59.8	59	61.9
新西兰	68.2	64.7	62.8	64.5	67.2	67.1	62.4	60.6	63.2	67
挪威	67.4	67	64.1	62.7	65.2	66.6	65.1	62.3	61.8	64.3
波兰	70.7	66.6	65	61	62.1	68.4	63.4	62.3	58.2	59.5
葡萄牙	72.6	66.3	64.4	65.5	67	69.6	67.6	64.4	65.7	66.2
西班牙	67.3	63.5	61.2	61.1	62.2	71.6	64	63.2	63	63.1
瑞典	66.6	64.1	63.4	63.6	65.2	65.5	63.1	62.2	61.6	64.2
瑞士	70.9	68.6	66.7	65.9	66.1	68.9	67	66.8	64.4	64.5
土耳其	69.2	64.4	64.7	63.4	65.2	57.4	62.6	61.8	62.7	64.9
英国	66.8	63.2	62.5	63	64.1	65.2	61.1	61	61.5	62.4
美国	67.1	65.9	64	64.3	65.9	66.3	65.4	63.5	63.2	64.7

4.3　延迟退休年龄的基本动因与必要性

4.3.1　延迟退休年龄是人均预期寿命延长的必然要求

随着人类社会的发展进步，人口预期寿命延长是各个国家所经历的普遍现象，并成为延迟退休年龄的根本原因。目前，中国退休年龄的规定沿袭了1951年出台的《劳动保障条例》的相关政策，而那时的退休政策是基于当时人均预期寿命制定的。但是，2009 年中国预期寿命已超过 73 岁[①]，比 20 世纪 50 年代提高了 20 多岁，根据卫计委数据，2015 年中国人均预期寿命比 2010 年提高 1 岁，如果仍然沿用原定的退休年龄政策，明显不太妥当，从而导致偏低的法定退休年龄和不断提高的人口预期寿命不相适应，使二者之间的差距越来越大。此外，从性别角度看，我国现行的退休年龄制度显得更不合理。相比男性，女性的预期寿命要更长，但退休年龄却要早于男性 2～10 岁，这样会进一步加剧男女间的性别不平等。因此，在人均预期寿命不断提高的前提下，延迟退休年龄成为必然趋势。

4.3.2　延迟退休年龄是应对人口结构转变的有效措施

一般来说，在经济社会的发展进程中，与人口预期寿命延长相伴随的人口现象是：出生率先上升后下降和死亡率的逐步下降。这会造成人口结构的变化，表现为一定时期的劳动力比重上升，即人口红利期以及人口红利期之后的人口老龄化程度加深的人口负债期。由于中国实行计划生育政策等多方面原因，人口出生率下降较快，造成人口红利期相对较短、人口老龄化的速度快于发达国家普遍水平。如果依然维持现行退休制度不变，将会面临人口红利枯竭对经济增长的负面影响。

劳动力人口比例的变化对经济发展具有重要的影响作用。一般认为，人口结构转变通过劳动力供给、储蓄和技术进步三条渠道对经济增长具有直接或间接影响，劳动人口比例提高对经济增长具有重要的促进作用。研究表明，早期的日本及韩国、中国香港、新加坡、泰国等东亚国家和地区在 20 世纪 60 年代创造的"东亚奇迹"，人口转变因素的贡献为 1/4～1/3，而在超出稳态增长率的部分中，人口转变因素的贡献更高达 1/3～1/2[②]。根据王德文（2004）等的研究，人口转变使得中国从 20 世纪 60 年代中期开始享受人口红利，对中国经济增长的贡献在 1/4 强，如果把未来 15 年左右的人口红利也计算在内，则人口转变对中国经济长期增长的贡献在 1/3 左右[③]。中国人口转变的情况比较特殊，原因是：出生率下降较快，造成少儿抚养比下降与老年抚养比上升之间的间隔也很短，使得总体抚养比只在相对短暂的时期内处于较低的水平上。中国的人口红利期在 2015 年左右结束，此后人口转变对经济增长的贡献由人口红

①　中国老龄工作委员会：《2009 年度中国老龄事业发展统计公报》相关数据。

②　Bloom, David E. and Jeffrey G. Williamson. Demographic Transitions and Economic Miracles in Emerging Asia [J]. NBER Working Paper, No. 6268, 1997.

③　王德文，蔡昉，张学辉. 人口转变的储蓄效应和增长效应 [J]. 人口研究，2004 (5).

利阶段转为人口负债阶段①，劳动力人口比例下降、社会总抚养比上升，并对经济增长带来负面的影响。在这种情况下，提前应对人口红利的枯竭对于保持中国经济的持续增长具有战略意义。而提高退休年龄可以延长劳动者工作年限、降低社会总抚养比，无疑对于延长中国人口红利期和应对劳动人口比重下降造成的劳动资源不足具有重要意义。

4.3.3　延迟退休年龄是减轻养老金支付压力的重要途径

人口预期寿命的延长进一步引起人口老龄化程度的加重，养老金需求急剧上升，养老保险制度的持续运行面临着挑战。根据预测，2020 年中国 60 岁以上人口比重将达到 14.69％，2036 将高达 29.58％；65 岁以上人口比重 2020 年将达到 20.42％，2040 年将高达 23.74％，将在 20 年时间完成欧洲老龄化半个世纪走过的历程②。世界银行研究报告显示：中国老年人口比例将在 2030 年突破 30％，并在 2075 年达到最高峰 37.1％。在基础条件下，2001－2075 年养老保险资金缺口将达到 9.15 万亿元人民币，在其他条件假设不变的情况下，资金缺口最高为 21.3 万亿元人民币，最低为 3.05 万亿元人民币。

养老金支付压力的上升同时表现在制度赡养率和自我赡养率两个方面。从制度赡养率来看，人口老龄化造成老年人口比例上升，必然引起养老金需求的提高，进而对养老保险制度的支付能力提出挑战，特别是现收现付制养老保险制度对人口结构变化更加敏感。退休年龄对现收现付制养老保险制度收支平衡具有重要的影响作用。根据《中国养老保险基金测算与管理》课题组测算，我国退休年龄每延长一年，养老统筹基金可增收 40 亿元，减支160 亿元，减缓基金缺口 200 亿元③。邓大松、刘昌平（2002）对退休年龄的敏感性分析得出，退休年龄每提高 1％，基金缺口缩小 1.949％，如果退休年龄提高 5 年，那么基金缺口将缩小 22.69％④，证实了延迟退休将有助于改善目前养老金的透支状况。从自我赡养率来看，人口预期寿命的提高相应延长了劳动者退休之后的生命余年，意味着同样的工作时间要负担的退休生活时间在延长，对于养老保险制度来说，相当于在个人账户缴费期不变情

---

① 李红岚. 延长法定退休年龄可行性分析 [M]. //劳动和社会保障部社会保险研究所. 世纪抉择——中国社会保障体系构架. 北京：中国劳动社会保障出版社，2000.

② 郑秉文. 中国建立"主权养老基金"的急迫性及国际比较 [J]. 国际经济评论，2008（3、4）.

③ 劳动保障部和博时基金管理有限公司. 中国养老保险基金测算主报告 [M]. 北京：经济科学出版社，2001.

④ 邓大松，刘昌平. 中国养老社会保险基金敏感性实证研究 [J]. 社会保障制度，2002（4）.

况下，支付期延长。由于目前对于个人账户支付期的普遍规定为 10 年，支付期过后的养老金来源于统筹基金，这也同样会对养老保险制度造成资金压力。延迟退休可以缩短个人账户支付期，减少个人账户支付期结束后对统筹基金的压力。因此，在人口预期寿命延长、人口老龄化程度不断加深的背景下，逐步实行延迟退休是应对养老金支付压力增加、确保养老保险制度持续运行的有效措施。

4.3.4 延迟退休年龄是发挥人力资本的重要举措

退休年龄对人力资本积累的影响作用主要体现在个人教育投资决策方面。人力资本理论认为，劳动者的知识和技能是人力资本构成中最重要的部分，而知识与技能主要是通过教育和培训获得的。由于个人教育投资决策是以教育的成本—收益分析为基础的，因而推迟退休年龄，增加工作年限，使劳动者教育投资的回收期延长，将促进劳动者增加教育年限，提高平均教育水平，有利于全社会人力资本存量的提升。退休年龄对人力资本的充分利用同样具有影响作用，一般认为，个人的人力资本水平在某一阶段达到高峰值之后逐渐下降，老年期人力资本存量较低，因此，退出劳动力市场可以增加全社会人力资本存量，促进人力资本利用程度的提高。随着人均预期寿命的延长和社会平均教育年限的提高，人力资本峰值出现的时间后移。在目前的退休年龄规定下，劳动者退休时人力资本存量依然较高，此时退出劳动力市场将造成人力资本的浪费。同时有研究表明，熟练的老员工继续工作可以给企业带来收益，并节省对新员工的培训成本。

改革开放以来，中国教育事业取得了长足进步。1995 年明确规定了 9 年义务教育，1999 年高校扩招，2014 年末中国普通高等学校在校大学生数已达到 2547.7 万人，高等教育毛入学率达到 37.5%，已经实现了高等教育大众化的历史目标。由于起始工作年龄的延后以及人力资本存量的增加，如果依旧沿用原来的退休年龄规定，不利于促进个人的教育投资决策，也不利于对人力资本的有效利用。同时，中国女性教育水平显著提高，特别是高等教育中女性比例较大幅度提高，2014 年年末，研究生中女性比例为 51.6%，普通本、专科女性比例为 52.1%，而 1978 年高等学校中女学生比例只有 24.2%，这说明目前对男女实行差别退休年龄从人力资本角度来说也是不合理的。

4.3.5 延迟退休年龄是提高经济竞争力的客观要求

退休年龄影响经济的竞争力主要表现为：人口老龄化条件下企业劳动力成本的上升。劳动力成本主要是由工资和包括养老金在内的保险福利待遇组成，无论养老保险制度采取何种制度模式，无论养老金来自企业缴费、个人缴费还是政府财政拨付，从全社会层面看，养老金始终表现为劳动成本的一部分。如果养老保险制度入不敷出，企业可能会面临养老保险费率的提高，即使是国家利用财政拨付等手段弥补养老金缺口，最终依然可能引起其他税种和税率的上升。因此，在其他条件不变的情况下，退休年龄愈早，养老金规模越大，造成劳动力成本提高，国家整体竞争能力就越减弱。特别是在中国人口老龄化程度不断加深的背景之下，曾经对中国经济具有重要拉动作用的劳动力成本优势将随着人口老龄化及养老金规模的提高而逐步减弱，这将对中国经济的持续增长造成较大压力。德国曾经提高养老保险的缴费率，使经济竞争力减弱。20世纪90年代中期，德国养老保险缴费率提高至18.6%，库特·J·劳克指出："联邦共和国提出并使之具有法律地位的自治和企业的创造力面临被扼杀的危险，这个创造过经济奇迹的富有活力的国家已缓慢地成为僵滞的福利国家，这严重地威胁到德国在世界上开展有效竞争的能力。"[1]

中国目前企业社会保险缴费比例已经较高，占缴费工资总额的比重分别为养老保险20%、医疗保险8%、失业保险2%、工伤保险平均1%、生育保险最高1%，同时还要负担住房公积金等其他制度的缴费。在这种情况下，如果退休年龄不作调整，而企业养老保险缴费率或间接税率继续提高，将进一步提高企业成本负担，最终影响整个经济的竞争能力。因此，延迟退休年龄对于提高经济的竞争力具有重要的作用。

4.4 延迟退休年龄可能面临的问题

4.4.1 对不同人群的影响差异

延迟退休对不同人群具有不同的影响作用。首先，从不同闲暇—收入偏好人群来看，延迟退休对更加偏好闲暇的人群造成的负效应较大，会导致这部分人群对延迟退休年龄的政策比较抵触，而延迟退休对更加偏好收入的人群影响相对较低。其次，从不同收入水平的人群来看，收入水平较高的人群由于延迟退休将获得相对更高的收入，因而可能更支持这一政策，而收入较低的人群由于延迟退休的收入激励效应较低，因而可能对延迟退休的意见较大。再次，从不同职业人群来看，脑力劳动者由于工作本身的身体劳累程度较低，并且延迟

---

① 库特.J·劳克. 处在十字路口的德国：论德国经济的效率［M］∥德意志联邦共和国大使馆. 论文集：过渡时期的德国（中文版），1994：57.

退休后对工作绩效的影响较小，对于高级知识分子、医生、干部等职业延迟退休年龄甚至有利于工作绩效的提高，使延迟退休后的收入曲线继续上升。因此，脑力劳动者可能更支持延迟退休，而工人等体力劳动者由于工作对身体条件的要求较高，延迟退休后的身体承受能力下降，并且由于工作绩效的下降导致收入水平随之下降，因而可能不支持延迟退休。最后，从不同就业性质人群来看，稳定就业人员由于收入固定，对退休金的需求程度较低，而灵活就业人员由于收入不稳定以及养老保险缴费率较高，因而更希望及早退休以获得稳定的养老金收入。对于一些已经接近退休年龄的下岗、失业人员，由于缺乏稳定的生活来源，退休领取养老金可以较大提高这部分人群的生活水平，他们更倾向按现有规定或者较早退休，因而灵活就业人员以及未就业人员可能不支持延迟退休政策。

此外，延迟退休对年轻人就业可能产生一定的挤出效应，因为老年人延迟退出工作岗位引起新增工作机会减少而对年轻人工作岗位的挤占，这或许成为人们对推迟退休年龄而普遍担心的问题。但是，老年人与青年人的工作岗位之间并不是一对一的替代关系。一般来说，青年人特别是刚参加工作的青年人，入职时以初级岗位为主，而接近退休年龄的老职工由于工作经验、能力、工龄等原因，工作岗位以高级岗位为主。因此，工作岗位的错位可能使延迟退休对年轻人就业的实际挤出效应并不大。同时，由于人口老龄化将造成劳动力绝对数量的下降，因而延迟退休对年轻人就业的挤出效应会进一步降低。

延迟退休对年轻人就业的挤出效应要求延迟退休政策必须要稳步实施，并且要有劳动力市场的配套政策。例如：退休年龄的推迟要分阶段实施，每次调整幅度适度，还需要以目前男女差异退休年龄为基础。首先提高女性退休年龄，之后逐步过渡到男性；还可以积极推行就业促进措施，通过扩大公共投资、税收减免、设立公益岗位等手段创造就业机会。通过制定科学的退休政策，配套相应的劳动力市场措施，使延迟退休的挤出效应得到控制。

由于延迟退休对不同人群的影响差异较大，要求延迟退休方案的制定必须要充分考虑到不同群体的需求，在政策设计上灵活安排，尽量降低延迟退休对特定人群的影响，提高社会对延迟退休的支持度。建议采用如下方法：一是延迟退休可以考虑在制定最低退休年龄基础上实行自愿延迟，以提供灵活的选择空间适应不同人群闲暇—收入的不同偏好；二是强化与完善工资和养老金水平的增长机制，特别是原退休年龄之后的工作年限，应该确保工资水平适度提高以及养老金水平的相应增长，提高延迟退休制度本身的利益驱动力；三是针对不同职业设定最低退休年龄，针对脑力工作和体力工作的特点设定科学合理的退休年龄调整方案；四是针对不同就业类型设定最低退休年龄，特别是要关注灵活就业人员和失业、下岗人员的利益。

4.4.2　延迟退休年龄的条件与合理起始时间

4.4.2.1　延迟退休年龄的条件

（1）劳动力供求关系不久将发生逆转

未来一段时期，劳动适龄人口的绝对数量和相对数量将不断减少。虽然新中国建立以来各时期劳动适龄人口出现不同程度的增长，但在 2010 年以后伴随人口老龄化趋势的加强，劳动适龄人口将呈现出不断下降的发展趋势。我国 16～64 岁劳动适龄人口在 2011 年达到峰值的 9.74 亿人，16～59 岁劳动适龄人口在 2010 年达到峰值的 9.17 亿人，之后便进入了绝对数量减少的阶段。到 2050 年 16～64 岁与 16～59 岁劳动适龄人口分别减少到 8.34 亿人和 7.23 亿人，不到 40 年的时间里将分别减少 1.4 亿人和 1.94 亿人，平均每年大概减少 350 万人和 500 万人。与此相对应，劳动适龄人口的比重也表现为不断下降的趋势。16～59 岁的劳动适龄人口比重从 2010 年的 68.41％将下降到 2050 年的 52.85％，共下降 15.56 个百分点，16～64 岁劳动适龄人口比重从 2010 年的 72.69％将下降到 2050 年的 60.93％，共下降 11.76 个百分点。劳动适龄人口的这种绝对数量和相对数量的减少在一定程度上会缓解近期的就业压力，但同时也会改变未来劳动力市场的供求关系，造成劳动力人口的短缺，并加重未来劳动适龄人口的赡养负担。

劳动力负担多数用总扶养比来衡量，我国的总扶养比在 2000－2050 年一直在快速增长（见图 4.2 和图 4.3），如果以 16～59 岁作为劳动力人口，总抚养比将从 50％上涨到 89.22％，年平均增长约 0.8 个百分点；如果以 16～64 岁作为劳动力人口，总抚养比将从 42.86％上涨到 64.13％，年平均增长约 0.4 个百分点。

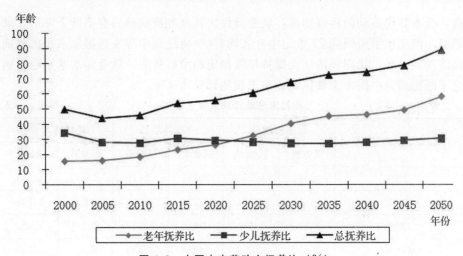

图 4.2　中国未来劳动力抚养比（%）

说明：劳动力人口为 16～59 岁人口

资料来源：根据人口预测结果计算而得。

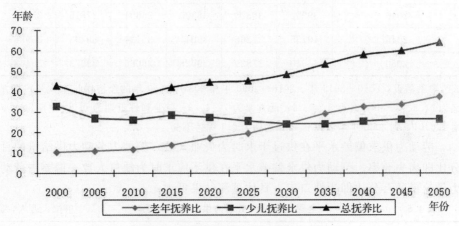

图 4.3　中国未来劳动力抚养比（%）

说明：劳动力人口为 16～64 岁人口

资料来源：根据人口预测结果计算而得。

同时，随着我国经济的持续稳定发展，劳动力需求空间仍然很大。根据经济学理论，经济增长率与就业率之间存在一定的相关关系。经济增长决定就业水平。反之，就业数量变化也影响经济增长速度。就业弹性，是经济增长（通常用 GDP 增长率来衡量）对就业量的需求弹性，在一定程度上反映了经济增长对就业人员的吸纳程度，即经济增长率每提高一个百分点，劳动就业率就增长一个百分点。虽然在经济不断趋向成熟的过程中，资本的有机构成也相应提高，资本替代劳动的程度加深，就业弹性应该在经济成熟后有不断下降的发展趋势，但是如果按照到 21 世纪中叶人均 GDP 将达到中等发达国家水平的远期经济发展目标，我国经济还会保持持续稳定的增长势头，就业需求水平也会随之不断提高。中国未来城镇就业需求预测详见表 4.4。

表 4.4　　　　　　　中国未来城镇就业需求预测　　　　　　单位：万人

年份	高经济增长		中经济增长		低经济增长	
	高弹性	低弹性	高弹性	低弹性	高弹性	低弹性
2010	30964	30555	30781	30419	30600	30284
2015	33852	32674	33324	32289	32803	31908
2020	34238	32948	33641	32515	33239	32221
2025	35827	34069	34937	33435	35043	33502
2030	37803	35419	36538	34536	36323	34383
2035	39771	36712	38118	35584	37575	35216
2040	39962	36823	38300	35691	37815	35357
2045	40735	37266	39041	36121	38793	35926
2050	41660	37829	39928	36666	39673	36468

参数假设：2010—2015 年、2016—2030 年和 2031—2050 年的经济增长率（%）高方案为 9、6、3，中方案为 8、5、3；低方案为 7、4、3；就业弹性近期为 0.2，中期每五年增加 0.01，到 2030 年增加到 0.15，远期为 0.1 保持不变。

劳动力供求偏差水平在供过于求时为失业人数，偏差占劳动力供给量的百分比即为失业率。劳动力供求偏差水平在供不应求时为缺口人数，偏差占劳动力供给量的百分比即为缺口率，具体预测结果见表 4.5。

表 4.5　　　　　　全国远期城镇劳动力供求预测结果　　　　单位：万人，%

年份	高经济增长		中经济增长		低经济增长	
	缺口量	缺口率	缺口量	缺口率	缺口量	缺口率
2010	−1760	−5.41	−2504	−7.16	−3847	−11.2
2015	−586	−2.17	−1298	−4.24	−2577	−8.38
2020	992	4.67	669	1.99	−505	−1.89
2025	1748	8.09	978	2.71	440	1.24
2030	2938	8.32	1262	3.35	371	1.02
2035	4329	12.49	1672	4.66	896	3.45

续表

年份	高经济增长		中经济增长		低经济增长	
	缺口量	缺口率	缺口量	缺口率	缺口量	缺口率
2040	4431	12.51	1722	4.68	1369	4.12
2045	6087	17.69	3383	9.49	1923	5.21
2050	7635	22.70	4929	14.15	3493	9.69

参数假设：未来劳动力供求预测分为近期（2010—2015 年）、中期（2016—2030 年）和远期（2031—2050 年）三个阶段。假定三个时期 16～59 岁劳动适龄人口的劳动参与率一直保持在 85% 不变（85% 是按照现在 16 岁以上人口的劳动参与率折算而成）；三个时期的经济增长率（%）高方案为 9、6、3，中方案为 8、5、3；低方案为 7、4、3；就业弹性近期为 0.2，中期每五年增加 0.01，到 2030 年增加到 0.15，远期为 0.1 保持不变。

说明：负值的缺口量为失业量，负值的缺口率为失业率。

就近期而言，全国城镇劳动力供给量依然是高于经济增长的就业需求量，2010 年以后城镇劳动力需求缺口仍然很大，失业水平和失业率在 2010 年达到最大值。在高、中、低三种经济增长方案下，2010 年我国的失业人口分别达到 1760 万人、2504 万人、3847 万人，失业率分别达到 5.41%、7.16% 和11.2%。2010 以后由于劳动年龄人口的绝对数量减少，失业人口数量和失业率开始下降。总体来看，近期我国城镇就业形势依然严峻，劳动力供求矛盾仍然突出，城镇失业率基本上处于 5% 与 11% 之间，失业人口大约在 1000 万人与 4000 万人之间。

中期城镇劳动力供过于求的局面逐渐将发生变化，劳动力总量的短缺初见端倪，三种经济增长方案下都出现了劳动力供求缺口。到 2030 年，高经济增长方案下劳动力缺口数量达到 2938 万人，缺口率达到 8.32%；中经济增长方案下劳动力缺口数量达到 978 万人，缺口率为 2.71%；而低经济增长方案下劳动力缺口数量达到 371 万人，缺口率为 1.02%。

远期全国城镇劳动适龄人口继续减少，虽然经济增长速度有所放慢，就业弹性不断下降，但是劳动力供求缺口不断增大，到 2050 年城镇劳动力供给缺口约为 3493 万人～7635 万人，缺口率为 9.69%～22.7%。由此可见，远期的劳动力供给数量已经远远不能满足经济发展的需要。总之，人口红利期即将结束，快速的人口转变使我国的中远期的劳动力供给数量不断减少，劳动力占总人口的比重持续下降，劳动力供求缺口也不断增大。

（2）社会养老负担日益沉重

2013 年以后，随着劳动力绝对数量的减少，人口老龄化趋势的加强，社会养老负担不断增加，老年抚养比快速上升。据 2005 年全国 1‰ 的抽样调查数据，65 岁及以上老年抚养比为 12.71%，基本上每 8 个劳动力就需要供养一个老年人。到 2050 年，65 岁及以上老年抚养比为 39.43%，大概每 2.5 个劳动力就需要供养一个老年人，养老负担异常沉重。与此相应，未来的养老金收支情况也不容乐观。在覆盖率为 100%，缴费率分段调整（2009－2030 年＝90%，2031－2050 年＝95%）的现实条件下，社会统筹养老金将从 2015 年出现年度赤字，到 2050 年累计债务将达到 24.65 万亿元，见表 4.6。

表 4.6　　　　基于合意现实条件的社会统筹养老金收支均衡预测

年份	缴费人数（万人）		退休人数（万人）		养老金需求（亿元）	养老金收入（亿元）	养老金缺口（亿元）
	正常缴费	个体	实际人口	迁移人口			
2010	27614.80	4683.21	8152.59	466.71	6417.43	7028.75	611.32
2015	28051.64	4757.29	10420.46	596.66	8832.87	8764.04	−68.83
2020	27898.45	4731.32	13175.55	713.20	12196.77	10104.45	−2092.32
2025	26582.24	6439.18	16570.19	825.34	16841.61	11534.90	−5306.71
2030	26677.21	6462.18	19947.28	862.10	22139.11	13419.87	−8719.24
2035	27063.06	6555.65	22469.64	800.18	27015.08	16659.13	−10355.95
2040	27349.72	6625.09	24278.96	705.94	30580.18	19517.06	−11063.12
2045	27726.17	6716.28	25470.33	601.10	33125.83	22937.04	−10188.79
2050	28609.76	6930.32	25594.04	492.78	34778.77	27437.72	−7341.05

说明：［1］人口数据来源于辽宁大学人口所预测，采用 People/Spss 软件处理。

　　　　［2］退休年龄男＝60 岁，女＝55 岁，就业年龄＝20 岁。

　　　　［3］中长期年均工资增长率为 3%，养老金调整系数为工资增长率的 50%，管理成本系数为 2%。

　　　　［4］社会统筹缴费率为 20%（个体工商户的社会统筹缴费率为 10%），覆盖率为 100%，遵缴率分段调整（2001－2010 年＝85%，2011－2030 年＝90%，2031－2050 年＝95%）。

　　　　［5］根据辽宁养老保险改革试点方案，实行 PAYG＋FF 的 PF 模式。老人实行老办法，养老金替代率从 75% 开始每年下调 1%，至 60% 为止。社会统筹支付中人的养老金包括社会统筹养老金和过渡性养老金，中人养老金替代率是老人养老金替代率减去个人账户养老金替代率（从 0.5% 开始，每年增加 0.5%，到 2050 年为 25%），新人社会统筹养老金替代率为 30%。

[6] 剔除农村迁移的老年人口。

资料来源：国家统计局重点项目"人口老龄化与养老保障研究"

在人口预期寿命增加，而退休年龄仍然维持不变的情况下，意味着老年人口被赡养的时间增加，劳动力人口的负担增大。延长退休年龄可以使劳动者的平均工作年限延长，被赡养的时间相对缩短，劳动力人口的负担相对减轻，制度赡养比相对下降。因此，延迟退休年龄是减少养老保险基金缺口的有效措施，它从多收少支两方面增加养老保险基金的积累额度，减少负债的数量，将年度出现收不抵支的时间向后推迟，使净负债的数量减少，从而缓解养老保险基金的压力。

（3）个人收益与效用曲线存在差异

按照生命周期理论，一个人在进入劳动年龄之前属于被抚养人口，进入劳动年龄之后通过就业成为生产性人口。随着年龄的提高，退出劳动力市场之后便成为被供养人口。与此同时，无论他是否具有劳动收入，其消费却是终身的，这样就形成了个人劳动收入和消费的生命周期特点，即终身保持相对稳定不变的消费，而劳动收入从接近 20 岁才开始有，随后迅速提高并于 25～45 岁之间并稳定在高水平上，以后则逐渐下降，到 65 岁左右时便消失[1]。在生命的各个时期，不同群体、不同个人的收益曲线和时间效用函数都存在差异，闲暇与工作的替代关系也不尽相同。通常，年轻时期收入水平较高或相对看重休闲效用的人倾向于较早地退出劳动力市场，而收入水平不高或闲暇时间价值低的人则更倾向于较晚退出劳动力市场。在政策规定的范围内，每个人都会根据自己的收益与效用曲线决定退出工作的时间。因此，规定退休年龄时，应当实行弹性制，而不应采用整齐划一的模式，并在一定程度上允许个人根据不同的效用收益曲线作出相应的调整，给劳动者一个相对自由的选择空间。

（4）延迟退休年龄是劳动力资源优化配置的必然要求

随着人均受教育年限的不断增加，人们进入劳动力市场的起始年龄也逐渐提高。据有关资料统计，从业人员的人均受教育年限从 1982 年的 5.8 岁增加到 2007 年的 8.2 岁，进入劳动力市场的起始年龄从 16 岁逐步上升到 18 岁[2]。随着受教育时间的延长，劳动者的就业起始年龄也相应提高，结果真正就业的时间要比通常所说的劳动年龄延后几年。但是，现行的退休制度无论受教育时间长短，大多数人仍然依照退休制度规定的年龄，只有少数高学历者适当延长

---

① 蔡昉. 未来的人口红利——中国经济增长源泉的开拓 [J]. 中国人口科学，2009（1）：4.

② 数据来源：郑功成. 中国社会保障改革与发展战略 [M] // 中国劳动统计年鉴（1990－2008年），北京：人民出版社，2008：172.

退休年龄。这种情况最后会形成劳动者受教育的时间越长，家庭和国家对其投入越大，其利用率反而越低的怪象，无形中导致了人力资源的浪费。在当前知识经济时代，科学技术的进步对人们智力与技能具有很强的依赖性，而对人们的体力要求则大幅度降低。在某些专业化程度较高的行业。工作对从业人员的知识和技能水平提出更高的要求，使得从事这类行业的劳动者，工作时间越久积累的技能和水平越高，在劳动力市场中的竞争力越强。同时，随着经济体制改革的不断深化，这种技术类人才的社会需求也在不断扩大。因此，适当延长退休年龄将有助于最大限度地发掘人力资本，实现个人与社会人力资本投资收益的最大化，从而实现整个社会劳动力资源的优化配置。

（5）老年人与青年人之间不存在绝对的职业替代关系

多数人认为，延迟退休年龄会冲击年轻人的就业市场，加剧劳动力供求矛盾，增加社会就业压力，但事实上老年人与青年人在劳动力市场上并不存在完全的替代关系，即二者之间的职业替代率并不绝对为1。一般而言，专业化水平高的职业老年人与青年人的替代性相对较小，延迟一个老年人退休，并不一定会冲击一个青年人的就业机会，这是因为从事此类职业的时间越长，累积的生产技能越多，同样时间创造的经济价值越高，即使退休年龄保持不变，青年人进入此类职业的可能性也较小。对于这类人力资本水平要求较高的行业，对专业人才的需求量和黏性非常高，通常存在"退而不休"的现象。但是，并不是在所有岗位实施延迟退休都是利好政策，对青年人就业还有一定程度的挤占，这就要求实施延退政策时需要采取小步渐进的方式，减少对青年群体就业积极性的损害。

4.4.2.2 延迟退休年龄的合理时间

根据上述分析，为了减少未来劳动力的供求缺口，缓解劳动者的养老压力，我国应根据国家的退休政策，考虑适当适时延长退休年龄。延迟退休不但可以通过增加供给数量有效地缓解人口老龄化造成的未来劳动力资源短缺，而且还可以降低制度赡养比，从多收少支两条渠道来减少劳动者的赡养负担，改善养老金的收支均衡。

具体在何时开始推迟退休，应重点考虑各个时期的人口就业关系和社会养老负担两个方面：一是要在人口红利期即将结束，劳动力绝对数量已经递减而且劳动力供求出现缺口之时；二是要在劳动适龄人口的养老负担不断加重，社会统筹养老金收支开始出现赤字之时。2013年，劳动力绝对数量出现了递减，考虑到2010－2015年我国仍然面临巨大的就业压力，失业率依然在7％的警戒范围波动，社会统筹养老金将从2015年出现年度赤字，因此，建议从2015年开始适当考虑延迟退休年龄。

4.5　延迟退休意愿实证分析——以辽宁省为例

4.5.1　辽宁省人口结构与实行延迟退休政策的必要性

4.5.1.1　人口预期寿命提高和人口老龄化速度加快

根据 2010 年全国第六次人口普查数据，辽宁省人口预期寿命为 76.38 岁，在近十年间提高了 3 岁，并高于全国平均水平近 2 岁。根据辽宁省内 14 个城市的老龄化统计数据，截止到 2014 年年末，全省户籍总人口为 4274.5 万人，60 周岁及以上户籍老年人口 837.3 万人，占总人口的 19.6%；其中 65 周岁及以上户籍老年人口 540.4 万人，占总人口的 12.6%。与 2013 年相比，老年人口增加 47.4 万人，增长率为 6.0%。与全国老年人口占总人口 15.5% 的数值相比，辽宁省高出 4.1 个百分点。如果按国际认定老龄化的通用指标，即：一个国家或地区 60 岁上老年人口占总人数超过 10%，或者 65 岁以上老年人口占总人数超过 7%测算，辽宁省的老龄化已经超过国际标准近 1 倍左右。

从各市老年人口情况上看，沈阳市、大连市的 60 岁以上老年人口分别达到 152 万和 129.6 万，占总人口的比例分别为 20.8% 和 21.8%。在人口老龄化程度上，沈阳、大连、鞍山、本溪和丹东等 5 市均超过 20%，其中鞍山市最高，达到 22.1%；锦州市、朝阳市老龄化程度最低，同为 16.3%。盘锦市的老年人口最少，为 22.8 万人，占总人口 16.8%。具体数值见表 4.7。

表 4.7　　　　　2014 年辽宁省分地区 60 周岁及以上老年人口　　　　单位：人

地区	总人口	老年人口				同比增幅	老龄化排名
		人数	比例	城镇老年人数	农村老年人数		
沈阳市	7308396	1520179	20.8%	1133685	386494	6.6%	5
大连市	5942995	1295782	21.8%	733575	562207	5.8%	2
鞍山市	3480177	767811	22.1%	414704	353107	7.7%	1
抚顺市	2173649	425819	19.6%	303627	122192	8.3%	6
本溪市	1520341	320414	21.1%	227845	92569	7.5%	4
丹东市	2394683	516078	21.6%	245605	270473	6.3%	3
锦州市	3090500	502665	16.3%	231412	271253	2.7%	13
营口市	2332890	445357	19.1%	206787	238570	6.3%	8

地区	总人口	老年人口				同比增幅	老龄化排名
		人数	比例	城镇老年人数	农村老年人数		
阜新市	1910101	368682	19.3%	160268	208414	7.9%	7
辽阳市	1825212	344460	18.9%	148906	195554	2.1%	9
铁岭市	3079533	568349	18.5%	192636	375713	2.3%	10
朝阳市	3510572	570961	16.3%	150559	420402	2.6%	13
盘锦市	1354820	227807	16.8%	132880	94927	10.7%	12
葫芦岛市	2820911	498944	17.7%	168055	330889	9.7%	11
合计	42744780	8373308	19.6%	4450544	3922764	6.0%	—

数据来源：辽宁省老龄工作委员会：《2014 年辽宁省老年人口信息和老龄事业发展状况报告》。

按照辽宁省老龄化现状，如果仍按照原有的退休年龄标准，将会导致劳动力数量减少和用工成本的提高。尽管放开"二孩"政策有利于增加劳动力供给，但是提高生育率并非一朝一夕可以实现，而且新生儿成长为劳动力还需要十几年的时间，如果不及时采取措施还将使社会总抚养比大大提高，影响经济发展并加重劳动人口的物质和精神负担。因此，辽宁省根据中组部、人社部发布的《关于机关事业单位县处级女干部和具有高级职称的女性专业技术人员退休年龄问题的通知》，于 2015 年 3 月 1 日起，首先将党政机关、人民团体中的正、副县处级及相应职务层次的女干部，事业单位中担任党务、行政管理工作的相当于正、副处级的女干部和具有高级职称的女性专业技术人员的退休年龄延至 60 周岁，正式拉开延迟退休工作的序幕。目前，辽宁省实施的是有弹性的延退政策，规定如果具备上述条件的女性职工，经本人申请，可以在年满 55 周岁时自愿退休。

4.5.1.2　城镇职工养老保险基金支出增速超过收入

2001 年，辽宁省试点"做实"养老保险个人账户，之后又扩展到吉林、黑龙江、山东等 13 个省市。历经 15 年，养老保险金缺口还在持续扩大。2014 年年末，辽宁省参加城镇职工基本养老保险的人数为 1769.2 万人，其中，参保在职职工 1167.3 万人，参保离退休人员 601.9 万人，分别比上年年末减少 4.4 万人和增加 44.2 万人，养老金需求量增大，导致制度内赡养率提高。2012－2014 年，辽宁省养老保险基金支出的增长速度连续三年高于收入，弥补基金缺口的压力不断加大。

表 4.8　　　　　　　　　辽宁省城镇职工养老保险参保人数

年份	参加养老保险人数（万人）			基金收支情况（亿元）		
	城镇职工	在职职工	离退人员	基金收入	基金支出	累计结余
2010 年	1498.3	1024.2	472.7	834.1	755.8	739.3
2011 年	1556.7	1070.1	486.5	1039.0	883.1	895.2
2012 年	1608.8	1098.9	510.4	1212.3	1052.6	1054.9
2013 年	1729.5	1171.7	557.8	1422.2	1251.1	1226.6
2014 年	1769.2	1167.3	601.9	1534.2	1477.9	1283.8

数据来源：《中国统计年鉴 2015》。

人口预期寿命的提高使劳动者退休后的生命余年得到延长，在缴费期不变的情况下，养老保险支付时间也会延长。目前仍有大量个人账户"空账"运行，如果采用延迟退休的方案，可以从制度上起到长缴多得、多缴多得的激励作用，是确保养老保险制度持续运行的有效措施。

4.5.1.3　劳动者整体受教育年限和水平显著提高

人力资本对经济增长和社会发展有重要作用，而劳动者拥有的知识和技能是人力资本的重要组成部分，这些都是通过教育和培训获得的。根据辽宁省教育事业发展报告，在十年间，辽宁省的人力资本得到了长足进步。数据显示：2005 年，辽宁省初中毕业升入高中、职业高中和中等技术学校的比例为82.7%，高等教育毛入学率为 14%，2014 年则分别增加至 99.3% 和 50.5%。受教育年限的提高推迟了就业时间，如果按现有法定退休年龄，将缩短劳动者的从业时间，造成人力资本的巨大浪费，也会对个人的教育投资决策产生负面影响，不利于全社会人力资本存量的提高。

4.5.2　延迟退休意愿调研——以辽宁省沈阳市为例

为了调查劳动者对延迟退休政策的意愿，本书依托"延迟退休对养老保险基金收支平衡影响效应"的课题，设计了问卷，将问卷分为两大部分：一是职工个人情况，包括性别、年龄、收入水平、学历等；二是对延迟退休的态度，共有 10 个问题，采用 5 级李克特量表法。课题组在 2015 年 11 月选择行政机关、事业单位、企业进行抽样问卷调查，涉及政府、医院、学校、加工制造、能源、房地产、物流、金融、科技信息等多个行业，调查对象为所属单位的在职城镇职工。问卷采用匿名方式，现场分发、填写并回收。累计发放问卷1000 份，回收 996 份，有效问卷 990 份，达到统计要求。样本数据统计分析情况如下：

①个人情况

从接受访问的在职职工性别看，女性占46%，男性占54%。从年龄上看，行政机关和事业单位的受访者年龄大都集中在30～55岁之间，企业则主要在25～50岁之间。在收入水平上，机关和事业单位受访者的主要收入集中在3000元～5000元，企业则因为所属行业不同，收入水平相差较大，外资与合资企业的收入高于中小企业，金融和信息技术行业的收入水平高于平均水平。从教育背景看，行政机关和事业单位的本科及以上学历者的比例明显高于企业，高学历人才较集中。

②延迟退休意愿分析

调查问卷采用"完全支持、比较支持、无所谓、比较不支持、非常不支持"的层级强度，在统计分析中，计算支持延迟退休的数据时，将"完全支持与比较支持"的比例相加；反之，则将"比较不支持与非常不支持"的比例相加。具体数值见表4.9。

表4.9　　　　行政机关、事业单位、国有企业员工对延迟退休的意愿

		行政机关	事业单位	企业
	支持延迟退休的比例	53.3%	53.6%	34.5%
支持延退原因	在职工资高于退休金	36.4%	51.2%	12%
	喜欢现有工作并能够继续从事	53.3%	53.4%	15%
	可以充分发挥人力资本的价值	72%	35.6%	31.9%
	不喜欢退休后的生活	54.2%	44.4%	8.8%
	增加养老保险个人账户	43.5%	46.7%	77.3%
	反对延迟退休的比例	46.7%	46.4%	65.4%
反对延退原因	退休后待遇会变差	2.6%	30.8%	15.5%
	担心自己的身体状况	71.8%	48.7%	32.5%
	工作压力大、不想从事本职工作	51.5%	53.8%	92.2%
	不利于年轻人就业和晋升	54.3%	56.4%	75.8%
	不能真正解决养老基金缺口	47.6%	48.7%	42.3%

从表中数据可以发现：

第一，在延迟退休政策的意愿上，超过一半的行政机关和事业单位的职工表示支持，企业则有近三分之二的员工持反对态度。基于所在单位的类型不同，支持或反对延退的理由有明显的差异。

第二，支持延迟退休的原因：①行政机关的职工认为，延退可以使自己继续在本岗位发挥作用，并且将自己丰富的工作经验和技能传递给年轻人。做好

行政工作，尤其是基层工作需要通过大量的实践积累经验，往往是工作时间越久，处理问题的效率越高、方法越恰当，延迟退休是使人力资本得到有效利用的最佳途径。②事业单位的员工认为，延迟退休可以继续从事自己喜爱的专业，并且自身也有能力和条件继续从事工作。由于事业单位中的很多岗位具有专业特殊性，比如：医院、学校等，很多员工从业时间长，对工作的情感承诺较高，在身体状况允许的条件下希望可以继续本职工作。③企业员工则认为，延迟退休的最大好处就是可以继续补充养老保险的个人账户。在调查中，一些支持延迟退休的企业员工道出自己的心声，由于工作流动性较大、企业管理不规范等多种原因，个人参加养老保险的时间较短，还没有达到法定退休年龄时最低缴纳养老保险费达到 15 年的规定，他们期望通过延迟退休的方式积累养老保险个人账户，以便在退休后安度晚年。

第三，反对延迟退休的主要原因：①行政机关员工主要是担心自己的身体状况，由于受访对象多为基层公务员，他们的工作内容比较繁杂，承担责任较大，很多时候身体处于超负荷状态。如果还要继续从事同样的工作，他们的身体可能会吃不消，希望按现有法定年龄退休，享受生活。②事业单位的员工认为，延退将不利于年轻人就业和晋升。尽管事业单位已经开始着手进行改革，但受现有编制体制的影响，入职与升职都需要通过退休的空缺来实现，这在一定程度上挤压了年轻群体的就业与发展空间。③企业员工则认为，外部经济环境和竞争压力较大，有些工种的工作条件和环境较差，在职和退休的收入差距并不大，使得较多员工更倾向选择在现有法定年龄退休。另外，市场对具有专业技能的人才需求量较大，有一部分员工反而希望按时或者提早退休，寻找一份适合的补差工作，不但使自己的退休生活更充实，而且也可以得到双份收入。

4.5.3　实施延迟退休政策面临的主要难题

根据对辽宁省沈阳市不同类型单位在职职工延迟退休意愿的调研和分析发现，延迟退休对不同人群的影响差异较大，在未来实施中可能会遇到以下几个难点：

（1）延迟退休的公平性与差异性

采用渐进式延迟退休需要考虑到群体间的差异性，根据数据可以发现：行政机关和事业单位员工支持延迟退休的比例明显高于企业，主要因为这类单位的工作和收入相对更稳定，员工对退休金的收入需求程度较低。相对而言，企业员工的就业流动性和收入弹性要高于前两者，在现有养老保险缴费率的压力下物质和精神负担较重。一些已经接近退休年龄但是收入不稳定的企业员工，迫切希望按时或者提前退休，领取养老金用来提高生活水平，他们对于延迟退休政策往往持反对态度。如果采用统一的延迟退休政策，可能会由于群体间的差异而破坏社会保障的公平性。另外，个体需求差异性也是影响延迟退休意愿的重要因素。按照经济学的观点，无论何种类型的员工都会从理性的角度对延迟退休作出自己的判断。如果员工对经济收入的偏好高于闲暇，可能会支持延迟退休；如果员工家庭需要较多照顾或本人偏好休息，可能会更倾向于现有退休年龄。

（2）延迟退休对工作绩效的影响

根据调查发现，无论是机关、事业单位还是企业员工都会关心一个问题，即：如果延迟退休是否还会继续原岗位工作以及工作量是否会减轻。这个问题成为影响延迟退休意愿的重要影响因素，因为无论持何种延退意愿，人的衰老规律是无法改变的。随着年龄增大，人的精力、适应性和机能都会产生不同程度的衰退，如果继续从事原有工作强度和劳动量的岗位，可能会降低工作绩效，对延迟退休的效果产生不利影响。如何进行人员岗位调整，以及提高延迟退休劳动者的工作效率是设计延退方案时需要考虑的重要问题。

（3）延迟退休对青年群体就业岗位的挤占

通过调研数据发现，认为延迟退休会对年轻人的就业和升职有挤出效应是很多人普遍担心的问题。2015 年高校毕业生达到 749 万人，比 2014 年多出近 22 万人，使青年就业"没有最难，只有更难"。人们通常的理解是，如果实施延迟退休政策，老年人将继续在原岗位上工作，使就业机会减少。国外的延退经验已经证明，延迟退休对就业产生的影响是积极的，年老的劳动者并不会对青年群体产生替代作用，退休年龄的延长并不必然带来高失业率[1]。以蔡昉为代表的国内学者经过研究提出：延迟退休会对青年就业造成影响，如果考虑到职工平均工资、行业类型等因素，将会降低不利因素[2]。从长远看，延迟退休不但不会挤占青年群体的就业岗位，还会因为老年人力资源得到充分利用而产生新的人口红利[3]。

---

① Alicia H. Munnell, April Yanyuan Wu. Are aging baby boomers squeezing young workers out of jobs. Center for retirement research [J]. 2012 (10): 1—8.

② 刘妮娜，刘诚. 延迟退休对青年人就业的影响分析——基于我国 29 个省份、18 个行业数据分析 [J]. 南方人口，2014 (2)：27—35.

③ 蔡昉. 人口转变、人口红利与刘易斯转折点 [J]. 经济研究，2010 (4)：4—13.

4.6　延迟退休年龄方案、效应及可行性

4.6.1　延迟退休年龄方案设计

人口结构的变化，特别是劳动人口比重的变化以及养老保险基金供求关系的变动趋势，是设计延迟退休方案的重要参照。根据本书的测算，在 2015 年城镇劳动力比重下降至 50%，养老保险基金出现年度赤字。考虑人口和养老保险基金供求等各种因素的影响，本书将 2015 年确定为退休年龄延迟初始年，按照"先女后男、小步渐进、男女同龄"的基本原则，考虑政策推进的男女先后顺序、实现目标年龄的具体步骤以及最终目标的男女差异等方面内容，设定了三种不同的延迟退休方案：方案 1，确定为在 2015－2025 年先将女性的退休年龄逐步提高到与男性相同的 60 岁，2025－2035 年将男女退休年龄再同时提高至 65 岁；方案 2，阶段性目标与方案 1 相一致，但确定为通过自愿选择的弹性制度，在 2015－2025 年将女工人退休年龄提高至 55 岁、女干部退休年龄提高至 60 岁，2025－2035 年将男女劳动者退休年龄均提高至 65 岁；方案 3，确定为 2015 年开始逐步提高女性退休年龄，2020 年开始逐步提高男性退休年龄，在 2045 年将男女退休年龄同时提高至 65 岁，详见表 4.10。

表 4.10　　　　　　　　　　　三种退休年龄延迟方案

基本原则	方案	具体内容	目标退休年龄
先女后男 小步渐进 男女同龄	方案 1 （较快）	从 2015 年开始，女工人每 1 年、女干部每 2 年延迟 1 岁，到 2025 年女职工延迟至 60 岁。 从 2025 年开始，男女职工同时每 2 年延迟 1 岁，到 2035 年延迟至 65 岁。	男＝65 岁 女＝65 岁
	方案 2 （弹性选择）	2015－2025 年，女工人 55 岁，女干部 60 岁，实行弹性退休。 2025－2035 年，男女职工均 65 岁实行弹性退休。 2035 年开始，男女职工退休年龄均 65 岁（备选方案：女工人 60 岁），不实行弹性退休。	男＝65 岁 女＝65 岁
	方案 3 （较慢）	从 2015 年开始，女工人每 2 年延迟 1 岁，女干部每 3 年延迟 1 岁，从 2020 年起男职工每 5 年延迟 1 岁，到 2045 年男女退休年龄均延迟至 65 岁。	男＝65 岁 女＝65 岁

4.6.2 延迟退休年龄的效应

4.6.2.1 延迟退休年龄对劳动力供给和就业的影响

（1）延迟退休年龄可以适度增加劳动力供给，有利于应对人口红利的消失

尽管在未来一段时期，中国劳动力资源较为丰富的特征将进一步持续。但是，随着人口出生率的下降和人口寿命的延长，未来人口结构将发生转变，劳动力人口比例和劳动力绝对数量将出现下降，这会对中国经济的可持续发展造成一定冲击。根据测算，从 2013 年开始，中国人口红利逐步消失，全国劳动力占总人口比重趋于下降，劳动力绝对数量开始减少，年均减少约 406 万人。从 2016 年开始，城镇劳动力占城镇总人口比重将低于 50%。劳动力人口比重的下降将降低人口因素对经济发展的促进作用，并且总抚养比的提高将增加社会负担，进而降低经济竞争力。在这种条件下，实施延迟退休年龄政策，可以通过延长工作年限增加劳动力供给，在一定程度上缓解人口结构变化对经济发展造成的负面影响。

根据测算结果，与现行方案相比，设定的延迟退休方案均显著增加了劳动力的供给数量。如果不实行延迟退休方案，从 2013 年开始，全国劳动力数量开始出现明显下降，从 8.01 亿人下降至 2050 年的 6.33 亿人，下降幅度约为 21%；而在实施延迟退休方案条件下，2043 年之前方案 1 提高全国劳动力供给的效应最为明显，方案 2 次之，方案三最小。从 2044 年开始，三种方案提高劳动力数量的效应无差异，具体见图 4.4 和表 4.11。

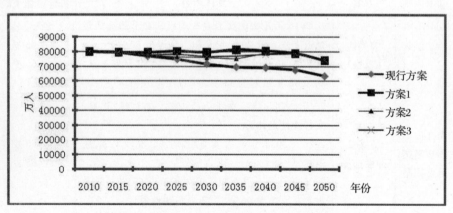

图 4.4 延迟退休年龄对全国劳动力数量的影响

表 4.11 退休年龄延迟前后全国劳动力数量的变动 单位：万人

年份	现行方案	方案 1（较快）	方案 2（弹性）	方案 3（较慢）
2010	80050.78	80050.78	80050.78	80050.78
2015	79474.82	79474.82	79722.76	79474.82
2020	76869.59	79356.12	77421.55	77919.23
2025	74836.89	80137.24	76295.45	78193.71
2030	71631.55	79455.97	75593.65	76768.13
2035	69521.41	81200.28	75033.84	76943.38
2040	69090.8	80419.26	78958.45	78170.92
2045	67448.76	78748.68	78748.68	78748.68
2050	63346.26	74065.25	74065.25	74065.25

资料来源：根据辽宁大学人口研究所课题组运用 people 软件预测人口数据计算得出。

同时，延迟退休方案对城镇劳动力占城镇人口比重的影响也较为明显。如果不实行延迟退休方案，城镇劳动力占城镇总人口的比重将在 2016 年降低至 49.61％，这是城镇劳动力比重自从新中国建立以来首次低于 50％，并将在 2045 年降低至 43.7％的最低点。尽管这种趋势在 2046 年将开始得到小幅缓解，但 2050 年城镇劳动力人口比重依然仅为 43.97％，这将明显提高劳动力人口的抚养负担，进而对经济发展和社会发展造成较大压力。但是在实行延迟退休方案条件下，除个别年份外，城镇劳动力占城镇总人口的比重将明显提高并回升至 50％以上，并在 2040 年之后一直能够保持在 53％以上，比不实行推迟退休平均每年提高 10 个百分点左右。方案 1 提高城镇劳动力比重的效应最为明显，方案 2 次之，方案 3 效应最低，具体见图 4.5 和表 4.12。

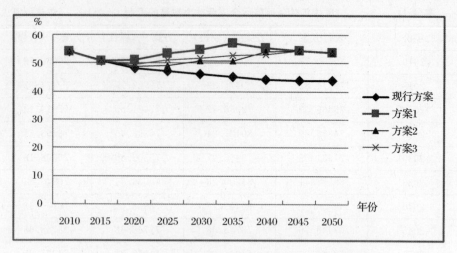

图 4.5　延迟退休年龄对城镇劳动力占城镇总人口比重的影响

表 4.12　　　退休年龄延迟对城镇劳动力占城镇总人口比重的影响　　　单位:%

年份	现行方案	方案 1	方案 2	方案 3
2010	54.15	54.15	54.15	54.15
2015	50.90	50.90	51.24	50.90
2020	48.11	51.22	48.80	49.42
2025	47.29	53.44	48.99	51.19
2030	46.30	54.82	50.61	51.89
2035	45.04	57.06	50.72	52.68
2040	44.26	55.39	53.96	53.18
2045	43.74	54.45	54.45	54.45
2050	43.97	53.81	53.81	53.81

　　资料来源:根据辽宁大学人口研究所课题组运用 people 软件预测人口数据计算得出。

　　不同的延迟退休方案带来的效应强弱对比可以说明:延迟退休推进的速度与延迟退休对劳动力数量及城镇劳动力比重的影响成正比,而弹性退休制度在一定程度上会减弱延迟退休的效应。

　　(2) 延迟退休会对就业产生一定冲击

　　延迟退休政策的实施,将使劳动力供给数量比延迟退休政策之前增加,在劳动力需求不发生变化的前提之下,由于劳动者退出劳动市场的时间延后,可能会对就业产生一定冲击。通过对延迟退休方案下城镇劳动力数量变化的测算发现：现行方案下，劳动力数量增长相对缓慢，2010 年到 2050 年期间年均增长仅为 309 万人，而在延迟退休方案下年均增长约为 570 万人，至 2050 年延迟退休方案下城镇劳动力人数将达到 5.86 亿人，比现行方案增加 1.07 亿人。其中，方案 1 增加城镇劳动力的人数最高，方案 2 次之，方案 3 最小，具体见图 4.6 和表 4.13。

同时，延迟退休对城镇劳动力的影响还表现出逐步增强的趋势。在延迟退休方案实施之初，增加的劳动力数量与现行方案相比并不显著，测算结果显示：2025 年之前延迟退休方案引起的城镇劳动力数量增长较小，但在 2026 年以后城镇劳动力数量的增加就变得非常显著。在这种情况下，2026 年以后的一段时期，延迟退休年龄的可能会对就业产生较大冲击，但也提供了一定的缓冲期。同时，延迟退休政策对就业的影响存在许多不确定性，例如，高危行业和因病的劳动者不延迟退休、某些岗位的不可替代性以及退休年龄的弹性选择等因素，在一定程度上将减缓对就业的冲击，而且未来劳动力需求、新老劳动力就业替代也尚不确定。因此，延迟退休年龄对就业的冲击程度还有待于进一步深入研究。

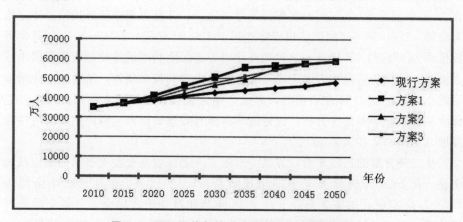

图 4.6　延迟退休年龄对城镇劳动力数量的影响

表 4.13　　　　　　延迟退休年龄对城镇劳动力数量的影响　　　　　　单位：万人

年份	现行方案	方案 1	方案 2	方案 3
2010	35204.33	35204.33	35204.33	35204.33
2015	37175.11	37175.11	37423.05	37175.11
2020	38497.15	40983.68	39049.11	39546.79
2025	40745.79	46046.14	42204.35	44102.61

年份	现行方案	方案 1	方案 2	方案 3
2030	42525.96	50350.38	46488.06	47662.54
2035	43756.8	55435.67	49269.23	51178.77
2040	45027.58	56356.04	54895.23	54107.7
2045	46159.27	57459.19	57459.19	57459.19
2050	47890.3	58609.29	58609.29	58609.29

资料来源：根据辽宁大学人口研究所课题组运用 people 软件预测人口数据计算得出。

4.6.2.2　延迟退休年龄对基本养老保险的效应

（1）改善养老保险基金的收支平衡

随着人口老龄化程度的不断深入，养老保险基金的压力日渐显著，在现行的退休制度下，养老保险制度面临着入不敷出的困境。延迟退休政策可以明显减少基金需求、增加基金供给，从而改善养老保险制度的运行效果，确保养老保险基金的支付能力充足。测算结果显示：在现行退休方案下，养老保险基金在 2010 年到 2050 年期间收支将持续存在缺口，并且养老金债务规模总体呈增大趋势，2050 年当年的债务规模将达到 40226.40 亿元，2010－2050 年总债务规模约为 988981.58 亿元，这种局面将对养老保险制度的持续健康运行提出巨大挑战。而在延迟退休方案下，养老金缺口将得到较大缓解，基金缺口先增加后缩小，并在 2029 年左右消失，养老金结余规模将逐步扩大。因此，从养老保险基金收支平衡角度分析，延迟退休将能有效地确保养老保险制度的可持续发展（见图 4.7 和表 4.14）。

从三种方案的比较来看，方案 1 对改善养老保险基金收支平衡的效应最为明显，在 2029 年当年养老金即出现结余，2010－2050 年基金总结余约为 267991.48 亿元；方案 2 条件下在 2038 年当年基金出现结余，但基金结余规模较低，2010－2050 年基金总结余约为 6433.4 亿元；方案 3 条件下在 2039 年当年基金出现结余，2010－2050 年基金结余约为 37600.5 亿元。这说明延迟退休推进速度与改善养老金收支平衡的效应成正比，而弹性退休制度可能减弱这种效应。

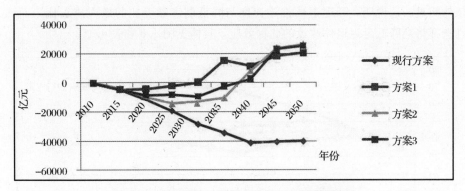

图 4.7　延迟退休年龄对城镇劳动力数量的影响

表 4.14　　　　延迟退休年龄对社会统筹养老金收支平衡的影响　　　　单位：亿元

年份	现行方案	方案 1	方案 2	方案 3
2010	−243.67	−243.67	−243.67	−243.67
2015	−4592.98	−4592.98	−3963.68	−4592.98
2020	−11501.8	−4348.19	−9950.61	−8481.78
2025	−19242.5	−1898.46	−14397.5	−8106.31
2030	−28502.2	307.95	−13140.7	−9322.72
2035	−34519.2	15544.81	−10460.5	−2433.46
2040	−41345.8	11567.6	8196.12	2713.78
2045	−40646.6	18615.51	23849.88	22937.43
2050	−40226.4	20591.81	26230.72	25247.75

资料来源：根据辽宁大学人口研究所课题组运用 people 软件预测人口数据计算得出。

（2）降低制度赡养比

延迟退休年龄政策的实施，将减少领取养老金人口和增加养老保险缴费人数，从而降低制度赡养比。根据测算结果，延迟退休方案可以明显降低制度赡养比，对人口老龄危机和缓解社会保障压力具有重要的作用。根据测算结果，现行方案条件下，制度赡养比在 2010 年到 2050 年期间一直呈持续增长态势，由 2010 年的 34.95％增长至 2050 年的 69.53％，增长幅度为 98.94％；而在延迟退休方案下，制度赡养比明显下降。从各方案的比较来看，2010—2050 年，在方案 1 的条件下，制度赡养比降低最为明显，基本在 30％～40％之间波动，最高仅为 43.5％；方案 3 次之，制度赡养比在 50％以下波动，最高为 46.13％；方案 2 的效应最弱，部分年份超过 50％，但与现行制度相比，降低制度赡养比的效应依然明显。这说明，延迟退休推进速度与降低制度赡养比的效应成正比，而弹性选择将会降低延迟退休政策的此种效应，具体见图 4.8 和表 4.15。

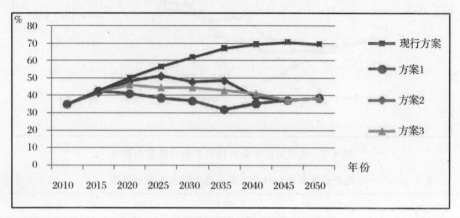

图 4.8　退休年龄延迟对制度赡养比的影响

表 4.15　　　　　　　退休年龄延迟对制度赡养比的影响　　　　　　单位：%

年份	方案 1	方案 2	方案 3	正常退休
2010	34.95	34.95	34.95	34.95
2015	42.47	41.53	42.47	42.47
2020	41.02	48.01	46.14	50.13
2025	38.52	51.13	44.62	56.54
2030	36.9	47.74	44.63	62.09
2035	31.94	48.45	42.91	67.15
2040	35.4	39.01	41.03	69.47
2045	37.11	37.11	37.11	70.68
2050	38.52	38.52	38.52	69.53

资料来源：根据辽宁大学人口研究所课题组运用 people 软件预测人口数据计算得出

（3）有利于企业缴费率下调

养老保险的社会统筹缴费率等于制度赡养比与养老金替代率的乘积。因此，在延迟退休条件下，制度赡养比的降低会带来实行合意替代率的企业缴费率的降低，从而可以相应地下调企业缴费率（见图 4.9 和表 4.16）。根据测算结果，在正常退休情况下，企业缴费率呈现出先增后减的态势，2010 年为 23.07%，2025 年为 28.84%，之后企业缴费率开始下降，2050 年降至 20.86%；在延迟退休方案条件下，企业缴费率显著降低。在方案 1 的条件下，延迟退休降低企业缴费率的效应最为明显，最高仅为 25.48％；方案 3 次之，企业缴费率略高于方案 1，最高为 27.94％；方案 2 的效应最弱，企业缴费率在三种方案中最高，但也比现行方案有明显下降。这说明延迟退休的推进速度与降低企业缴费率的效应成正比，而弹性选择将降低此种效应。在目前企业社会保障缴费水平较高的情况下，延迟退休降低企业缴费率的效应将对扩大养老保险覆盖面和降低企业负担、增强企业竞争力具有重要的推动作用。

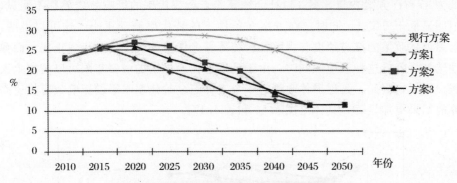

图 4.9　退休年龄延迟对企业缴费率的影响

表 4.16　　　　　　　　延迟退休年龄对企业缴费率的影响　　　　　　　　单位：%

年份	方案 1	方案 2	方案 3	现行方案
2010	23.07	23.07	23.07	23.07
2015	25.91	25.33	25.91	25.91
2020	22.97	26.89	25.84	28.07
2025	19.65	26.08	22.76	28.84
2030	16.97	21.96	20.53	28.56
2035	13.1	19.86	17.59	27.53
2040	12.74	14.04	14.77	25.01
2045	11.5	11.5	11.5	21.91
2050	11.56	11.56	11.56	20.86

资料来源：根据辽宁大学人口研究所课题组运用 people 软件预测人口数据计算得出。

（4）提高个人养老金替代率水平

在养老金缴费率不发生变化的条件下，延迟退休政策的实施将通过增加统筹养老金缴费收入、减少统筹养老金领取人数以及通过延长工作年限增加个人账户积累三个渠道增加养老金支付水平，提高养老金替代率。通过测算延迟退休对社会统筹养老金替代率的影响效应，结果显示：在现行方案下，社会统筹养老金的替代率呈逐年下降的趋势，在 2010 年到 2050 年期间，养老金的替代率由 2010 年的 57.22％逐渐下降至 2050 年的 28.30％，下降近 30 个百分点；而在延迟退休方案条件下，社会统筹养老金替代率经历了一个先增后减的过程，尽管总体上养老金替代率下降，但下降幅度明显低于现行方案。在方案 1 的条件下，社会统筹养老金实际替代率基本在 50％以上，最高超过 60％，最低为 47％；方案 2 与方案 3 对社会统筹养老金替代率的影响效应差别不明显，但明显低于方案 1，同时，在方案 3 条件下的替代率波动更小。这可以说明，延迟退休政策的推进速度与提高社会统筹养老保险替代率的效应成正比，而弹性选择将降低这种效应。同时，由于延迟退休通过增加缴费年限可以增加个人账户积累，因此，延迟退休政策对于个人养老金替代率水平的影响效应将比测算的结果更加显著，具体见图 4.10 和表 4.17。

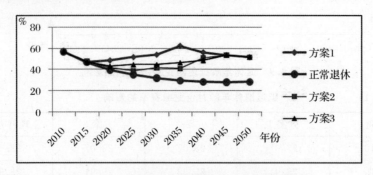

图 4.10　延迟退休年龄对养老金替代率的影响

表 4.17　　　　　　　延迟退休年龄对养老金替代率的影响　　　　　　　单位:％

年份	正常退休	方案 1	方案 2	方案 3
2010	57.22	57.22	57.22	57.22
2015	47.09	47.09	48.16	47.09
2020	39.90	48.76	41.66	43.35
2025	35.37	51.92	39.12	44.82
2030	32.21	54.20	41.89	44.81
2035	29.78	62.62	41.28	46.61
2040	28.79	56.50	51.27	48.74
2045	28.30	53.89	53.89	53.89
2050	28.76	51.92	51.92	51.92

资料来源：根据辽宁大学人口研究所课题组运用 people 软件预测人口数据计算得出。

4.6.3　延迟退休年龄三种方案比较及可行性

4.6.3.1　延迟退休年龄方案比较

在设计的三种退休年龄延迟方案中，方案 1 的推进速度较快，方案 2 尽管阶段性目标与方案 1 一致，但采取了弹性选择的方式，而方案 3 的推进速度较慢。三种方案在应对人口红利消失、改善养老金收支平衡、降低制度赡养比和企业缴费率以及提高个人养老金替代率水平等方面的效应均比较明显，但也存在一定差异。一是从劳动力供给与就业的效应看三种方案对全国劳动力供给的影响，方案 1 对全国总劳动力数量影响较大、方案 2 次之，方案 3 最小。从三种方案对城镇劳动力就业的影响来看，方案 1 影响较大，方案 2 次之，方案 3 最小。二是对基本养老保险的效应看，三种方案均有利于改善养老保险基金收支平衡。方案 1 改善养老保险基金收支平衡较好，方案 3 次之，方案 2 最小。同时，三种方案对降低制度赡养比、下调企业缴费率和提高养老金替代率也都有一定影响，方案效应比较结果是：方案 1 效应最强，方案 3 次之，方案 2 最小。根据以上因素的综合分析可以认为，如果要加快推进延迟退休政策实施的进程，方案 1 是比较可行的方案，但要面临对就业影响较大的负面效应；如果要放缓延迟退休政策实施的进程，方案 3 是比较可行的方案，但推进中的放缓将使延迟退休的一系列积极效应减弱。并且，弹性选择可能降低延迟退休的积极效应。由于弹性选择制度可以通过提高公民的自主选择权，减轻延迟退休对社会造成的冲击，增强社会公众对延迟退休的支持度，因此在一定阶段也可以成为延迟退休政策的推行方式。

4.6.3.2　延迟退休年龄方案的可行性

根据对延迟退休年龄效应和有利条件的分析，延迟退休方案可以选择在 2015－2035 年内实施，具有一定的现实可行性。首先，在人口及劳动力预测数据基础上，通过延迟退休年龄方案对全国总劳动力人口数量、城镇劳动力人口占城镇总人口比重等参数影响的分析，可以看出延迟退休年龄的将增加劳动力供给，可以弥补人口红利消失带来的负面影响，但在一定时期内也会对城镇劳动力就业产生一定冲击。因此，从劳动力供给的角度看，延迟退休年龄方案是可行的。其次，在 2013 年左右，由于中国人口红利逐渐消失，劳动力供求出现了逆转，劳动力绝对数量下降，并在 2015 年左右城镇劳动力占城镇总人口比重达到 50％。因此，从人口结构变化的角度，选择在 2015 年开始延迟退休年龄具有一定的现实可行性。再次，随着经济发展水平的提高和人口预期寿命的延长，一方面劳动力的人力资本投资得以不断增加，另一方面使劳动力工作年限的延长具备可能性。因此，从人力资源充分利用的角度，实施延迟退休政策是可行的。最后，延迟退休年龄方案宜采取："先女后男、男女同龄、小步渐进"的策略，再辅之养老金补偿机制、老年人口就业保护机制等配套政策，有利于被各类社会群体所接受。因此，从社会认知的角度，延迟退休年龄方案也是可行的。

本章小结

受人口预期寿命不断延长，原有法定退休年龄过早等多种因素的影响，我国开始对延迟退休方案进行初步设计。在 20 世纪 50 年代确定的退休年龄，已经不能适应现在人口发展的特征，而且退休年龄人群的差异较大，主要体现在：男性与女性，干部与工人的区别等方面。通过对比经济合作与发展组织（OECD）等发达国家退休年龄的相关规定，发现：男女同龄退休是比较普遍的，总体上随着人口预期寿命和人均收入的变动而进行调整，呈现逐步提高的趋势。实施延迟退休年龄的政策，不但可以适应目前人口结构的转变，而且还有利于减轻养老金支付的压力，同时充分发挥人力资本的重要作用，提高中国的整体经济竞争力。由于延迟退休政策可能会对青年人就业产生一定影响，实施中可能会对不同群体产生影响。为了研究延迟退休可能会对社会带来的影响，本章选取辽宁省沈阳市的行政机关、事业单位和企业的在职人员作为抽样调查对象，进行延退意愿分析。发现：有超过一半的行政机关和事业单位职工支持延迟退休，而近三分之二的企业员工则持反对态度。其中，支持延迟退休的主要原因有：认为自己可以继续在现有单位发挥作用，自身的条件和精力完全可以胜任工作，并且可以延长缴纳养老保险个人账户的时间。反对延迟退休的主要原因有：基层工作量较大而担心现有身体状况难以承担，事业单位现有编制体制下会影响年轻人的晋升和发展，受外部经济环境和工作条件的影响，使企业员工面临较大的生活和工作压力。因此，本章通过对中国未来城镇就业需求和基于合意现实条件的社会统筹养老金收支均衡进行预测，提出 2015 年作为退休年龄的初始年，按照"先女后男、小步渐进、男女同龄"的基本原则，设定三种不同的延迟退休方案。方案 1：在 2015—2025 年将女性的退休年龄逐步提高到与男性一致的 60 岁，2025—2035 年再同时将男女退休年龄提高至 65 岁；方案 2：实行自愿选择的弹性退休政策，在 2015—2025 年将女性工人的退休年龄提高至 55 岁，女干部退休年龄提高至 60 岁，2025—2035 年再将男女劳动者的退休年龄均提高至 65 岁；方案 3：从 2015 年开始逐步提高女性退休年龄，2020 年开始逐步提高男性退休年龄，在 2045 年将男女退休年龄同时提高至 65 岁。

通过测算，方案 1 对全国总劳动力数量、城镇劳动力就业的影响最大，养老保险基金收支平衡较好，对降低制度赡养比、下调企业缴费率和提高养老金替代率的效果最强。如果要加快推进延迟退休政策实施的进程，方案 1 是比较可行的，但是会对就业产生较大的负面效应；如果要放缓延迟退休政策实施的进程，方案 3 是比较可行的，但是会使延迟退休的积极效应减弱。但是，从社会发展的整体情况来看，实施延迟退休政策势在必行。

第5章　养老保险基金收支平衡：
名义账户制及经验借鉴

我国现有的养老保险账户设计为"社会统筹＋个人账户"，由于个人账户在做实过程中遇到很多困难，以名义账户为代表的社会保障模式成为较为可行的养老保险改革模式。名义账户制，又可以称为名义缴费确定型，具有现收现付制和积累制的特点。与完全积累制的个人账户不同，名义账户记录个人缴费情况，个人账户中金额的积累是名义上的。这种模式尽管有它的局限性，但却有效地避免了转轨成本的问题，缓解了养老保险基金收不抵支的难点。根据中国社会科学院《中国养老金发展报告 2014》的研究结论：个人养老金账户向名义账户制转轨是符合经济和社会发展规律的，并且可以有效平衡社会保障公平与效率之间的关系。

根据人力资源和社会保障部的数据显示：2013 年养老保险个人账户的空账已经达到了 3.1 万亿元，城镇职工基本养老保险总收入的增长率为 13.4％，而总支出增长率为 18.7％，出现了 5％以上的收不抵支状况。根据中国社会科学院《中国养老保险报告 2015》的最新数据，全国所有试点省份累计做实个人账户基金约有 5001 亿元，但是仍然有大量个人账户处于"空账"状态。在全国 31 个省份中，只有 8 个省份的养老保障基金累计有结余，其他 23 个省份均出现当期扣除财政补贴养老金收不抵支的问题。

为了有效地解决这一重大问题，党的十八届三中全会提出"完善个人账户制度"。五中全会通过的《中共中央关于制定国民经济和社会发展第十三个五年规划的建议》提出：完善职工养老保险个人账户制度，加强个人缴费与待遇水平之间的关系，并随着退休人员预期寿命的延长，合理调整个人账户养老金计发月数。这些政策不但将建立公平和可持续的社会保障制度作为主要任务，而且也为名义账户制改革提供了契机。本章将探讨名义账户制的具体内容，并借鉴国外的先进经验，探讨在名义账户制的条件下保持城镇职工社会养老保险基金收支平衡的对策。

5.1　名义账户制及经验借鉴

5.1.1　名义账户的含义

5.1.1.1　名义账户制的含义

按照待遇确定方式进行划分，养老保险制度模式大致可以分为两类，分别是确定缴费型（DB）与确定给付型（DC）；按照融资方式划分，大致可分为两个类别，分别是现收现付型（PAYG）和完全积累型（FF）。一般来说，DB型养老保险制度会采取 PAYG 形式的融资模式，而 DC 型养老保险制度会采取 FF 型的融资模式。即使养老保险制度采取 DB 与 DC 型的混合模式，但DB—PAYG 与 DC—FF 的基本对应关系不发生变化。

名义账户型（Nonfinancial Defined Contribution，NDC）养老保险制度与前述养老保险制度的一般类型不同，主要体现在 NDC 型养老保险制度的待遇确定方式是确定缴费型，但在融资方式上采取了现收现付方式，即 NDC 属于DC—PAYG 的结合。

从具体方式上来看，名义账户制也为参保者设立个人账户，但个人账户是"名义"或"虚拟"的，个人账户的融资给付采取现收现付的形式。名义账户制模式下，每个参保人的个人账户为参保人记录个人账户的缴费情况，并为缴费确定一个个人账户的记账利率，但个人账户资金直接用于当期退休人员养老金给付，而不是用于积累。一般来说，个人账户缴费记账利率与工薪税税基增长率大体一致，这也是政府可以支付得起的利率水平。在这种记账利率下，名义账户制的给付水平将与 DB 型现收现付养老保险制度的给付水平大体相等。

5.1.1.2　名义账户制的起源

名义账户制的起源的背景源于两方面：一是人口老龄化条件下 DB 现收现付制养老保险制度难以为继，向 DC 制或者部分 DC 制转轨势在必行，但转轨成本难以承担；二是劳动力跨国流动对养老保险制度的便携性提出更高的要求，更适合采用名义账户制。

人口老龄化使 DB 型现收现付制养老保险制度的赡养率提高，面对养老保险制度的压力，在不改变原有模式的条件下，解决养老金缺口的渠道有两个：一是提高缴费率，二是降低替代率。这两个渠道无疑将面临重重阻力，还可能会带来负面影响。因为提高缴费率将会增加企业或在职员工的个人负担，降低替代率将会降低退休人口的生活水平，这两种方式都不具有可行性。在这种情况下，制度模式的转轨成为许多国家的选择。有些国家直接将养老保险制度转向缴费确定型的完全基金制，如智利等 10 几个拉美国家。由于个人账户制度为 DC 模式，政府不再对给付水平完全承担责任，个人账户的给付额完全取决于投资回报率，这种制度可以降低政府责任，有利于应对人口老龄化造成的养老保险基金缺口。还有一些国家选择了部分积累制，在保留一定比例的现收现付制度基础上引入个人账户制，利用现收现付与个人账户的混合制度解决人口老龄化高峰期带来的养老保险支付压力。

但是，无论是向完全基金制转轨，还是向完全基金制与现收现付制的混合制度转轨，转轨成本是每一个养老保险制度转轨国家都无法回避的问题。在制度转轨时已经在原有制度下参保的人群，在旧制度下并没有个人账户积累。因此，在制度转轨建立个人账户之后，其在旧制度下的工作年份中个人账户的积累为 0，而按照新制度模式，这部分人群在制度转轨前需要补齐之前年份的个人账户，这些资金就是转轨成本，是制度转轨理论上所需要的资金。对于转轨成本的弥补，智利等国采取发行国债的方式在短期内解决转轨成本，而中国等国家则采取以过渡性养老金、财政补贴等方式逐步进行解决。在其他条件不变时，转轨成本的规模与个人账户的规模有关。按照欧盟委员会的测算，假定维持 2000 年的养老金给付标准不变，欧盟国家向完全基金制过渡需要大约工资总额 645% 的预筹基金，转型成本几乎等于欧盟 GDP 的 300%，欧盟全部资本存量的 1/2[①]。如此之大的转轨成本使得养老保险制度转轨面临着巨大障碍。同时，随着欧盟国家劳动力转移的增加，对养老金的便携性提出了新的要求，劳动者在不同国家工作和缴费之后，如何计算在不同国家积累的养老金权益，以及不同国家如何分担劳动者的养老金给付，成为欧盟地区养老保险制度必须要解决的问题之一。

上述转轨成本与养老保险便携性的问题，在一定程度上可以通过名义账户制进行解决。因为，制度转轨后工作人口的个人账户缴费可以用来解决转轨成本。同时，由于对个人账户缴费确定了现收现付制可负担的记账利率，因而形成的个人账户空账可以在工作人口退休之后利用当期缴费进行偿还。同时，由于个人缴费与给付存在着直接联系，个人账户的激励效应得以保留，并且工作人口在不同国家进行迁移之后，不同国家养老金体系可以根据个人账户记账利率进行结算。

正是在上述背景之下，1995 年开始欧洲四个国家先后引入了"名义账户"制度。采用名义账户制的这些国家主要有：瑞典、意大利、拉脱维亚和波兰，

---

① 郑秉文. 欧盟国家社会养老的制度选择及其前景——兼论"名义账户"制对欧盟的适用性 [M] // 郑秉文自选集：下卷. 北京：人民出版社，2014：1221—1239.

亚洲的蒙古国和吉尔吉斯斯坦也采用了这个制度。

5.1.2 名义账户制国家的经验借鉴[①]

目前，全球主要有 7 个国家采取了名义账户制，分别是欧洲的瑞典、意大利、拉脱维亚、波兰和俄罗斯，亚洲的蒙古国和吉尔吉斯斯坦。我们选取有代表性的三个国家，总结这些国家名义账户制的发展经验以及对中国的启示。

5.1.2.1 瑞典：最早实施的国家

瑞典于 1998 年在全球率先引入了名义账户制，其公共养老金体系主要分为三个层次，分别是：家计调查型的保障养老金、名义账户养老金和实账积累的个人账户养老金。

瑞典名义账户养老金的缴费率为工资收入的 7%，缴费基数设有最高限额，收入超过最低纳税基数时需要进行缴费，最高缴费基数为收入关联基数的 8.07 倍，再加上雇主的缴费之后，实际注入名义账户的缴费率为 18.5%，其中的 16% 为名义账户基金，剩余的 2.5% 为实际积累的个人账户基金。名义账户中的名义资产余额按照"名义利息率"获取回报，该利息率通过近四年的消费价格指数、工作人口平均费基收入等变量计算；完全积累个人账户利率由资本市场投资回报率决定。2000－2012 年，名义账户年化投资回报率为 2.9%，而实账积累账户年化收益率为 2.9%，但实账积累账户投资回报率的波动明显更大。

瑞典规定在 61 岁可以领取养老金，个人可以自愿延迟领取。首年退休金待遇为账面余额除以"年金除数"，年金除数是根据退休者退休开始的预期寿命计算的，在个体达到 65 岁时年金除数要进行一次调整；同时，在计算年金除数时，还要加入一个 1.6% 的年金回报指数，即假定的隐性年金回报率。在退休初年之后，每年的年金待遇要根据通货膨胀率和实际工资增长率进行调整，调整幅度为社会人均收入增长率减年金回报率（1.6%）再加上通货膨胀指数。

为了应对财务上的波动，瑞典对名义账户实施了"自动平衡机制"，即根据制度资产与负债的平衡率调节记账利率，从而实现资产负债平衡。记账利率的调整根据名义账户的资产与负债之比进行计算。关于转轨速度，瑞典规定1938 年出生的人口为转型的第一代，养老金待遇中的 20% 来自新制度，80%来自旧制度，此后参保群体加入新制度时，出生年份每延后一年，待遇增加

---

① 郑秉文，等. 七国名义账户制改革最新动态［M］//中国养老金发展报告 2014——向名义账户制转型. 北京：经济管理出版社，2014：199－232.

5％。对于旧制度的缴费历史，1960－1994 年按照 18.5％记录缴费，1994－1998 年按照 16％进行缴费，直到 1954 年出生的人口养老金待遇全部按照新制度规则计算。对于死亡人口养老金分配，瑞典确定了在到达预期寿命之前死亡的"消减人口"的名义账户余额，可以根据法律规定转移给同年龄组尚存活的参保人，从而体现制度内再分配的特点。

瑞典名义账户制发展较好，但也存在一些问题，特别是新制度下养老金替代率下降的问题。根据测算，在一定假设条件下，1942 年出生的参保者退休时替代率为 65％，而 1990 年出生的参保者退休时替代率将下降为 53％，主要原因是预期寿命的延长以及旧制度的过度慷慨不合理等原因造成的。

5.1.2.2　波兰：体制转型下的养老制度变革

1999 年 1 月 1 日，波兰正式实施养老金改革，养老保险制度从计划经济时代的待遇确定型现收现付制转向多支柱养老保障体系。在将 DB 型现收现付制改革为名义账户制的基础上，还建立了积累型的强制开放养老基金（FDC）和自愿型补充养老保险。

波兰规定 1999 年 1 月 1 日时，50 岁以上劳动者仍然参加旧制度，30～50 岁可以只参加名义账户制，同时也可以参加强制积累型，而 30 岁以下的劳动者必须同时参加 NDC 与 FDC。新制度下基本养老保险缴费率为 19.52％，其中名义账户制缴费率约为 12.22％。名义账户制的计发要按照退休时名义资产除以平均预期寿命进行计算，并按照一定的调整指数进行指数化调整。按照波兰对"中人"的划分，如果最大年龄为 100 岁，制度转轨区间将在 2083 年结束。为了确保改革的顺利进行，波兰在 2009 年 1 月开始实施过渡性养老金，主要对特殊行业从业者提供一些优待。为了应对经济危机的不利影响，波兰适时调整了名义账户制的缴费率，并在 2012 年延长了法定退休年龄，退休年龄目标为 2020 年之前男性达到 67 岁，2040 年之前女性达到 67 岁。

制度转轨后，波兰养老金替代率表现为随收入增加而增多，平均来看大体约为缴费前工资的 53.2％；实际退休年龄有所延长，从改革前男性 59 岁、女性 56 岁提高至 2012 年男性 60.2 岁、女性 59.5 岁；通过名义账户制的缴费与给付的精算关系，提高了养老金制度下长期财务的可持续性。从波兰名义账户制的发展来看，还存在着一些问题，比如：财务平衡机制有待进一步完善，特别是预期寿命的计算结果偏低；转型中公平性存在一定问题；对于继承所得的处理不够科学，没有明确名义账户制参保者较早（包括缴费阶段）死亡情况下如何处理名义资产的办法。

5.1.2.3　俄罗斯：以积累制为基础的改革

市场经济体制转轨之后，俄罗斯养老金债务较高，1999 年养老金拖欠率达到 70%，在世界银行多支柱养老体系的建议下，根据其他国家的经验，俄罗斯在 2002 年也进行了包括实施名义账户制在内的养老保险制度改革。

2010 年 1 月，俄罗斯进一步对养老金体系进行调整，形成了名义账户制与积累账户制共同组成的养老金体系。其中，名义账户为第一支柱，积累账户制为第二支柱。俄罗斯养老保险缴费率为 26%，其中有 14% 进入联邦财政支付基础养老金，6%～14% 为名义账户缴费，2%～6% 为积累账户缴费。名义账户最低缴费年限为 15 年，但领取全额养老金资格期限为 30 年，养老金计发除数为 19 年。名义账户养老金由名义资产总额除以计发月数加上基础养老金共同组成，并根据物价指数和工资指数的变化进行调整。

名义账户制改革以来，尽管养老金绝对水平持续走高，但养老保险替代率却持续下降，从 2002 年的 32% 下降至 2007 年的 23%。经过一定的调整，2011 年养老金替代率提高至 36% 以上，但是财务的可持续性仍未得到解决。如果去掉累计结余，养老基金仍出现赤字，2010 年养老金赤字达到 7800 亿卢布。同时，由于投资收益率较低，强制性积累账户是否保留存在一定争议。

5.2　中国实施名义账户制改革的条件及优势

1997 年开始，中国实施了养老保险制度社会化改革，城镇企业职工养老保险制度从企业保障转型至现收现付与完全积累相结合的统账结合模式。尽管改革取得了明显的成效，但也存在着转型成本未能完全解决、个人账户空账、养老金支付压力较大等问题，而名义账户制则为中国养老保险制度改革提供了一个不同的选择方向。

5.2.1　中国实施名义账户制改革的条件

5.2.1.1　"艾伦条件"

1966 年艾伦（Aaron）提出，如果一国的劳动人口增长率加上实际工资增长率之和大于实际利息率，则实行现收现付制就能带来代际的帕累托最优配置，从而优于完全积累制，这个观点被称为"艾伦条件"（Aaron Condition）[1]。在"艾伦条件"得以满足时，从全社会的福利角度考量，实行现收现付制养老保险制度是更优的选择。

改革开放以来，中国经济快速增长，与此相伴随的是较高的工资增长率与

---

[1]　Aaron H. The social insurance paradox. Canadian Journal of Economics and Political Science/Revue canadienne de economiques et science politique, 1966, 32 (03): 371—374.

人口红利；同时，由于种种原因，城镇企业职工养老保险个人账户基金的投资收益率较低。因此，"艾伦条件"在中国很可能是成立的。我们对 2001 年以来工资增长率、劳动力人口增长率进行整理，见表 5.1。

表 5.1　2001 年以来中国城镇单位就业人员货币工资增长率及在职职工参保人数

年份	2001	2002	2003	2004	2005	2006	2007
城镇单位就业人员货币工资增长率（%）	16.1	14.2	12.9	14	14.3	14.6	18.5
在职职工参保人数增长率（%）	3.39	3.03	4.65	5.18	7.10	7.70	7.45
年份	2008	2009	2010	2011	2012	2013	2014
城镇单位就业人员货币工资增长率（%）	16.9	11.6	13.3	14.4	11.9	10.1	9.4
在职职工参保人数增长率（%）	9.25	6.97	9.35	11.15	6.57	5.21	5.60

注：根据《中国统计年鉴 2014》中相关数据计算整理。

从表 5.1 中数据来看，2001 年以来城镇单位就业人员工资增长率基本保持在 10% 以上，2014 年首次低于 10%，但也达到 9.4% 的水平；同时，在职职工参保人数的增长率也都在 3% 以上，最高可以达到 11.15%。根据估计，个人账户投资收益率水平低于 2%[①]。因此，"艾伦条件"在现有条件下是成立的，即使经济增速放缓，人口红利逐步减少，但是在现有基础上，"艾伦条件"在未来一段时间内很可能继续得到满足。如果能够将现行的个人账户转型为名义账户，则可以实现社会整体福利的增进。

5.2.1.2　"隐性名义账户制"已经存在

由于选择了逐步消化来自企业保障向部分积累制转轨成本的方式，缓解养老保险制度外资金补充的不足，部分个人账户养老金被用于支付当期养老金。而在实际运行中，个人账户实际上是由统筹养老保险基金兜底的，而统筹养老保险基金实际上是由财政资金兜底的。因此，用于当期支付的个人账户养老保险缴费会在缴费人口退休之后由统筹基金或财政基金弥补，即个人缴费形成的养老金权益不会由于个人账户基金的他用而受到影响。由于个人账户空账规模一直未有明确统计数据，空账的形式也未得到承认，所以可以将这种情况称为

---

① 郑秉文，等. 中国养老金发展报告 2014——向名义账户制转型［M］. 北京：经济管理出版社，2014：5.

"隐性名义账户"。

2001 年，中央政府决定由辽宁省试点实施做实个人账户，此后扩大到吉林、黑龙江等 13 个省市，但是效果甚微。2008 年之后，再无其他省份愿意加入到做实个人账户的试点中来。由于养老金支付的压力较大，一些省份个人账户做实的做法难以为继。以辽宁为例，做实个人账户 3 年之后，由于个人账户资金不能再被借用，辽宁出现了统筹部分资金不足以发放养老金的情况，为了弥补当期支出缺口，国家和地方财政分别承担了缺口部分的 75％和 25％，但此后缺口越来越大，即使依赖中央财政也难以解决庞大的养老金缺口。2010年以来，中央财政对辽宁做实试点的补贴处于暂时中止状态，当期发放的养老金缺口由辽宁省闲置的个人账户资金补足，从而提高宏观资金运用的效率①。

如果个人账户无法做实，个人账户基金将继续被用于当期养老金缴费，维持目前的个人账户完全积累制将面临较大困难。在这种情况下，如果能够通过制度升级明确名义账户制的地位，既可以解决目前已经产生的个人账户空账无法得到弥补的问题，又可以通过控制名义账户制占个人账户比例来缓解养老保险基金的支付压力。

5.2.1.3　人口老龄化高峰期与制度转轨成本显性化高峰期重叠

根据人口预测数据，中国人口老龄化高峰期大约在 2035 年出现，人口老龄化高峰期意味着新退休人口的比例可能快速上升。中国在 1997 年开始进行企业职工养老保险制度的转轨，1997 年之后参加工作的新人也将在 2035 年左右开始集中进入退休期。在空账存在的条件下，新退休人口比例的快速上升将使以空账形式积累的养老金权益兑现规模快速提高，出现养老保险转轨成本显性化的高峰期，这会对养老保险基金支出带来更大的挑战。同时，由于目前个人账户投资收益率较低，新人退休时其个人账户积累额很可能不足以实现制度设计的替代率水平，这又要求统筹基金予以兜底，进而会对养老金支出产生更大压力。

在这种情况下，如果继续将做实个人账户作为政策目标，将需要大规模的制度外资金予以弥补。如果能够将个人账户全部或部分转变为名义账户制，可以在一定程度上减缓人口结构以及转轨成本显性化对养老保险基金支出的冲击。

5.2.1.4　较低统筹层次与劳动力迁移存在矛盾

城镇企业职工养老保险制度目前以省级统筹为主，省级地方政府负责养老

---

① 郭晋晖. 楼继伟力挺社保名义账户制：做实个人账户 13 年未果 [EB/OL]. http：//business. sohu. com/20141229/n407368999. shtml，2014－12－19.

保险基金的管理与发放。但是，劳动力跨省迁移已经成为劳动力市场的常态，在现行的实账积累个人账户以及省级统筹背景下，劳动力跨省转移之后，现收现付制养老保险权益积累不易计算，这在一定程度上阻碍了劳动力的流动，也为养老保险转移接续造成了困难。

如果将现行制度转变为实行名义账户制，养老保险缴费所形成的养老金权益明确，且便携性较高。劳动力跨统筹地区转移时，可以容易地计算出在之前统筹地区积累的养老金权益额，待劳动力退休后，可以通过养老金跨地区划转，解决养老保险关系转移接续的问题，也可以在一定程度上促进劳动力的跨地区流动。

5.2.2 名义账户制在养老保险制度改革中的作用

5.2.2.1 有利于通过增强制度激励效应提高覆盖率和缴费率

目前，城镇企业职工养老保险制度覆盖率约为60%，提高的空间较大。从现实情况看，灵活就业人员等非正规就业群体的覆盖率整体不高，将成为未来提高覆盖率的主要对象。现行制度下，由于个人缴费与养老金权益积累缺乏直接的关联，对工作人口的参保激励不大，还出现了部分工作者在缴满领取养老金最低15年的缴费年限后断缴的情况。除此之外，劳动力跨省流动过程中，由于养老保险关系转移接续存在困难，也降低了部分劳动力参保的积极性。同时，城镇企业职工社会养老保险实际缴费率较低，缴费工资仅占实际工资的60%左右，部分原因是由于缴费与给付之间缺乏关联，对参保者缺乏吸引力，从而造成参保者或主动选择较低缴费档次，或对于企业选择的缴费档次消极对待。

提高覆盖率与实际缴费率的有效途径之一是提高制度的吸引力，增加缴费与给付之间的关联度。从目前的现收现付制转向名义账户制下的现收现付制，可以在缴费与给付之间建立易于理解的直观联系，将增强制度本身的激励效应，促进城镇企业职工社会养老保险制度的覆盖率和实际缴费率。

5.2.2.2 有利于通过模式转型和资金释放解决转轨成本并降低支付压力

名义账户降低养老保险支付压力的作用主要体现在：将完全积累的个人账户转变为名义账户。将完全积累制条件下个人账户的缴费部分，或在确定记账利率条件下的全部资金用于当期养老金支付，可以在一定程度上缓解养老金支付压力，只要记账利率是通过现收现付制手段能够实现的，在理论上由完全基金制向名义账户制的转轨都可以降低养老金支付压力。

由于城镇企业职工养老保险制度转轨成本并没有明确的资金的来源，在制度转轨之后，对于转轨成本的负担在一定程度上会造成基金收支缺口的扩大。

因此，空账问题产生，还需要地方财政和中央财政进行补贴。如果在转轨之初就选择名义账户制，在不考虑替代率差异的情况下，就不会存在转轨成本。因为新老制度的本质都是现收现付制，如果能够在目前将个人账户进一步转轨至名义账户制，或者在确定记账利率基础上明确"空账"的地位和合理性，也可以通过完全积累个人账户基金的释放来解决部分转轨成本，这也将一定程度上起到缓解养老保险基金支付压力的作用。

5.2.2.3　有利于增强缴费和给付的关联性促进养老保险关系转移接续机制

养老保险关系转移接续的困难之处在于，劳动者在不同地区积累的养老金权益难以计算与分离，造成养老保险关系便携性较差，不能完全适应劳动力流动的要求。养老保险全国统筹推进过程中存在的主要障碍是不同人口结构与不同经济发展水平的地区利益不一致。制度赡养率较低的地区，养老金可能出现结余，经济发展水平较高的地区养老金水平相对也较高。全国统筹将意味着这两类地区要向经济落后、老龄化较为严重的地区进行资金转移，因而将缺乏动力参与全国统筹，甚至会产生抵触。

名义账户制有助于前述问题的解决。第一，名义账户制记账利率的确定应该同时考虑地方人口结构和全国人口结构的平均水平，以同时兼顾公平和效率。这意味着，制度模式一经确立，高收入和人口结构比较理想的地区，就已经承担了转移部分养老金的义务。同时，由于个人缴费与未来给付相关，地方政府不再具有对养老保险基金的自由使用权，有利于地方政府将养老保险基金管理权上交中央政府，从而促进全国统筹的实现。第二，名义账户制模式下，可以较容易地计算出劳动者在不同地区、不同时期缴费所积累的养老金权益，即使养老保险统筹层次保持现状，也可以按照名义账户积累额，进行地区之间应付养老金的划转，从而促进养老金转移接续机制的建立。

5.2.3　名义账户制的设计及选择

以现行统账结合模式为基础，本书分别针对个人账户部分、社会统筹部分以及全部养老金体系提出三种不同名义账户转型方案。

5.2.3.1　小账户、中账户与全账户

小账户方案是指仅将现行的完全积累的个人账户转型为名义账户，而保留目前社会统筹养老金的运行模式不变。这种模式仅涉及个人账户部分的调整，因而称为小账户方案。

中账户方案是指保留完全积累的个人账户，仅将现行制度中社会统筹的养老金转型为名义账户制。这种模式仅涉及社会统筹部分，该部分的总缴费率约为20%，大于个人账户8%的缴费率，因而称为中账户方案。

全账户方案是指将现行养老金体系全部转变为名义账户制，即将社会统筹养老金与个人账户养老金合并，企业缴费与个人缴费全部进入名义账户，按照记账利率进行名义积累。由于这种模式涉及现行养老金全体系，因而称为全账户。

5.2.3.2　三种方案的比较与选择

小账户方案最具可操作性，在完全积累制个人账户完全做实存在困难、空账一直无法完全弥补的情况下，适时进行完全积累向名义账户的转型，可以在一定程度上解决养老保险社会化转轨成本，并缓解养老保险基金的支出压力。但是，小账户方案对制度的激励效应影响较小，可能不具有通过增加养老保险制度缴费与给付关联度而深化养老保险制度改革的效应。

全账户方案的效应是最显著的，它不但具有小账户方案的作用，而且将现行的社会统筹部分也转型为名义账户制，可以有效地提高制度的激励作用。通过缴费与给付关联度的增强，实现提高覆盖率和缴费率、促进养老保险关系转移接续机制的建立以及推进养老保险基金全国统筹等作用。

考虑到目前中国"艾伦条件"已经得到满足，未来经济将保持较快速度的稳定增长，现行的社会统筹养老金本身就具有 DC＋DB 的特点，针对中国养老保险制度存在的问题和未来的发展方向，借鉴俄罗斯等国家在名义账户制改革中的经验教训，笔者认为城镇企业职工社会养老保险进行全账户制改革具有深远的意义。

5.3　名义账户制在社会养老保险基金收支中的实证分析

在一定的假设条件之下，按照全账户模式，可以估算名义账户制对城镇企业职工社会养老保险基金收支的影响效应，也可以测算"延迟退休＋名义账户"模式下养老保险基金的收支状况。

5.3.1　假设条件

5.3.1.1　制度模式假设

假设名义账户制为全账户形式，将现行的现收现付制与完全积累制全部转型为名义账户制，个人与企业缴费全部计入个人账户，按照名义记账利率进行名义积累，全部缴费可以用于当期养老金支付。

5.3.1.2　制度的实际缴费率与实际替代率

实际缴费率和实际替代率与"现行退休年龄条件下统筹基金收支预测"，"延迟退休年龄提条件下统筹基金收支预测"中所使用的养老保险总缴费率与总替代率相同。实际总缴费率有高、低两种假设，其中，高假设认为可以匀速提高至 2050 年 25％的水平，低假设认为可以匀速提高至 2050 年 15％的水平①。实际替代率也分高低两种假设，与高缴费率假设相对应的是实际替代率高假设，即匀速增长至 2050 年 60％的水平；与低缴费率假设相对应的是实际替代率低假设，即匀速增长至 2050 年 50％的水平。本书没有对名义账户制的记账利率进行假设，而只是从可能的总体缴费率和总体替代率出发，按照所有实际缴费均可按照现收现付的方法用于养老金当期给付的条件，在不考虑养老保险实际缴费率与实际替代率发生变化的假设下，测算养老基金总体的收支状况。

5.3.1.3　覆盖率、工作增长率、利率、退休年龄等其他参数的假设

如无特殊说明，均与"现行退休年龄条件下统筹基金收支预测"和"延迟退休年龄提条件下统筹基金收支预测"中所使用的假设条件相同。

5.3.2　名义账户制条件下养老保险基金收支预测

5.3.2.1　"现行退休年龄＋全账户"条件下养老保险基金收支预测

（1）高缴费率、60％目标替代率、高覆盖率条件下测算结果

在高缴费率、2050 年实现 60％替代率以及高覆盖率假设下，如果采用全账户制度模式，可以得到 2015 年至 2050 年的全账户养老保险基金收支情况，详见表 5.2。

表 5.2　高缴费率、60％目标替代率、高覆盖率条件下全账户养老保险基金收支

年份	制度赡养率	总缴费率	总替代率	养老金结余（高工资高缴费率）（亿元）	养老金结余（中工资高缴费率）（亿元）	养老金结余（低工资高缴费率）（亿元）
2015	0.28	14.11	0.44	4156.21	4079.24	4040.76
2020	0.36	15.31	0.46	−3522.79	−3149.05	−2974.96
2025	0.47	16.62	0.48	−24072.14	−19570.38	−17619.72
2030	0.59	18.03	0.50	−59001.66	−43610.02	−37411.51
2035	0.68	19.57	0.52	−99824.76	−69620.89	−59151.05

---

①　在前面的测算中我们的研究对象仅为社会统筹养老金，因此，在测算中通过现收现付缴费系数而分离出社会统筹养老金实际缴费率，但本节中我们假设制度转轨至全账户模式，因而需要在养老保险整体实际缴费率假设条件下，即同时考虑社会统筹和个人账户的缴费率条件下，测算养老保险基金收支。实际替代率假设的处理与实际缴费率相同，都考虑整体替代率，而不是仅为前面章节测算中使用的社会统筹养老金替代率。

年份	制度赡养率	总缴费率	总替代率	养老金结余（高工资高缴费率）（亿元）	养老金结余（中工资高缴费率）（亿元）	养老金结余（低工资高缴费率）（亿元）
2040	0.77	21.23	0.55	−150207.59	−99771.83	−84767.78
2045	0.81	23.04	0.57	−206068.78	−130359.58	−110755.64
2050	0.87	25.00	0.60	−265793.85	−160136.54	−136054.63

	3%利率			5%利率		
年份	养老金缺口现值（高工资高缴费率）（亿元）	养老金缺口现值（中工资高缴费率）（亿元）	养老金缺口现值（低工资高缴费率）（亿元）	养老金缺口现值（高工资高缴费率）（亿元）	养老金缺口现值（中工资高缴费率）（亿元）	养老金缺口现值（低工资高缴费率）（亿元）
2015	4156.21	4079.24	4040.76	4156.21	4079.24	4040.76
2020	−3038.79	−2716.40	−2566.22	−2760.20	−2467.36	−2330.96
2025	−17911.93	−14562.20	−13110.72	−14778.20	−12014.52	−10816.98
2030	−37870.92	−27991.61	−24013.03	−28380.81	−20977.16	−17995.58
2035	−55270.55	−38547.40	−32750.50	−37622.90	−26239.38	−22293.41
2040	−71739.98	−47651.58	−40485.56	−44356.72	−29462.90	−25032.16
2045	−84897.61	−53706.42	−45629.86	−47679.67	−30162.27	−25626.36
2050	−94458.72	−56909.87	−48351.56	−48185.84	−29031.20	−24665.38
缺口总额 2015 年现值	−1614110	−1079182	−921543	−1006236	−680066	−581442

注：根据各年人口预测数据及相关参数计算。

从测算结果来看，全账户条件下 2019 年之前，养老保险基金当年收支会有结余，从 2019 年开始养老保险基金当年出现收支缺口。在不同的利率水平和工资水平假设条件下，2015—2050 年各年养老金结余（缺口）在 2015 年的现值最低为−581442 亿元，最高为−1614110 亿元。

（2）高缴费率、60%目标替代率、低覆盖率条件下测算结果

在高缴费率、2050 年实现 60%替代率以及低覆盖率假设下，根据全账户制度模式，可以得到城镇企业职工社会养老保险基金收支情况，测算结果见表 5.3。

表 5.3　高缴费率、60%目标替代率、低覆盖率条件下全账户养老保险基金收支

年份	制度赡养率	总缴费率	总替代率	养老金结余（高工资高缴费率）（亿元）	养老金结余（中工资高缴费率）（亿元）	养老金结余（低工资高缴费率）（亿元）
2015	0.34	0.14	0.44	−1724.68	−1692.74	−1676.77
2020	0.39	0.15	0.46	−10033.04	−8968.61	−8472.78
2025	0.49	0.17	0.48	−31072.80	−25261.85	−22743.89
2030	0.58	0.18	0.50	−66656.11	−49267.67	−42265.01
2035	0.65	0.20	0.52	−109414.65	−76309.18	−64833.53
2040	0.71	0.21	0.55	−164344.13	−109161.69	−92745.56
2045	0.76	0.23	0.57	−229208.88	−144998.06	−123192.73
2050	0.79	0.25	0.60	−303055.21	−182585.91	−155127.98

年份	3%利率			5%利率		
	养老金缺口现值（高工资高缴费率）（亿元）	养老金缺口现值（中工资高缴费率）（亿元）	养老金缺口现值（低工资高缴费率）（亿元）	养老金缺口现值（高工资高缴费率）（亿元）	养老金缺口现值（中工资高缴费率）（亿元）	养老金缺口现值（低工资高缴费率）（亿元）
2015	−1724.68	−1692.74	−1676.77	−1724.68	−1692.74	−1676.77
2020	−8654.59	−7736.40	−7308.69	−7861.15	−7027.14	−6638.64
2025	−23121.08	−18797.19	−16923.59	−19076.01	−15508.58	−13962.77
2030	−42784.02	−31623.04	−27128.30	−32062.73	−23698.59	−20330.19
2035	−60580.24	−42250.54	−35896.75	−41237.23	−28760.13	−24435.07
2040	−78491.67	−52136.23	−44295.80	−48531.28	−32235.75	−27388.02
2045	−94431.02	−59737.28	−50753.78	−53033.77	−33549.28	−28504.02
2050	−107700.79	−64888.00	−55129.91	−54940.97	−33101.05	−28123.20
缺口总额 2015 年现值	−1855940.45	−1254139.67	−1075931.09	−1173639.60	−805232.90	−693056.71

注：根据各年人口预测数据及相关参数计算。

从测算结果来看，全账户条件下 2015 年开始，养老保险基金就会出现收支缺口，将一直持续到 2050 年。在不同的利率水平和工资水平假设条件下，2015—2050 年各年养老金结余（缺口）在 2015 年的现值最低为 −693056.71

亿元，最高为－1855940.45 亿元。

（3）低缴费率、50％目标替代率、高覆盖率条件下测算结果

在低缴费率、2050 年实现 50％替代率以及高覆盖率假设下，根据全账户制度模式，可以得出城镇企业职工社会养老保险基金收支情况，结果见表 5.4。

表 5.4 低缴费率、50％目标替代率、高覆盖率条件下全账户养老保险基金收支

年份	制度赡养率	总缴费率	总替代率	养老金结余（高工资高缴费率）（亿元）	养老金结余（中工资高缴费率）（亿元）	养老金结余（低工资高缴费率）（亿元）
2015	0.28	0.14	0.43	3623.34	3556.24	3522.69
2020	0.36	0.14	0.44	－6054.33	－5412.01	－5112.80
2025	0.47	0.14	0.45	－28983.31	－23563.11	－21214.47
2030	0.59	0.14	0.46	－66345.34	－49037.96	－42067.96
2035	0.68	0.14	0.47	－108934.84	－75974.54	－64549.22
2040	0.77	0.15	0.48	－159848.71	－106175.71	－90208.63
2045	0.84	0.15	0.49	－216006.21	－136646.03	－116096.71
2050	0.89	0.15	0.50	－275969.52	－166267.21	－141263.35

年份	3％利率			5％利率		
	养老金缺口现值（高工资高缴费率）（亿元）	养老金缺口现值（中工资高缴费率）（亿元）	养老金缺口现值（低工资高缴费率）（亿元）	养老金缺口现值（高工资高缴费率）（亿元）	养老金缺口现值（中工资高缴费率）（亿元）	养老金缺口现值（低工资高缴费率）（亿元）
2015	3623.34	3556.24	3522.69	3623.34	3556.24	3522.69
2020	－5222.51	－4668.45	－4410.35	－4743.72	－4240.45	－4006.01
2025	－21566.31	－17533.17	－15785.56	－17793.24	－14465.71	－13023.85
2030	－42584.55	－31475.60	－27001.82	－31913.24	－23588.10	－20235.41
2035	－60314.58	－42065.26	－35739.34	－41056.40	－28634.01	－24327.92
2040	－76344.64	－50710.11	－43084.14	－47203.77	－31353.98	－26638.86
2045	－88991.70	－56296.35	－47830.31	－49978.97	－31616.81	－26862.16
2050	－98074.98	－59088.61	－50202.65	－50030.59	－30142.63	－25609.67
缺口总额 2015 年现值	－1749492.40	－1176314.83	－1006180.96	－1100073.11	－748777.44	－641678.11

注：根据各年人口预测数据及相关参数计算。

从测算结果来看，全账户条件下 2018 年之前，养老保险基金当年收支存在结余，从 2018 年开始养老保险基金出现当年收支缺口，并将一直持续到 2050 年。在不同利率水平和工资水平的假设条件下，2015－2050 年各年养老金结余（缺口）在 2015 年的现值最低为－641678.11 亿元，最高为－1749492.40 亿元。

（4）低缴费率、50％替代率、低覆盖率条件下测算结果

在低缴费率、2050 年实现 50％替代率以及低覆盖率假设下，根据全账户制度模式，可以得出城镇企业职工社会养老保险基金收支情况，详见表 5.5。

表 5.5　低缴费率、50％目标替代率、低覆盖率条件下全账户养老保险基金收支

年份	制度 赡养率	总缴 费率	总替 代率	养老金结余 （高工资高缴 费率）（亿元）	养老金结余 （中工资高缴 费率）（亿元）	养老金结余 （低工资高缴 费率）（亿元）
2015	0.34	0.137	0.43	－1492.27	－1464.63	－1450.81
2020	0.39	0.139	0.44	－8535.15	－7629.63	－7207.83
2025	0.49	0.141	0.45	－22817.85	－18550.66	－16701.63
2030	0.58	0.143	0.46	－46441.48	－34326.39	－29447.41
2035	0.65	0.144	0.47	－70531.04	－49190.54	－41793.09
2040	0.71	0.146	0.48	－94731.67	－62923.26	－53460.64
2045	0.76	0.148	0.49	－127275.98	－80515.07	－68406.93
2050	0.79	0.150	0.50	－172357.58	－103842.68	－88226.44
2015	－1492.27	－1464.63	－1450.81	－1492.27	－1464.63	－1450.81
2020	－7362.49	－6581.39	－6217.53	－6687.51	－5978.02	－5647.52
2025	－16978.62	－13803.43	－12427.58	－14008.18	－11388.50	－10253.35
2030	－29809.02	－22032.80	－18901.17	－22339.15	－16511.58	－14164.71
2035	－39051.33	－27235.61	－23139.82	－26582.41	－18539.40	－15751.38
2040	－45244.37	－30052.50	－25533.10	－27974.52	－18581.41	－15787.07
2045	－52436.02	－33171.14	－28182.75	－29448.79	－18629.37	－15827.82
2050	－61253.02	－36903.96	－31354.21	－31246.75	－18825.67	－15994.60
缺口总额 2015 年现值	－1131753.03	－772737.29	－664529.73	－727682.24	－505202.36	－436123.37

注：根据各年人口预测数据及相关参数计算。

从测算结果来看，全账户条件下 2015 年开始，养老保险基金的当年就会产生收支缺口，并将一直持续到 2050 年。在不同的利率水平和工资水平假设条件下，2015－2050 年各年养老金结余（缺口）在 2015 年的现值最低为－436123.37亿元，最高为－1131753.03亿元。

5.3.2.2 "延迟退休方案1＋全账户"模式下养老保险基金收支预测[①]

（1）高缴费率、60％目标替代率、高覆盖率条件下测算结果

在高缴费率、2050 年实现 60％替代率以及高覆盖率假设下，根据"延迟退休方案1＋全账户"制度模式，可以得出城镇企业职工社会养老保险基金收支情况，详见表 5.6。

表 5.6　高缴费率、60％目标替代率、高覆盖率条件下全账户养老保险基金收支

年份	制度赡养率	总缴费率	总替代率	养老金结余（高工资高缴费率）（亿元）	养老金结余（中工资高缴费率）（亿元）	养老金结余（低工资高缴费率）（亿元）
2015	0.28	0.14	0.44	4156.21	4079.24	4040.76
2020	0.36	0.15	0.46	－3522.79	－3149.05	－2974.96
2025	0.42	0.17	0.48	－14424.84	－11727.24	－10558.33
2030	0.48	0.18	0.50	－33737.50	－24936.46	－21392.12
2035	0.51	0.20	0.52	－49652.75	－34629.37	－29421.68
2040	0.51	0.21	0.55	－56980.05	－37847.65	－32155.98
2045	0.48	0.23	0.57	－36470.82	－23071.52	－19601.95
2050	0.43	0.25	0.60	－3093.65	－1863.88	－1583.58

年份	3％利率			5％利率		
	养老金缺口现值（高工资高缴费率）（亿元）	养老金缺口现值（中工资高缴费率）（亿元）	养老金缺口现值（低工资高缴费率）（亿元）	养老金缺口现值（高工资高缴费率）（亿元）	养老金缺口现值（中工资高缴费率）（亿元）	养老金缺口现值（低工资高缴费率）（亿元）
2015	4156.21	4079.24	4040.76	4156.21	4079.24	4040.76
2020	－3038.79	－2716.40	－2566.22	－2760.20	－2467.36	－2330.96
2025	－10733.44	－8726.17	－7856.39	－8855.60	－7199.51	－6481.90

[①]　根据第 4 章中 4.6 部分的实证分析，延迟退休方案 1 和方案 2 比较可行，方案 3 会使延迟退休的积极效应减弱。因此，本书主要对延迟退休方案 1 和方案 2 进行分析。

年份	3%利率			5%利率		
	养老金缺口现值（高工资高缴费率）（亿元）	养老金缺口现值（中工资高缴费率）（亿元）	养老金缺口现值（低工资高缴费率）（亿元）	养老金缺口现值（高工资高缴费率）（亿元）	养老金缺口现值（中工资高缴费率）（亿元）	养老金缺口现值（低工资高缴费率）（亿元）
2030	−21654.81	−16005.77	−13730.79	−16228.31	−11994.87	−10289.98
2035	−27491.52	−19173.44	−16290.07	−18713.60	−13051.44	−11088.72
2040	−27213.99	−18076.25	−15357.88	−16826.37	−11176.51	−9495.75
2045	−15025.49	−9505.16	−8075.74	−8438.53	−5338.23	−4535.45
2050	−1099.43	−662.39	−562.78	−560.85	−337.90	−287.09
缺口总额2015年现值	−509269	−355466	−304511	−343004	−241255	−206863

注：根据各年人口预测数据及相关参数计算。

从测算结果来看，假设条件下在2015年之后开始，在当年出现养老保险基金收支缺口，并将一直持续到2050年。在不同的利率水平和工资水平假设条件下，2015—2050年各年养老金结余（缺口）在2015年的现值最低为−206863亿元，最高为−509269亿元。

（2）高缴费率、60%目标替代率、低覆盖率条件下测算结果

在高缴费率、2050年实现60%替代率以及低覆盖率假设下，根据全账户制度模式，可以得出城镇企业职工社会养老保险基金收支情况，详见表5.7。

表5.7 高缴费率、60%目标替代率、低覆盖率条件下全账户养老保险基金收支

年份	制度赡养率	总缴费率	总替代率	养老金结余（高工资高缴费率）（亿元）	养老金结余（中工资高缴费率）（亿元）	养老金结余（低工资高缴费率）（亿元）
2015	0.34	0.14	0.44	−1109.46	−860.80	−852.68
2020	0.39	0.15	0.46	−6568.38	−4532.55	−4281.96
2025	0.43	0.17	0.48	−14331.30	−8252.16	−7429.63
2030	0.47	0.18	0.50	−27582.55	−13488.15	−11571.01
2035	0.48	0.20	0.52	−36115.75	−13775.56	−11703.94
2040	0.47	0.21	0.55	−35500.49	−6792.35	−5770.89

续表

年份	3％利率			5％利率		
	养老金缺口现值（高工资高缴费率）（亿元）	养老金缺口现值（中工资高缴费率）（亿元）	养老金缺口现值（低工资高缴费率）（亿元）	养老金缺口现值（高工资高缴费率）（亿元）	养老金缺口现值（中工资高缴费率）（亿元）	养老金缺口现值（低工资高缴费率）（亿元）
2045	0.42	0.23	0.57	−7756.16	17128.26	14552.45
2050	0.37	0.25	0.60	35061.84	48899.08	41545.46
2015	−1109.46	−860.80	−852.68	−1109.46	−860.80	−852.68
2020	−5665.94	−3909.82	−3693.66	−5146.50	−3551.37	−3355.03
2025	−10663.83	−6140.38	−5528.34	−8798.17	−5066.11	−4561.15
2030	−17704.19	−8657.53	−7426.99	−13267.68	−6488.03	−5565.85
2035	−19996.41	−7627.19	−6480.19	−13611.65	−5191.86	−4411.09
2040	−16955.23	−3244.06	−2756.21	−10483.39	−2005.80	−1704.16
2045	−3195.44	7056.61	5995.42	−1794.60	3963.09	3367.11
2050	12460.39	17377.92	14764.57	6356.37	8864.93	7531.79
缺口总额2015年现值	−330286.86	−58337.37	−53404.34	−243769.03	−63034.15	−56886.62

注：根据各年人口预测数据及相关参数计算。

从测算结果来看，假设条件下 2019 年开始，养老保险基金在当年出现收支缺口，高工资条件下当年缺口将一直持续到 2046 年，中工资和低工资条件下当年缺口持续到 2042 年。在不同的利率水平和工资水平假设条件下，2015－2050年各年养老金结余（缺口）在 2015 年的现值最低为－56886.62亿元，最高为－330286.86亿元。

（3）低缴费率、50％目标替代率、高覆盖率假设下测算结果

在低缴费率、2050 年实现 50％替代率以及高覆盖率假设下，根据全账户制度模式，可以得出城镇企业职工社会养老保险基金收支情况，详见表 5.8。

表 5.8　低缴费率、50%目标替代率、高覆盖率条件下全账户养老金保险基金收支

年份	制度赡养率	总缴费率	总替代率	养老金结余（高工资高缴费率）（亿元）	养老金结余（中工资高缴费率）（亿元）	养老金结余（低工资高缴费率）（亿元）
2015	0.28	0.14	0.44	3623.34	3556.24	3522.69
2020	0.36	0.14	0.46	−6054.33	−5412.01	−5112.80
2025	0.42	0.14	0.48	−20130.58	−16365.94	−14734.67
2030	0.48	0.14	0.50	−43990.08	−32514.47	−27893.03
2035	0.51	0.14	0.52	−66127.30	−46119.23	−39183.66
2040	0.51	0.15	0.55	−83171.86	−55244.93	−46937.00
2045	0.46	0.15	0.57	−81530.61	−51576.45	−43820.20
2050	0.42	0.15	0.60	−75300.00	−45367.05	−38544.59

年份	3%利率			5%利率		
	养老金缺口现值（高工资高缴费率）（亿元）	养老金缺口现值（中工资高缴费率）（亿元）	养老金缺口现值（低工资高缴费率）（亿元）	养老金缺口现值（高工资高缴费率）（亿元）	养老金缺口现值（中工资高缴费率）（亿元）	养老金缺口现值（低工资高缴费率）（亿元）
2015	3623.34	3556.24	3522.69	3623.34	3556.24	3522.69
2020	−5222.51	−4668.45	−4410.35	−4743.72	−4240.45	−4006.01
2025	−14979.04	−12177.79	−10963.98	−12358.43	−10047.27	−9045.81
2030	−28235.56	−20869.80	−17903.48	−21159.98	−15640.02	−13417.03
2035	−36613.08	−25535.10	−21695.04	−24922.68	−17381.85	−14767.91
2040	−39723.34	−26385.29	−22417.37	−24560.84	−16313.98	−13860.63
2045	−33589.53	−21248.81	−18053.34	−18864.34	−11933.63	−10139.01
2050	−26760.37	−16122.69	−13698.11	−13651.16	−8224.60	−6987.76
缺口总额2015年现值	−852926.23	−586862.23	−503406.12	−558279.16	−388835.66	−334256.34

注：根据各年人口预测数据及相关参数计算。

从测算结果来看，假设条件下 2019 年开始，养老保险基金出现当年收支缺口，并将一直持续到 2050 年。在不同的利率水平和工资水平假设条件下，2015－2050 年各年养老金结余（缺口）在 2015 年的现值最低为 −334256.34

亿元，最高为−852926.23 亿元。

（4）低缴费率、50％替代率、低覆盖率条件下测算结果

在低缴费率、2050 年实现 50％替代率以及低覆盖率假设下，根据全账户制度模式，可以得出城镇企业职工社会养老保险基金收支情况，详见表 5.9。

表 5.9 低缴费率、50％目标替代率、低覆盖率条件下全账户养老保险基金收支

年份	制度赡养率	总缴费率	总替代率	养老金结余（高工资高缴费率）（亿元）	养老金结余（中工资高缴费率）（亿元）	养老金结余（低工资高缴费率）（亿元）
2015	0.34	0.14	0.44	−1492.27	−1464.63	−1450.81
2020	0.39	0.14	0.46	−8535.15	−7629.63	−7207.83
2025	0.43	0.14	0.48	−19079.72	−15511.61	−13965.49
2030	0.47	0.14	0.50	−36777.77	−27183.63	−23319.89
2035	0.48	0.14	0.52	−52013.30	−36275.69	−30820.42
2040	0.47	0.15	0.55	−62311.93	−41389.22	−35164.96
2045	0.42	0.15	0.57	−55424.17	−35061.46	−29788.79
2050	0.37	0.15	0.60	−43503.76	−26210.32	−22268.72
2015	−1492.27	−1464.63	−1450.81	−1492.27	−1464.63	−1450.81
2020	−7362.49	−6581.39	−6217.53	−6687.51	−5978.02	−5647.52
2025	−14197.11	−11542.09	−10391.64	−11713.30	−9522.78	−8573.60
2030	−23606.25	−17448.14	−14968.15	−17690.74	−13075.79	−11217.26
2035	−28798.50	−20084.97	−17064.52	−19603.27	−13671.93	−11615.89
2040	−29760.53	−19767.72	−16794.98	−18400.89	−12222.35	−10384.31
2045	−22834.02	−14444.86	−12272.59	−12823.90	−8112.43	−6892.45
2050	−15460.51	−9314.71	−7913.93	−7886.81	−4751.68	−4037.10
缺口总额2015年现值	−675229.72	−475456.20	−411122.64	−456700.90	−326962.02	−284006.83

注：根据各年人口预测数据及相关参数计算。

从测算结果来看，全账户条件下 2015 年开始，养老保险基金开始出现当年收支缺口，并将一直持续到 2050 年。在不同的利率水平和工资水平假设条件下，2015—2050 年各年养老金结余（缺口）在 2015 年的现值最低为−284006.83 亿元，最高为−675229.72 亿元。

5.3.2.3　"延迟退休方案 2＋全账户"模式下养老保险基金收支预测

（1）高缴费率、60％目标替代率、高覆盖率条件下测算结果

在高缴费率、2050 年实现 60％替代率以及高覆盖率假设下，根据"延迟退休方案 2＋全账户"制度模式，可以得出城镇企业职工社会养老保险基金收支情况，详见表 5.10。

表 5.10　高缴费率、60％目标替代率、高覆盖率条件下全账户养老保险基金收支

年份	制度赡养率	总缴费率	总替代率	养老金结余（高工资高缴费率）（亿元）	养老金结余（中工资高缴费率）（亿元）	养老金结余（低工资高缴费率）（亿元）
2015	0.28	14.11	0.44	4156.21	4079.24	4040.76
2020	0.36	15.31	0.46	−3522.79	−3149.05	−2974.96
2025	0.44	16.62	0.48	−17695.45	−14386.20	−12952.27
2030	0.52	18.03	0.50	−42288.06	−31256.46	−26813.83
2035	0.56	19.57	0.52	−65846.16	−45923.16	−39017.07
2040	0.58	21.23	0.55	−84358.25	−56032.96	−47606.53
2045	0.59	23.04	0.57	−112271.02	−71022.90	−60342.22
2050	0.64	25.00	0.60	−157831.01	−95090.65	−80790.58

年份	3％利率			5％利率		
	养老金缺口现值（高工资高缴费率）（亿元）	养老金缺口现值（中工资高缴费率）（亿元）	养老金缺口现值（低工资高缴费率）（亿元）	养老金缺口现值（高工资高缴费率）（亿元）	养老金缺口现值（中工资高缴费率）（亿元）	养老金缺口现值（低工资高缴费率）（亿元）
2015	4156.21	4079.24	4040.76	4156.21	4079.24	4040.76
2020	−3038.79	−2716.40	−2566.22	−2760.20	−2467.36	−2330.96
2025	−13167.07	−10704.69	−9637.70	−10863.47	−8831.88	−7951.57
2030	−27143.10	−20062.33	−17210.78	−20341.28	−15034.89	−12897.91
2035	−36457.42	−25426.54	−21602.80	−24816.72	−17307.96	−14705.12
2040	−40289.97	−26761.66	−22737.14	−24911.23	−16546.69	−14058.34
2045	−46254.17	−29260.50	−24860.20	−25976.98	−16433.10	−13961.83
2050	−56090.52	−33793.64	−28711.63	−28613.23	−17239.01	−14646.55
缺口总额 2015 年现值	−975572	−656814	−561271	−615836	−419269	−358702

注：根据各年人口预测数据及相关参数计算。

从测算结果来看，假设条件下 2019 年开始，养老保险基金出现当年收支缺口，并将一直持续到 2050 年。在不同的利率水平和工资水平假设条件下，2015－2050 年各年养老金结余（缺口）在 2015 年的现值最低为－358702 亿元，最高为－975572 亿元。

（2）高缴费率、60％目标替代率、低覆盖率条件下测算结果

在高缴费率、2050 年实现 60％替代率以及低覆盖率假设下，根据全账户制度模式，可以得出城镇企业职工社会养老保险基金收支情况，详见表 5.11。

表 5.11　高缴费率、60％目标替代率、低覆盖率条件下全账户养老保险基金收支

年份	制度赡养率	总缴费率	总替代率	养老金结余（高工资高缴费率）（亿元）	养老金结余（中工资高缴费率）（亿元）	养老金结余（低工资高缴费率）（亿元）
2015	0.34	0.14	0.44	−1109.46	−860.80	−852.68
2020	0.39	0.15	0.46	−6568.38	−4532.55	−4281.96
2025	0.45	0.17	0.48	−17090.96	−8845.73	−7964.04
2030	0.51	0.18	0.50	−34960.55	−14990.70	−12860.00
2035	0.53	0.20	0.52	−50416.50	−16592.66	−14097.40
2040	0.53	0.21	0.55	−60249.07	−11606.38	−9860.97
2045	0.55	0.23	0.57	−77150.77	3779.64	3211.24
2050	0.59	0.25	0.60	−109105.67	21275.83	18076.29

年份	3％利率			5％利率		
	养老金缺口现值（高工资高缴费率）（亿元）	养老金缺口现值（中工资高缴费率）（亿元）	养老金缺口现值（低工资高缴费率）（亿元）	养老金缺口现值（高工资高缴费率）（亿元）	养老金缺口现值（中工资高缴费率）（亿元）	养老金缺口现值（低工资高缴费率）（亿元）
2015	−1109.46	−860.80	−852.68	−1109.46	−860.80	−852.68
2020	−5665.94	−3909.82	−3693.66	−5146.50	−3551.37	−3355.03
2025	−12717.28	−6582.05	−5925.99	−10492.37	−5430.51	−4889.23
2030	−22439.85	−9621.96	−8254.35	−16816.62	−7210.78	−6185.88
2035	−27914.39	−9186.96	−7805.39	−19001.45	−6253.60	−5313.16
2040	−28775.29	−5543.27	−4709.66	−17791.72	−3427.40	−2911.97

年份	3%利率			5%利率		
	养老金缺口现值（高工资高缴费率）（亿元）	养老金缺口现值（中工资高缴费率）（亿元）	养老金缺口现值（低工资高缴费率）（亿元）	养老金缺口现值（高工资高缴费率）（亿元）	养老金缺口现值（中工资高缴费率）（亿元）	养老金缺口现值（低工资高缴费率）（亿元）
2045	−31785.10	1557.16	1322.99	−17850.95	874.52	743.01
2050	−38774.34	7561.08	6424.01	−19779.80	3857.10	3277.06
缺口总额2015年现值	−754690.09	−140842.20	−123665.72	−491300.26	−111288.65	−98018.26

注：根据各年人口预测数据及相关参数计算。

从测算结果来看，全账户条件下2015年开始，养老保险基金即开始出现当年收支缺口，高工资条件下当年养老金缺口将一直持续到2050年，中工资和高工资条件下将一直持续到2043年。在不同的利率水平和工资水平假设条件下，2015—2050年各年养老金结余（缺口）在2015年的现值最低为−98018.26亿元，最高为−754690.09亿元。

（3）低缴费率、50%目标替代率、高覆盖率假设下测算结果

在低缴费率、2050年实现50%替代率以及高覆盖率假设下，根据全账户制度模式，可以得出城镇企业职工社会养老保险基金收支情况，详见表5.12。

表5.12　低缴费率、50%目标替代率、高覆盖率条件下全账户养老保险基金收支

年份	制度赡养率	总缴费率	总替代率	养老金结余（高工资高缴费率）（亿元）	养老金结余（中工资高缴费率）（亿元）	养老金结余（低工资高缴费率）（亿元）
2015	0.28	0.137	0.44	3623.34	3556.24	3522.69
2020	0.36	0.139	0.46	−6054.33	−5412.01	−5112.80
2025	0.44	0.141	0.48	−23131.82	−18805.92	−16931.45
2030	0.52	0.143	0.50	−51556.02	−38106.70	−32690.41
2035	0.56	0.144	0.52	−79949.43	−55759.22	−47373.95
2040	0.58	0.146	0.55	−105698.01	−70207.39	−59649.35
2045	0.61	0.148	0.57	−141671.32	−89621.60	−76143.99
2050	0.66	0.150	0.60	−193549.71	−116610.60	−99074.28

年份	3%利率			5%利率		
	养老金缺口现值（高工资高缴费率）（亿元）	养老金缺口现值（中工资高缴费率）（亿元）	养老金缺口现值（低工资高缴费率）（亿元）	养老金缺口现值（高工资高缴费率）（亿元）	养老金缺口现值（中工资高缴费率）（亿元）	养老金缺口现值（低工资高缴费率）（亿元）
2015	3623.34	3556.24	3522.69	3623.34	3556.24	3522.69
2020	−5222.51	−4668.45	−4410.35	−4743.72	−4240.45	−4006.01
2025	−17212.25	−13993.37	−12598.59	−14200.93	−11545.20	−10394.44
2030	−33091.85	−24459.24	−20982.73	−24799.33	−18329.98	−15724.65
2035	−44266.06	−30872.53	−26229.80	−30132.10	−21015.06	−17854.74
2040	−50481.96	−33531.44	−28488.86	−31212.92	−20732.44	−17614.62
2045	−58366.71	−36922.91	−31370.31	−32779.55	−20736.42	−17618.00
2050	−68784.35	−41441.47	−35209.35	−35088.68	−21140.37	−17961.20
缺口总额2015年现值	−1227810.19	−829975.19	−710625.43	−779027.59	−533446.37	−457665.28

注：根据各年人口预测数据及相关参数计算。

从测算结果来看，假设条件下 2018 年开始，养老保险基金出现当年收支缺口，并将一直持续到 2050 年。在不同的利率水平和工资水平假设条件下，2015—2050 年各年养老金结余（缺口）在 2015 年的现值最低为 −457665.28 亿元，最高为 −1227810.19 亿元。

（4）低缴费率、50%替代率、低覆盖率条件下测算结果

在低缴费率、2050 年实现 50%替代率以及低覆盖率假设下，根据全账户制度模式，可以得出城镇企业职工社会养老保险基金收支情况，详见表 5.13。

表 5.13 低缴费率、50％目标替代率、低覆盖率条件下全账户养老保险基金收支

年份	制度赡养率	总缴费率	总替代率	养老金结余（高工资高缴费率）（亿元）	养老金结余（中工资高缴费率）（亿元）	养老金结余（低工资高缴费率）（亿元）
2015	0.34	0.14	0.44	−1492.27	−1464.63	−1450.81
2020	0.39	0.14	0.46	−8535.15	−7629.63	−7207.83
2025	0.45	0.14	0.48	−21611.38	−17569.82	−15818.56
2030	0.51	0.14	0.50	−43300.99	−32005.15	−27456.10
2035	0.53	0.14	0.52	−64201.75	−44776.30	−38042.68
2040	0.53	0.15	0.55	−82625.08	−54881.75	−46628.43
2045	0.55	0.15	0.57	−110238.12	−69736.89	−59249.61
2050	0.59	0.15	0.60	−152945.27	−92147.07	−78289.66
2015	−1492.27	−1464.63	−1450.81	−1492.27	−1464.63	−1450.81
2020	−7362.49	−6581.39	−6217.53	−6687.51	−5978.02	−5647.52
2025	−16080.90	−13073.59	−11770.49	−13267.52	−10786.34	−9711.22
2030	−27793.26	−20542.89	−17623.03	−20828.52	−15395.02	−13206.85
2035	−35546.95	−24791.55	−21063.31	−24196.96	−16875.71	−14337.88
2040	−39462.20	−26211.83	−22270.00	−24399.42	−16206.73	−13769.51
2045	−45416.65	−28730.68	−24410.05	−25506.62	−16135.54	−13709.02
2050	−54354.21	−32747.54	−27822.85	−27727.49	−16705.37	−14193.16
缺口总额2015年现值	−1014635.09	−695185.58	−598371.74	−655938.50	−457219.89	−395136.77

注：根据各年人口预测数据及相关参数计算。

从测算结果来看，全账户条件下 2015 年开始，养老保险基金开始出现当年收支缺口，并将一直持续到 2050 年。在不同的利率水平和工资水平假设条件下，2015－2050 年各年养老金结余（缺口）在 2015 年的现值最低为 −395136.77 亿元，最高为 −1014635.09 亿元。

本章小结

本章主要分析了名义账户制的含义、起源，中国进行名义账户制改革的动因与意义，并且对全账户模式下养老保险基金收支进行预测。

第一，名义账户制的含义及起源。名义账户制模式下，每个参保人的个人账户为参保人记录个人账户缴费，并为缴费确定一个个人账户的记账利率，但个人账户资金直接用于当期退休人员养老金给付，而不是用于积累。起源的背景主要有两个：一是人口老龄化条件下 DB 现收现付制养老保险制度难以为继，向 DC 制或者部分 DC 制转轨势在必行，但转轨成本难以承担；二是劳动力跨国流动对养老保险制度的便携性提出要求。

第二，中国实施名义账户制改革的动因和意义。从改革动因来看，中国目前以及未来一段时间之内，"艾伦条件"会得到满足，由于空账的存在，"隐性名义账户制"其实已经存在，人口老龄化高峰期即将到来。同时，目前养老保险便携性较差与劳动力转移的矛盾较为明显。从改革的意义来看，名义账户制改革有利于增强制度激励性，释放资金解决转轨成本，并促进养老保险基金在全国范围内实现统筹。

第三，名义账户制模式下养老保险基金预测。在"全账户"以及现行退休年龄和延迟退休方案 1、方案 2 模式下，对养老保险基金收支进行预测。测算结果表明：即使是"全账户＋退休年龄方案 1"也无法完全消除各年的养老保险基金缺口。需要指出的是，本章测算结果与前面章节中统筹基金收支测算结果并不具有可比性，因为前面章节中仅测算各年的社会统筹养老金缺口，而本章测算的是包含个人账户在内的全额养老金收支水平。

第6章　传统养老保险基金缺口应对方式的困境

6.1　经济动态无效率与福利改进

经济的动态效率，是指一个国家的经济从长期增长的动态角度看，各期消费给家庭所带来的效用总和最大，即经济中的资本存量应该处于资本黄金律水平。经济运行的动态效率判断从宏观层面来看是非常重要的，因为当实际经济运行处于由黄金定律所要求的路径上可以给行为人带来最大的效用。如果实际经济运行偏离了最优增长路径，政府应该通过适当的干预措施，使经济运行重新走上最优轨道。

与经济的动态效率相对应，经济动态无效率是指在跨期经济中，资本平衡增长路径上的资本存量大于黄金律水平，因此，消费的永久性增长是可能的，在跨期经济的平衡增长路径上可能存在着这样一种情况：计划者可以采取某种措施在每一期对老年人和年轻人之间的消费规模进行配置，以使每一代人的消费均大于不进行这种配置的消费规模，从而实现各代人福利的增长。这样，这个跨期经济的自发均衡状态就不是帕累托有效，是可以通过计划者的某种措施来实现帕累托改进。由于此时的经济无效率不是来自于市场不完全，而是来自于经济的跨期结构，因而将此种经济无效率定义为经济的动态无效率。

6.1.1　黄金律资本存量水平的界定

黄金律资本存量水平，是指使消费最大化的资本均衡水平。经济动态无效率的重要特征是经济平衡增长路径上的资本存量大于黄金律水平，黄金律资本存量水平可以利用索洛模型求出。

在规模报酬不变的柯布－道格拉斯生产函数下，索洛模型的资本变动方程为：

$$\dot{k}(t) = sf[k(t)] - (n+g+\sigma)k(t) \tag{6.1}$$

在 $\dot{k}(t) = 0$ 时，经济达到平衡路径。

经济均衡时的消费：

$$c^* = f(k^*) - (n+g+\sigma)k^* \tag{6.2}$$

$$\partial c^*/\partial s = \{f'[k(s,n,g,\sigma)] - (n+g+\sigma)\}\frac{\partial k^*(s,n,g,\sigma)}{\partial s} \tag{6.3}$$

在 $f'(k) = n+g+\sigma$ 时，c^* 达到最大，此时的资本存量为黄金律的资本存量 k^*，而使经济稳定在 k^* 的储蓄率为黄金律的储蓄率。

在索洛模型下，$\partial k/\partial s > 0$，因此，在平衡增长路径上资本存量水平小于黄金律水平时，即 $f'(k) > n+g+\sigma$ 时，提高储蓄率可以增加 c^*；在平衡增长路径上资本存量水平大于黄金律水平时，即 $f'(k) < n+g+\sigma$ 时，降低储蓄率可以增加 c^*。

索洛模型是经过多种方式简化的模型，其中储蓄率被假设为是外生不变的。在索洛模型的平衡增长路径上，如果资本存量没有达到黄金律资本存量，那么通过改变储蓄率可以实现经济在黄金律水平上的均衡，进而实现消费最大化，即社会福利最大化。这种在经济没有处于黄金律水平时，调整储蓄率实现社会福利增进类似于经济动态无效率的调整，但由于这种无效率并不是来自于跨期经济，而只是不同储蓄率假设下的一种社会福利潜在的改进能力，所以这种情况不是经济动态无效率。但是，资本黄金律水平的定义可以在跨期经济中继续采用，即达到 $f'(k) = n+g+\sigma$ 时的资本存量水平是资本的黄金律水平。

6.1.2 戴蒙德代际交叠模型与经济动态无效率

在世代交叠模型出现之前，对"一代人"的界定是在给定时期内所有存活的人，此种定义方式比较笼统。戴蒙德（Diamond）在 1965 年将"一代人"限定为同一时期出生的人。在任一给定时期，就有很多不同代的人交互作用在一起，因而被称为世代交叠。在此基础上建立的模型，被称为世代交叠模型（Over Lapping Generation Models，简称 OLG）。

6.1.2.1 戴蒙德模型下个人与企业的行为

在 $\theta = 1$ 时，消费者为实现自身效用最大化选择消费：

$$C_{1,t} = \frac{1+\rho}{2+\rho}(1-\alpha)k_t^{\alpha} \tag{6.4}$$

$$C_{2,t+1} = \frac{1}{2+\rho}(1-\alpha)k_t^{\alpha}(1+r_{t+1}) \tag{6.5}$$

企业为实现利润最大化，利率与工资内生决定：

$$r_t = f'(k_t) \tag{6.6}$$

$$\omega_t = (1-\alpha)f(k_t) \tag{6.7}$$

6.1.2.2　戴蒙德模型下经济的动态运行

$$k_{t+1} = \frac{1}{(1+n)(1+g)} \cdot \frac{1}{2+\rho}(1-\alpha)k_t{}^\alpha = Dk_t{}^\alpha \qquad (6.8)$$

此时经济有唯一均衡水平：

$$k^T = \frac{1}{(1+n)(1+g)} \cdot \frac{1}{2+\rho}(1-\alpha)(k')^\alpha = D(k^T)^\alpha \qquad (6.9)$$

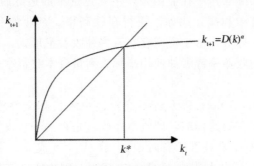

图 6.1　戴蒙德模型经济均衡图

平衡增长路径上的资本存量可能大于资本黄金律水平，因此，消费的一个永久性增长是可能的。为便于分析，假设技术进步率 $g=0$。

在 $\theta=1$ 的条件下，$k^* = \frac{1}{1+n} \cdot \frac{1}{2+\rho}(1-\alpha)(k^*)^\alpha$，则：

$$k^* = \left[\frac{1}{1+n} \cdot \frac{1}{2+\rho}(1-\alpha)\right]^{1/1-\alpha}, \quad f'(k^*) = \frac{\alpha}{1-\alpha}(1+n)(2+\rho)，$$ 在 α 足够小时，$f'(k^*)$ 小于 n，即平衡增长路径上的资本存量水平大于黄金律水平。

在 k^* 大于资本黄金律水平时，如果引入一个计划者，将更多的资源用于消费，而用于储蓄的资源减少，使下一期每个人的资本存量为黄金律资本存量 k_{GR}，并假定该计划者之后将一直采取这种措施。如果没有计划者进行改变，则在 k^* 的稳态资本存量水平下，私人消费为 $f(k^*) - sf(k^*) = f(k^*) - nk^*$；如果计划者进行改变，将储蓄中 $k^* - k_{GR}$ 分配给老年人消费，之后各期均采取此种方式，消费改变为 $f(k_{GR}) - nk_{GR}$。由于 k_{GR} 最大化消费，即计划者通过此种调整，可以使各代人福利都获得改进，实现对经济动态无效率的调整。

6.2　中国经济动态效率判定

按照经济动态效率的定义，如果经济是动态有效的，则经济平衡增长路径上的资本存量应该是资本黄金律水平，经济增长率为人口增长率及技术进步率

之和 $n+g$。而如果经济中的资本存量是黄金律资本存量，那么经济应该具备一个特征：资本的边际收益 $=n+g=$ 经济增长率。利用这个特征就可以判断一个经济是否是动态有效的。如果经济是动态有效的，那么资本的边际收益率应该大于或等于经济增长率；如果资本边际收益率小于经济增长率，那么经济就是动态无效率的，政府可以采取措施调整经济至最优的增长路径。但是这种理论上的方法在实际操作中存在困难，主要是资本的边际收益率的衡量问题。在一个经济中有许多利率，比如：银行存款利率、企业的利润率、股票收益率、国库券利率，等等，由于资产存在着多种收益率形式，因此，究竟哪个指标能够代表资本的收益率或者如何用指标来衡量资本收益率是一个比较困难的问题。

埃布尔（Abel，1989）等人将不确定性引入代际交叠模型，提出了一种判断经济是否动态有效的标准，即资本净收益是否大于总投资，此种标准被称为 AMSZ 准则。即如果对于所有时期 t，$D_t/V_t>0$ 成立，则均衡经济是动态有效的；如果对于所有时期 t，$D_t/V_t<0$ 成立，则均衡经济是动态无效的。其中，V_t 是经济在 t 期有形资产的总价值，D_t 是 t 期总资本的净收益，即总资本收益减去总投资。该准则表明：如果一个经济的产品从企业到投资者是净流出，那么均衡经济是动态有效的；相反，如果一个经济的产品从企业到投资者是净流入，那么均衡经济就是动态无效的。这个准则是对黄金律标准的推广。戴蒙德模型动态有效条件是资本的边际产量 r 超过人口增长率 n，而在戴蒙德模型稳态条件下，人口增长率等于资本存量的增长率。此时，rk 为资本存量 k 的总收益，nk 为新增加的投资，公司现金流的净流出为 $rk-nk$。因此，AMSZ 准则也是戴蒙德判别准则的一般化。应用 AMSZ 准则判断实际经济动态效率，不严格依赖于对折旧或通货膨胀环境下利润的测量等会计判断。由于每个时期的 V_t 通常都是正的，所以只需比较一个国家经济生产部门的现金流是净流入还是净流出即可[①]。

---

① 袁志刚，何樟勇. 20 世纪 90 年代以来中国经济的动态效率 [J]. 经济研究，2003（7）：18—26.

6.3 动态效率经济中传统提高养老保险支付方式的福利效应困境

6.3.1 现收现付制与基金制养老保险对稳态资本存量的影响

6.3.1.1 现收现付制与基金制养老保险财务平衡条件

（1）现收现付制养老保险财务平衡条件

现收现付制养老保险运行的核心机理是将某期年轻一代的部分储蓄用于当期退休老年人的消费。假设人口增长率为 n，每人生活两期，则第 t 期年轻人数为 L_t，老年人数为 L_{t-1}，$L_t = L_{t-1}(1+n)$。假设效用函数为对数效用函数，$\theta = 1$，则年轻人储蓄率为 $S(r) = 1/2 + \rho$，技术进步率为 0，生产函数为科布－道格拉斯生产函数，引入现收现付制养老保险制度之前经济中每单位有效劳动资本存量为 k_t，则工资水平为 $\omega_t = (1-\alpha)f(k_t)$。现引入现收现付制养老保险制度，缴费率为 π，老年人可得的养老金为 τ，则现收现付制资金平衡公式为：

$$\pi w L_t = \tau L_{t-1} \tag{6.10}$$

$$\tau = \pi w L_t / L_{t-1} = \pi w (1+n) \tag{6.11}$$

如果假设条件得到满足，缴费可以获得人口增长率 n 的收益率，每个年轻人缴费 $\pi(1-\alpha)f(k_t)L_t$，在退休时可获得 $\pi(1-\alpha)f(k_t)(1+n)$ 的养老金。

（2）基金制养老保险平衡条件

基金制养老保险制度运行的核心机理同储蓄相同，年轻人在工作期为自己养老金储蓄积累。假设效用函数为对数效用函数，$\theta = 1$，则年轻人储蓄率为 $S(r) = 1/2 + \rho$，技术进步率为 0，生产函数为科布－道格拉斯生产函数，经济达到稳定，则工资水平为 $\omega_t = (1-\alpha)f(k_t)$。假设个人生活两期，年轻期进行养老储蓄，老年期得到年轻期的储蓄和利息作为养老金。基金制缴费率为 π，老年人可得的养老金为 τ，则基金制资金平衡公式为：

$$\pi(1-\alpha)f(k_t)[1 + f'(k_{t+1})] = \tau \tag{6.12}$$

在经济均衡时，$k_{t+1} = k_t$，则：

$$\tau = \pi(1-\alpha)f(k_t)[1 + f'(k_t)] \tag{6.13}$$

即基金制养老保险的缴费可以获得 $f'(k_t)$ 的收益率，年轻人在年轻期缴费 $\pi(1-\alpha)f(k_t)$，在年老期可获得 $\pi(1-\alpha)f(k_t)[1 + f'(k_t)]$ 的养老金。

6.3.1.2 现收现付制与基金制养老保险对稳态资本存量的影响

（1）现收现付制与基金制养老保险对储蓄的影响效应研究

在对现收现付制效应的研究中，费尔德斯坦（Martin Feldstein，1974）最先明确提出"挤出效应"（crowding-out effect），认为现收现付制养老保险会降低储蓄。他认为社会保障会产生两种相反的效应影响个人储蓄。一种效应是"资产替代效应"（asset-substitution effect），即公共养老金计划承诺的养老金收益减少了为退休期消费而在工作时积累的资产；另一种效应是"退休效应"（retire-ment effect），即社会保障可能诱使人们提前退休，从而要求人们在工作期要有一个比较高的储蓄率。个人储蓄的净效应取决于这两个方向相反效应的力量对比。如果资产替代效应大于退休效应，个人储蓄减少；如果退休效应强于资产替代效应，个人储蓄增加。巴罗（Barro，1978）把社会保障看作是一个必须由政府强制实施的进行代际转移支付的制度，认为通过遗产机制，社会保障对于个人储蓄的"挤出效应"应该是零。对于"挤出效应"的经验研究也比较多，芒耐尔（1974）、费尔德斯坦（1974；1977；1979；1980）以及科特利科夫（1979）的经验研究都证明了"挤出效应"的存在，但巴罗（1978）、达贝（Michael Darby，1979）、考皮兹和高特尔（George Kopits and Padma Gotur，1980），还有科特利科夫（1979）的另外一些研究却又以社会保障对个人储蓄从没有影响到具有正面的激励作用等不同的结论，对"挤出效应"假说进行了否定。但是到目前为止，"挤出效应"假说还是得到了更多的认同。挤出效应的实质在于，一个公共养老金计划向个人提供了在其退休以后享有一定的养老金收入索取权的制度化保证，这就使其有条件减少工作期的一部分个人储蓄。

对基金制融资方式储蓄效应的研究没有一致性结论。规定缴费的基金制养老金计划强制工作期的个人进行储蓄，这种强制储蓄可能会因为强制储蓄和自愿储蓄之间具有替代效应而减少个人的自愿储蓄，它对总的个人生命期储蓄的影响取决于强制储蓄和自愿储蓄之间的边际替代率的大小。如果边际替代率是1，则强制储蓄对个人的生命期储蓄就不会有影响；如果边际替代率小于1，则强制储蓄会减少个人自愿储蓄。戴维斯在分析了12个经合组织国家和智利及新加坡的养老金基金以后，并没有发现养老金基金对于个人储蓄影响的规律性，并提出基金制养老金计划对个人储蓄的影响要依各个经济的具体情况而定。这就是说，对一个具体的经济而言，通过养老金基金而实施的强制储蓄和个人储蓄之间的边际替代率是可以进行调整的。戴蒙德代际交叠模型正是在强制储蓄和个人储蓄的边际替代率为1的隐含假定下，得出基金制养老保险不影响稳态资本存量的结论①。

目前，关于现收现付的养老金计划养老保险对个人储蓄的"挤出效应"在理论上有基本一致的结论：由于现收现付的养老金计划对个人在退休期的养老金收入有一个事先承诺，因而削弱了个人对于在其工作期积累养老金的需求，进而减少了个人储蓄。而基金制对储蓄率的影响，在理论上不是十分清晰，但强制性储蓄与自愿储蓄之间存在着一定的替代效应，如果边际替代率等于 1，那么基金制不会对总储蓄造成任何影响。

（2）现收现付制养老保险对稳态资本存量的影响

引入现收现付制养老保险制度，设缴费为 π，个人消费行为：

$$C_{1,t} + s_t = w_t - \pi \tag{6.14}$$

$$C_{2,t+1} = (1+r_{t+1}) s_t + (1+n) \pi \tag{6.15}$$

由（6.15）式可得：

$$s_t = \frac{C_{2,t+1}}{1+r_{t+1}} - \frac{1+n}{1+r_{t+1}}\pi \tag{6.16}$$

将（6.16）式代入（6.14）式，可得：

$$C_{1,t} + \frac{C_{2,t+1}}{1+r_{t+1}} = A_t w_t - \frac{r_{t+1}-n}{1+r_{t+1}}\pi \tag{6.17}$$

个人为实现效用最大化，在 $\theta = 1$ 时，有：

$$C_{1,t} = \frac{1+\rho}{2+\rho} \left[w_t - \frac{r_{t+1}-n}{1+r_{t+1}}\pi \right]② \tag{6.18}$$

$$s_t = w_t - C_{1,t} - \pi$$

$$= \frac{1}{2+\rho} w_t - \frac{(2+\rho)(1+r_{t+1}) - (1+\rho)(r_{t+1}-n)}{(2+\rho)(1+r_{t+1})}\pi \tag{6.19}$$

$$K_{t+1} = s_t L_t \tag{6.20}$$

左右同时除以 L_{t+1}，有：

$$k_{t+1} = \frac{(1-\alpha)}{(1+n)(2+\rho)} (k_t)^\alpha - \frac{(2+\rho)(1+r_{t+1}) - (1+\rho)(r_{t+1}-n)}{(1+n)(2+\rho)(1+r_{t+1})}\pi$$

$$= \frac{(1-\alpha)}{(1+n)(2+\rho)} (k_t)^\alpha - \frac{(1+r_{t+1}) + (1+\rho)(1+n)}{(1+n)(2+\rho)(1+r_{t+1})}\pi$$

$$< \frac{(1-\alpha)}{(1+n)(2+\rho)} (k_t)^\alpha \tag{6.21}$$

因此，与引入现收现付制养老保险制度之前相比，k_{t+1} 曲线下移，稳态资

---

① 见本节 3.1.2 中（3）内容。

② 与公式（6.4）、（6.5）计算方法相同。

本存量下降。

（3）基金制养老保险对稳态资本存量的影响

设基金制养老保险缴费为 T，个人为实现效用最大化，两期消费选择为：

$$C_{1,t} + s_t = w_t - T \tag{6.22}$$

$$C_{2,t+1} = (1 + r_{t+1})s_t + (1 + r_{t+1})T \tag{6.23}$$

由（6.23）式可得：$s_t = \dfrac{C_{2,t+1}}{1 + r_{t+1}} w_t - T \tag{6.24}$

将（6.24）式代入（6.22）式，可得：

$$C_{1,t} + \frac{C_{2,t+1}}{1 + r_{t+1}} = w_t - T + T = w_t \tag{6.25}$$

个人为实现效用最大化的选择为：

$$C_{1,t} = \frac{1 + \rho}{2 + \rho} w_t \tag{6.26}$$

$$s_t = w_t - C_{1,t} - T = \frac{1}{2 + \rho} w_t - T \tag{6.27}$$

资本积累方程为：$K_{t+1} = s_t L_t + T L_t$

左右同时除以 L_{t+1}，得：

$$k_{t+1} = \frac{1}{1 + n}\left(\frac{1}{2 + \rho} w_t - T\right) + \frac{1}{1 + n} T = \frac{1}{1 + n} \cdot \frac{1}{2 + \rho}(1 - \alpha)k_t^{\alpha} \tag{6.28}$$

基金制养老保险制度并不能改变资本积累方程，经济中的稳态资本存量不会因为引入基金制养老保险制度而改变。

6.3.2 财政资金与发行国债方式对资本存量的影响

通过前面的测算结果，中国的社会养老保险制度在 2050 年之前连续出现的支付缺口，在 2050 年缺口依然存在。在这种条件下，每年都需要制度外资金补充养老保险基金。本书对利用财政资金和发行国债补充养老基金效应的分析建立在养老保险基金长期不足的假设条件之下，即由于人口结构发生变化，统账结合制养老保险制度资金长期不足，需要持续的制度外资金予以弥补。这样，利用税收和国债方式弥补养老保险资金不足就是每期均要发生的长期行为。

6.3.2.1 财政资金补充养老保险基金对稳态资本存量的影响

财政资金直接来源于税收，利用财政资金补充养老保险基金，实质上相当于每期对年轻人征税，对资本存量的影响作用与现收现付制类似，会降低储蓄率和稳态资本存量水平。假设政府每期对每单位劳动征收 T_t 的税收补充养老保险基金：

在每期征收税收弥补养老金缺口的情况下，个人消费行为：

$$C_{1,t} + s_t = w_t - T_t \tag{6.29}$$

$$C_{2,t+1} = s_t(1 + r_{t+1}) \tag{6.30}$$

由（6.30）式可得：

$$s_t = \frac{C_{2,t+1}}{1 + r_{t+1}} \tag{6.31}$$

将（6.31）式代入（6.29）式，得：

$$C_{1,t} + \frac{C_{2,t+1}}{1 + r_{t+1}} = w_t - T_t \tag{6.32}$$

个人为实现效用最大化的选择为：

$$C_{1,t} = \frac{1 + \rho}{2 + \rho}(w_t - T_t) \tag{6.33}$$

储蓄为：

$$s_t = w_t - C_{1,t} - T_t = \frac{1}{2 + \rho}w_t - \frac{1}{2 + \rho}T_t \tag{6.34}$$

资本积累方程：

$$K_{t+1} = s_t L_t \tag{6.35}$$

左右同时除以 L_{t+1} ，得：

$$k_{t+1} = \frac{1 - \alpha}{(1 + n)(2 + \rho)}k_t^{\alpha} - \frac{1}{(1 + n)(2 + \rho)}T_t \tag{6.36}$$

与没有征税时的资本均衡方程 $k_{t+1} = \frac{1}{(1 + n)(2 + \rho)}(1 - \alpha)k_t^{\alpha}$ 相比，资本积累曲线下移，均衡资本存量降低，如图 6.2。

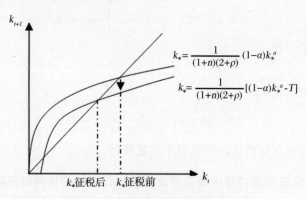

图 6.2　稳态资本存量与消费水平

6.3.2.2　国债方式补充养老保险基金对资本存量的影响

利用国债方式为养老保险筹集补充基金对资本存量的影响作用与基金制养

老保险类似，即基金制养老保险制度要求个人在年轻期储蓄，老年期获得当期利率的收益率，发行国债同样是要求个人在年轻期购买国债，在老年期以当期利率偿还。但两种方式不完全相同，原因是基金制养老保险的储蓄用于下期的投资，而发行国债，相当于当期资本存量以生产性资本和国债两种方式共同存在，但资本存量中减去国债为生产用资本，因为国债用于弥补养老金缺口，是消费基金而不是投资基金。假设政府每期对每单位有效劳动发行一定规模的国债用以偿还上期国债同时弥补养老金缺口，b_t 为每期对每单位有效劳动发行的国债规模，资本积累方程为：

在每期发行国债偿还上期国债并弥补养老金缺口的情况下，个人消费行为：

$$C_{1,t} + s_t = w_t - b_t \tag{6.37}$$

$$C_{2,t+1} = s_t(1 + r_{t+1}) + b_t(1 + r_{t+1}) \tag{6.38}$$

由（6.38）式可得：

$$s_t = \frac{C_{2,t+1}}{1 + r_{t+1}} - b_t \tag{6.39}$$

将（6.39）式代入（6.37）式，得：

$$C_{1,t} + \frac{C_{2,t+1}}{1 + r_{t+1}} = w_t \tag{6.40}$$

个人为实现效用最大化的选择为：

$$C_{1,t} = \frac{1 + \rho}{2 + \rho} w_t \tag{6.41}$$

储蓄为：

$$s_t = w_t - C_{1,t} - b_t = \frac{1}{2 + \rho} w_t - b_t \tag{6.42}$$

资本积累方程：

$$K_{t+1} = s_t L_t \tag{6.43}$$

左右同时除以 L_{t+1}，得：

$$k_{t+1} = \frac{1 - \alpha}{(1 + n)(2 + \rho)} k_t^\alpha - b_t \tag{6.44}$$

与不发行国债时相比，稳态资本存量降低。

6.3.3 动态效率经济中提高养老保险支付能力的福利效应困境

如果社会养老保险制度本身支付能力有限，就需要提高社会养老保险的支付能力以保障养老保险制度的有效运转。支付能力提高可以从养老保险基金收、支的两个不同角度进行。对替代率、覆盖率、退休年龄等养老金支出规模影响指标的调整是从养老保险基金支出角度降低养老金支出水平，保障养老保险的支付能力；缴费率提高以及财政、税收、国债等方式补充养老保险基金是从养老保险收缴角度提高养老保险基金的筹资能力，也是本书主要的研究范围。根据前面的分析结论，中国经济目前整体动态有效，资本收益率大于经济增长率。在这种条件下，提高经济中稳态资本存量，使资本存量向黄金率水平趋近，会提高均衡时各代的消费水平，进而增进社会福利；相反，降低稳态资本存量会使资本存量进一步偏离黄金率水平，降低均衡时各代的消费水平。

提高现收现付制缴费率、财政资金补充养老保险基金以及发行国债的方式都会造成经济中稳态资本存量的下降，因而在动态效率经济中，传统提高社会养老保险制度支付能力的方式存在着福利效应困境。

6.3.3.1　提高现收现付制缴费率的福利效应困境

在没有引入现收现付制养老保险之前，储蓄为 $\dfrac{(1-\alpha)}{(1+n)(2+\rho)}(k_t)^a$。

引入现收现付制养老保险之后，假设缴费水平为每人 π，私人储蓄为：

$$\frac{(1-\alpha)}{(1+n)(2+\rho)}(k_t)^a - \frac{(1+r_{t+1})+(1+\rho)(1+n)}{(1+n)(2+\rho)(1+r_{t+1})}\pi < \frac{(1-\alpha)}{(1+n)(2+\rho)}(k_t)^a$$

(6.45)

现收现付制对储蓄的挤出效应为：

$$\frac{(1+r_{t+1})+(1+\rho)(1+n)}{(1+n)(2+\rho)(1+r_{t+1})}\pi > 0 \tag{6.46}$$

即对每人征收 π 的现收现付制养老保险缴费会使经济中的稳态资本存量降低。如果经济是动态无效的，即 $k_* > k_{GR}$，引入现收现付制养老保险或者提高缴费率会降低稳态资本存量，使稳态资本存量向资本黄金率水平趋近，提高各代消费水平。特别是，如果引入现收现付制养老保险或提高缴费率之后将经济调整到黄金律水平，即 $r_{t+1} = n$，则：

$$s_t = \frac{1}{2+\rho}w_t - \pi, \quad w_t = (1-\alpha)(k_{GR})^a \tag{6.47}$$

即现收现付缴费在黄金律水平时对储蓄的挤出效应是 1：1 的。如果不引入现收现付制养老保险制度，储蓄为 $s_t = \dfrac{1}{2+\rho}w_t$，每单位有效劳动资本存量为 $k_{t+1} = \dfrac{1}{2+\rho} \cdot \dfrac{1}{1+n}w_t$，引入现收现付养老保险制度后，每单位有效劳动资本存量变为 $k_{t+1} = \dfrac{s_t L_t}{L_{t+1}} = \dfrac{1}{1+n} \cdot \dfrac{1}{2+\rho}w_t - \dfrac{1}{1+n}\pi = k_{GR}$。由于黄金律资本存量水平税收对储蓄的 1：1 挤出效应，使得资本存量方程均衡在资本黄金律水平 k_{GR}。在

k_{GR}处使消费最大化，实现了社会福利整体的改进。如果经济发展水平开始大于资本黄金律水平，国家引入现收现付制实现对经济动态无效率的调整。因此，现收现付制养老保险制度可以实现对经济动态无效率的调整，进而实现社会整体福利的增长。

但是，如果经济本身是动态有效的，即$k_* \leqslant k_{GR}$，降低经济中的稳态资本存量会同时降低消费水平。在图6.3中，$c = f(k_*) - (n+g+\sigma)k_*$，在$k_* \leqslant k_{GR}$情况下，$k_*$减小会降低消费水平。

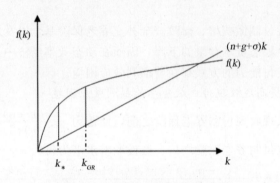

图6.3　动态资本存量与消费水平

因此，在动态效率的经济中，提高现收现付制缴费率存在筹集养老基金与降低均衡时消费水平的矛盾，即动态效率经济中提高现收现付制养老保险缴费率的福利效应困境。

6.3.3.2　财政资金与发行国债补充养老保险基金的福利效应困境

利用财政资金补充养老保险基金，会使经济中的稳态资本存量由$k_* = \dfrac{1}{(1+n)(1+g)} \cdot \dfrac{1}{2+\rho}(1-\alpha)k_*^{\alpha}$改变为$k_* = \dfrac{1}{(1+n)(1+g)} \cdot \dfrac{1}{2+\rho}[(1-\alpha)k_*^{\alpha} - T]$，税收方式会降低经济中的稳态资本存量。

国债方式会使经济的稳态资本存量由$k_* = \dfrac{1}{(1+n)(1+g)} \cdot \dfrac{1}{2+\rho}(1-\alpha)k_*^{\alpha}$改变为$k_* = \dfrac{1}{(1+n)(1+g)} \cdot \dfrac{1}{2+\rho}(1-\alpha)k_*^{\alpha} - b$，发行国债也会降低经济中的稳态资本存量。

与现收现付制养老保险类似，在经济本身动态无效时，利用税收及国债方式长期补充养老保险基金，会使经济中稳态资本存量向黄金率水平趋近，进而提高均衡时的消费水平，增进社会福利。现收现付制本身是一种长期税收，其缴费可以认为是社会保障税，税收方式由此成为调整经济动态无效率的重要工具。国债方式可以发挥出同税收方式相同的调整经济动态无效率的作用，在经济动态无效率条件下每期对每单位有效劳动发行一定规模的债券①，可以使经济稳定在资本黄金率水平。但是，如果经济本身是动态有效的，那么税收与国债方式就会降低稳态资本存量，使稳态资本存量进一步偏离黄金率水平，从而降低均衡时的消费水平，造成社会福利降低。因此，在经济动态效率时，财政资金和发行国债补充养老保险基金同现收现付制养老保险制度一样，存在福利效应困境。

6.4 提高缴费率及税收、国债方式的现实操作困境

在中国经济动态有效的背景下，提高缴费率及税收、国债方式长期补充养老保险基金存在着福利效应困境，因而从福利角度分析不是最优的方式。并且，即使不考虑福利效应，上述方式在现实条件下也不具备长期的可操作性。

6.4.1 提高现收现付制养老保险缴费率的负面影响

中国现行的现收现付制养老金全部由企业缴纳，缴费率的上升除了会对经济稳态资本存量以及均衡时的消费水平造成影响之外，还会对劳动力市场和均衡产量产生负面影响。

6.4.1.1 提高现收现付制养老保险缴费率对劳动力市场的影响

在完全竞争市场条件下，个别厂商不能随意提高产品价格，因此，如果政府提高公共养老金缴费率，相当于提高劳动力市场价格。假设无弹性劳动供给，考虑工资市场定价和黏性工资两种情况：

（1）工资市场定价

劳动供给曲线 S_L 为一条垂直线，如图 6.4。假设在现收现付制养老金初始缴费率下，劳动的需求曲线为 D_1。如果缴费率提高，劳动力需求会下降，劳动的需求曲线下移至 D_2。由于劳动供给弹性为 0，因此，不管工资如何变动，劳动的供给不会变化，即 $L_1 = L_0$，相应的供给曲线 S_2 和 S_1 重合。雇员的工资是由雇主支付的，在缴费率变化前，雇主支付的工资为 W_1，缴费率提高后，当工资完全由市场决定时，雇主支付的工资会下降 u 个单位至 W_2，即在劳动供给完全无弹性，工资由市场定价的情况下，现收现付制养老金缴费率的上升所带来的社会保障税率的提高，虽然名义上由雇主（企业）承担，但实际上完

① 发行规模为私人储蓄与资本黄金率水平之差。特别是，一旦资本存量达到黄金率水平，政府每期对单位有效劳动发行相同规模的债券恰好可以使用新债偿还旧债，并使经济自发稳定在黄金率水平，这一点同现收现付制在资本黄金率水平时缴费对储蓄的 1：1 挤出效应类似。

全由雇员负担，相应的就业率 $L_1 = L_0$ 没有发生变化。这表明，现收现付制养老金缴费率的上升将导致劳动力需求降低，并且新增缴费最终由劳动供给者以接受低工资形式承担。

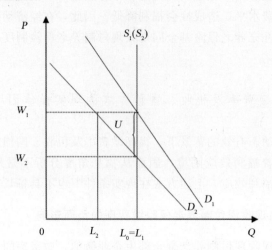

图 6.4　公共养老金缴费率对劳动力需求的影响

注：转自韩伟. 中国统筹养老金调整指数研究 [D]. 辽宁大学，2006.

（2）黏性工资

假设劳动力市场为非完全竞争市场，工资不能根据劳动力的供求发生灵活的变动而具有黏性。此时，虽然雇员的工资受缴费率提高的影响较小，但是，由于劳动力需求曲线的下降，失业率将会提高，提高幅度为图 6.4 中 L_0 至 L_2 的距离。

6.4.1.2　提高现收现付制缴费率对产出的影响

缴费率提高导致企业缴费上升，企业的劳动力价格相应提高，造成企业边际成本上升，会引起企业的均衡产量下降，如图 6.5 所示。MC_1 为政府初始课征社会保险缴费下的边际成本线，MC_2 为提高企业缴费率后的边际成本线，由于企业处在竞争市场下，所以产品价格保持不变。边际成本的上升，导致企业的均衡产量由 Q_1 下降到 Q_2，生产规模的下降不但使经济中的产出降低，而且会导致企业对劳动力需求的减少，进一步提高失业率。

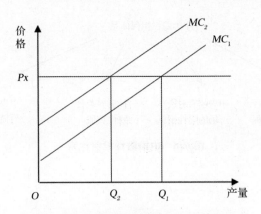

图 6.5　社会保障税率提高对产出的影响

6.4.2　税收和国债方式补充养老保险基金与财政风险

　　财政风险矩阵将政府负债从两个角度分为四种类型，分别为：直接显性负债、直接隐性负债、或有显性负债、或有隐性负债。直接显性负债是指在任何情况下都会发生的政府法定或合同规定的责任，最典型的是公债；直接隐性负债是指任何情况下都会发生但并非基于法律或合同关系的政府责任，如现收现付制养老保险向基金制转轨所产生的基金缺口；或有显性负债是指在某一特定事件发生的条件下政府应当履行的法定责任，如有些国家的存款保险；或有隐性负债是指在特定情况下政府承担的非法定的责任或义务，如灾害救助。在这四类风险中，只有直接显性负债直接、及时纳入到财政预算中，其他三种类型不容易被监控，而这四种负债共同构成了政府负债规模的衡量指标。因此，衡量中国的实际债务水平要综合考虑各类财政风险。

　　卢文鹏（2003）提出，政府隐性担保机制的确立和自我强化是中国渐进式转型战略的必然产物，中国政府运用"时间赎买"策略在时间跨度上转移财政成本，转型期间积累的大量隐性、或有负债依托于隐性担保机制而存在，形成了中国特殊制度背景下的财政风险。分析中国的隐性担保体系，可以更加深入地分析中国目前实际的债务水平。中国的隐性担保体系可以用图6.6表示。

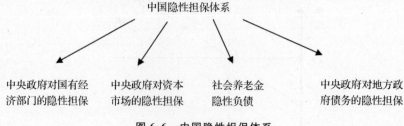

图 6.6　中国隐性担保体系

本章小结

通过对中国经济动态效率的分析，可以得出目前中国经济整体动态有效率的结论，但存在地区之间和行业之间结构性的差异。与这种状态相伴随的是中国社会养老保险制度支付能力不足的现状。提高社会养老保险制度支付能力的各项措施应该以中国经济具有动态效率的实际为基础，在不影响中国动态效率和社会整体福利的条件下，在现行社会养老保险制度之外开拓新的资金来源渠道，以满足养老金的支付需求。中国经济动态效率的结构性差异证明了资产在地区及行业之间重新配置可以实现资本收益率的提高。通过国有资本的存量调整，使国有资本从收益率低的领域退出进入收益率高的领域，可以实现国有资本整体运营效率的提高。

提高社会养老保险支付能力一般采取两种方式：一是从养老保险支出的角度，对制度的替代率、调整指数、退休年龄等制度参数进行改革，以降低养老金支出规模；二是从养老保险基金收入的角度，采取提高缴费率、财政资金补充、发行国债、变现国有资产、养老基金投资运营等形式增加养老金收入。经济是否动态有效会直接影响提高缴费率、利用财税和国债方式增加养老基金收入的福利效应，即经济的动态效率与否决定上述方式的福利结果。

不同养老保险筹资方式和补充养老保险基金的方式对经济运行和社会福利水平具有不同的影响作用。基金制养老保险制度不影响经济中稳态资本存量，因而不具有对资本积累和私人消费水平的调整作用，但是如果强制储蓄对自愿储蓄的替代作用大于1，基金制养老保险也有可能降低资本存量水平。现收现付制养老保险的实质相当于将当期资本用于现期消费，必然会降低稳态资本存量水平。因此，在经济中的资本存量水平不足，即经济动态有效的情况下，提高养老保险的缴费率会造成资本存量下降，进而降低各代的福利水平。税收与国债具有与现收现付制养老保险相似的特点，使用这两种方式持续对社会养老保险基金进行补充，也会降低经济中的资本存量水平，在动态效率经济中也会降低社会福利。因此，上述长期、持续补充养老保险基金的方式在动态效率经济中面临着福利效应与补充基金的两难困境。

　　同时，即使不考虑福利效应，税收、国债与提高养老保险缴费率方式提高养老保险支付能力由于对劳动力市场的影响和可能造成的财政风险，在现实条件下可操作性不高。因此，无论是从福利角度分析，还是从现实可操作性角度分析，税收、国债以及提高现收现付制缴费率等传统提高养老保险支付能力的方式都不适用于当前条件，探寻其他资金来源渠道，确保养老保险制度支付能力充足，是在中国现实条件下保障养老保险制度顺利运行的必要措施。

第7章　国有股权型养老保障研究

7.1　加入国有资产的代际交叠模型

国有资产有多种分类方式。按照国有资产所处的领域划分，国有资产可以分为公共基础设施资产和经营性资产。公共基础设施资产是指政府对公共基础设施投资所形成的资产，包括能源、交通通信、给排水、地质勘察、水利管理、政府机构等行业的资本存量，公共基础设施资产本身不能获得收益，而是由政府公共投资来决定规模。对于公共基础设施资产的研究比较广泛，其共性是在研究中将政府公共投资定义为由税收决定，并将公共基础设施资产作为一个新增变量引入生产函数，寻求经济均衡路径以及政府不同税收政策对经济的影响。这种研究主要是以西方国家为背景的，在这些高度市场化国家中，国有资产主要是公共基础设施资产。而中国的实际情况不同，由于在计划经济体制下中国积累了较大规模的国有经营性资产，在经济转轨之后，这部分资产与私人资产一起广泛分布在生产领域，起到了与私人资本同样的作用，也具有同私人资本相同的属性。经营性国有资产的规模由资产本身的收益率和国家的宏观政策决定，并同私人资本一起成为整个社会的生产性资本。因此，将经营性国有资产引入生产函数的方式不应该是额外增加一个新的变量，而只是对生产函数中的资本类型加以划分。

7.1.1　加入国有资产的代际交叠模型的均衡

7.1.1.1　假设条件

（1）经济中存在两类资本：由私人储蓄形成的私人资本；由政府投资形成的国有资本；

（2）国有资产规模外生，政府每期为每单位有效劳动提供 g 单位的国有资产①；

（3）政府提供国有资产可以在两种方式之间选择，一是将全部资本和收益用于下期投资，并进而每期对每单位国有资产提供较高规模的国有资产（各期规模固定不变），二是每期将部分国有资产收益用于当期养老金支出等用途的私人消费，此时政府每期对每单位有效劳动只能提供比第一种方式规模低的国有资产（各期规模固定不变）。

（4）私人获得工资收入和私人资本收益，国有资产及各期全部收益由政府所有②；

（5）技术进步率为 0，人口增长为 n，折旧率为 0。

7.1.1.2　经济的稳态资本存量水平

在不加入国有资产的代际交叠模型中，每一期的资本存量由当期老年人的储蓄形成。每期老年人在年轻期获得工资收入并通过效用最大化确定年轻期和老年期不同消费规模，经济均衡时有：

$$k_{t+1} = \frac{1}{(1+n)} \cdot \frac{1}{2+\rho}(1-\alpha)k_t^\alpha = Dk_t^\alpha \tag{7.1}$$

即在经济均衡时，各期每个年轻人可以使用的资本水平为 $\frac{1}{(1+n)} \cdot \frac{1}{2+\rho}(1-\alpha)k_t^\alpha$，所有资本由同期的老年人拥有。

加入国有资产后，每期的资本存量由私人储蓄和政府提供的国有资产共同组成。工资与利率依然内生决定：

$$r_t = f'(k_t) \tag{7.2}$$
$$\omega_t = (1-\alpha)f(k_t)$$

在政府获得全部国有资产收益的情况下，个人在年轻期获得的收入依然为工资，按照效用最大化原则进行消费和储蓄的选择结果与不加入国有资产是相同的，依然为：

$$C_{1,t} = \frac{1+\rho}{2+\rho}(1-\alpha)k_t^\alpha \tag{7.3}$$

---

①　本书主要目的是分析不同国有资产存量对社会福利的影响，为了容易找到经济的均衡路径，本书假定政府每期为每单位有效劳动提供相同规模的国有资产。这种假设可以理解为政府具有对外投资或资本收益率大于人口增长率，或者有外来投资，政府为了保证对各代的公平，每期对每单位有效劳动提供相同规模的国有资产。

②　这是政府每期对每单位有效劳动提供较高规模国有资产的必要条件，即若要政府提供较高规模的国有资产，必须要将所有国有资产收益交由政府。在这种情况下，政府可以实现每期对每单位有效劳动提供较高固定规模的国有资产。

$$C_{2,\,t+1} = \frac{1}{2+\rho}(1-\alpha)k_t^\alpha(1+r_{t+1}) \tag{7.4}$$

因此，$s_t = w_t - C_{1,\,t} = \dfrac{1-\alpha}{2+\rho}k_t^\alpha \tag{7.5}$

即私人储蓄率依然为 $\dfrac{1}{2+\rho}$。

但假如国有资产之后，经济中资本存量由私人储蓄与国有资产共同决定，在假设条件下政府提供国有资产的方式是获得全部国有资产收益并对每单位有效劳动提供 g 单位的国有资产，因此，资本存量为：

$$K_{t+1} = s_t L_t w_t + gL_{t+1} \tag{7.6}$$

左右同时除以 L_{t+1}，得：

$$k_{t+1} = \frac{1}{(1+n)(1+g)} \cdot \frac{1}{2+\rho}(1-\alpha)k_t^\alpha + g = Dk_t^\alpha + g \tag{7.7}$$

即每一期私人形成的私人资本与政府提供的国有资本相加形成当期的资本总量，其中，私人资本为 $\dfrac{1}{(1+n)(1+g)} \cdot \dfrac{1}{2+\rho}(1-\alpha)k_t^\alpha$，国有资本为 g。

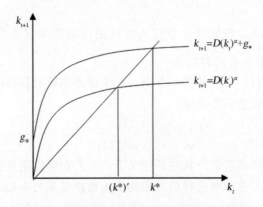

图 7.1　加入国有资产的代际交叠模型均衡图

加入国有资产后，经济的稳态资本存量将大于没有加入国有资产之前，在图中显示为 $(k^*)' > k^*$。

7.1.2　加入国有资产后的消费水平

标准的戴蒙德代际交叠模型中，资本黄金律水平实质上是由储蓄率决定的，即经济中的储蓄率可能过大，使得经济中的稳态资本存量大于资本黄金律水平，因此，通过一定方式降低储蓄率就可以提高各代人的福利。

在不加入国有资产的经济中，由于资本全部由私人所有，因此，所有产出都由私人所有，即工资收入、资本收入以及扣除折旧后的资本都归属个人，个人根据自身的效用函数配置自身的消费选择以实现一生的效用最大化。

加入国有资产之后，产出依然分为工资与资本收入，在完全竞争条件下，工资为 $\omega_t = (1-\alpha)f(k_t)$，资本所得为 $\alpha f(k_t)$。由于本期经济中所使用的资本是由私人资本和国有资本共同构成的，因而在国家享有全部或部分国有资产收益条件下，资本所得不能全部由私人所有，而必须在产出中对国有资本及收益予以扣除，其余部分才是归属于私人的资本所得，或者说，在加入国有资产的代际交叠经济中，如果政府获得全部国有资本收益，那么资本所得中只有私人资本所得归属于私人。在不考虑折旧和技术进步率的最简单情况下，任一期末属于每一个人的产出与资本为：

$$k_t + (1-\alpha)f(k_t) + \alpha f(k_t) - g[1 + f'(k_t)] \tag{7.8}$$

即在产出与资本本期剩余中扣除国有资产本期剩余及收益之后的部分属于私人所有，由于不考虑资本折旧，因此，每单位有效劳动的资本和国有资本当期剩余分别为 k_t 和 g。加入国有资产之后，考虑两种情况：

一是在政府每期对每单位有效劳动提供的国有资产规模不发生变化的条件下，使私人消费最大化的稳态资本存量，即资本黄金律水平；二是在储蓄率不发生变化的条件下，政府每期提供的国有资本水平对消费的影响。加入国有资产之后，经济中的私人持平投资与可用于私人消费的产出规模均发生变化：

持平投资：由于政府每期对每单位有效劳动提供 g 单位的国有资产，因而对私人来说，持平投资为：

$$n(k_* - g) \tag{7.9}$$

可用于私人消费的产出：在产出中可用于私人消费部分为产出总量减去国有资产收益部分[①]：

$$f(k) - gf'(k) \tag{7.10}$$

7.1.2.1 加入国有资产后消费最大化的资本存量水平

在经济均衡时：$c_* = f(k_*) - gf'(k_*) - n(k_* - g)$ (7.11)

$$\partial c/\partial s = [f'(k_*) - gf''(k_*) - n]\partial k_*/\partial s \tag{7.12}$$

假设生产函数为柯布－道格拉斯生产函数，$f(k) = k^\alpha$。$f(k)$ 的三阶导数为：

$$f'''(k) = \alpha(\alpha-1)(\alpha-2)k^{\alpha-3} > 0 \tag{7.13}$$

---

① 在完全竞争条件下，产出＝工资＋资本收益，由于此时包含国有资产，并且国有资产收益部分用于私人消费，因而可以用私人消费的产出部分为产出总量减去国有资产收益，即工资与私人资本收益之和。

即生产函数的二阶导数是增函数，因而稳态资本存量 k_* 使得 $f'(k_*)=gf''(k_*)+n$ 时，私人消费最大，此时的资本存量也可以称为加入国有资产之后的资本黄金律水平[1]。与不加入国有资产时的模型相比，资本黄金律水平所要求的资本收益率要低[2]，即资本黄金律水平由于国有资产的引入而增加。

加入国有资产之后，使消费最大化的资本边际收益要小于经济增长率。因而可以得出结论：如果经济中的资本边际收益率大于经济增长率，那么加入国有资产的经济必然是动态有效的，降低储蓄率会减少之后各代人的福利。因此，依然可以利用资本边际收益率同经济增长率的比较来对加入国有资产后的经济动态效率进行判定。

7.1.2.2 国有资产水平对消费的影响

加入国有资产之后，稳态资本存量水平将不仅仅由储蓄率决定，国有资本水平也会直接影响经济中的稳态资本存量。

消费：$c=f(k_*)-gf'(k_*)-n(k_*-g)$ $\qquad$ (7.14)

其中，$k_*=Dk_*{}^a+g$

有：$\partial c/\partial g=(\partial k_*/\partial g-1)[f'(k_*)-n]-gf''(k_*)\partial k_*/\partial g$ $\qquad$ (7.15)

在 $f'(k_*)>n$ 时，$\partial c/\partial g>0$，因此，提高每期每单位有效劳动的国有资本水平可以增加消费，降低国有资本水平会降低消费。这就为利用国有资产充实全国社会保障基金提供了一个理论参照。

7.2 国有股权型养老保障

从目前中国养老保险制度的实际运行及未来趋势分析，养老保险制度实质上面临着两类成本：一是制度转轨的成本，即从现收现付制转向统账结合制的成本，内容是制度转轨之前个人账户的空缺，显性表现为个人账户的空账；二是制度转轨目标确定的成本，内容是中国没有选择从现收现付制直接转轨至完全账户制，而是选择了包括一定比例现收现付制的统账结合制，由于现收现付制本身应对人口老龄化的能力不足，因而在人口老龄化高峰期养老保险制度支付能力受到挑战。本书第二章测算了第一类成本，第三章测算了第二类成本。第一类成本是中国经济转轨成本的组成部分，第二类成本是转轨之后中国实现

---

[1] $\partial k_*/\partial s>0$，在 $k<k_*$ 时，储蓄率上升，$f'(k)$ 下降，$f''(k)$ 上升；在 $k=k_*$ 时，$f'(k)=gf''(k)+n$，$\partial c/\partial s=0$。如果储蓄率继续上升，$f'(k)<gf''(k)+n$，$\partial c/\partial s<0$，因此，在 $k=k_*$ 处，消费最大化。

[2] 由于 $f''(k_*)<0$，因此，$f'(k_*)=gf''(k_*)+n<n$

和谐发展所面对的压力。第一类成本由于中国经济转轨之前经济运行模式的原因，使国有资产对养老保险形成了密切联系，表现为国有资产对养老保险的负债；第二类成本与国有资产并不存在直接联系。并且，即使是第一类成本也并不必然要求政府一定要利用国有资产解决，因为政府完全可以选择其他方式弥补成本完成养老保险转轨；第二类成本政府同样可以用其他方式解决。但是，中国经济动态有效，这个前提限制了政府在不影响社会福利条件下解决这两类成本的方式选择空间，传统的财税方式会在降低资本存量同时降低私人消费和社会福利，而利用国有资产如果可以实现在不影响社会福利的条件下解决这两类成本，那么利用国有资产解决这两类成本就成为政府应该予以考虑和选择的成本解决方式，这也是研究的基本思路。

7.2.1　国有股权型养老保障的定义

本书假设国家有能力在每期对每单位有效劳动提供相同规模的国有资产，这个假设是以国家将当期国有资产及收益全部用于下一期投资为必要条件的。即政府如果能够将本期国有资产及收益全部用于下一期投资，则政府可以保证每一期对每一单位有效劳动提供一定规模的国有资产，假设现实经济中这个规模为 g。现假设如果政府将每期国有资产收益的一定比例用于现期老年人消费，那么政府每期提供国有资产的能力将会下降；假设在将国有资产部分收益用于老年人消费的情况下，政府每期只能向每单位有效劳动提供国有资产规模为 b，$b < g$，即将国有资产部分收益用于现期消费后，政府每期对每单位有效劳动提供的国有资产规模下降。本书将政府每一期国有资产收益的一定比例用于老年人消费的制度定义为国有股权型养老保障，目的是比较政府取得全部国有资产收益从而提供较高水平国有资产和政府将部分国有资产收益用于老年人消费从而提供相对较低水平国有资产两种方式福利效应的优劣。如果引入国有股权型养老保障制度后的社会整体福利水平高于引入此项制度之前的福利水平，那么利用国有股权型养老保障就是动态经济中提高社会养老保险制度支付能力的有效手段，可以在为社会养老保险筹资的同时，实现对社会整体福利的增进，即具有税收和国债筹资方式在经济动态无效率时所具有的效应，从而可以解决税收和国债方式在具有动态效率的经济中为养老保险筹资和提高社会整体福利之间的福利效应困境。

现收现付制养老保险在经济动态无效率时，通过降低储蓄率实现社会整体福利的增进功能依赖于人口增长率，即在利率小于人口增长率时可以使年轻期支付当期老年人的部分获得人口增长率的收益，从而获得"人口红利"。国有股权型养老保障可以使社会成员获得"国有资产红利"，即将本属于政府用于下期投资的国有资产收益用于当期老年人消费，使得当期老年人福利增加，同时政府提供的国有资产水平下降。国有股权型养老保障会由于政府每期提供国有资产能力的下降造成经济中稳态资本存量的降低，从而降低经济中的产出和私人的工资水平。但是如果"国有资产红利"，即每期国有资产收益的一定比例可以抵消掉工资的降低并有剩余，那么国有股权型养老保障就可以提高私人的消费水平，从而增进社会福利。

国有资产是国家基于公众利益而生产的一种特殊的公共产品，国有资产的公共产品性质主要表现在所有权归属上，国有资产的所有者是全体公民，人人都享有其产权和由此而产生的效益。我国宪法第 7 条规定："国有经济，即社会主义全民所有制经济，是国民经济中的主导力量。国家保障国有经济的巩固和发展。"《国有企业财产监督条例》对国有资产的定义是：国家以各种形式对企业投资和投资收益形成的财产，以及依据法律、行政法规认定的企业的其他国有财产。《全民所有制企业法》规定："企业的财产属于全民所有。国家依照所有权和经营权分离的原则授予企业经营管理。"利用国有资产的公共产品属性，将国有资产预算和社会保障预算纳入公共财政预算，在保证经济效率和社会各代总体福利的基础上，实现国有资产预算与社会保障预算之间的平衡，将是政府提高社会养老保险履约能力的有效方式。

7.2.2 国有股权型养老保障对资本积累的影响

假设在引入国有股权型养老保障后，老人可获得当期国有资产收益的一定比例 μ，政府将当期国有资产及剩余国有资产收益用于下期投资，每期对每单位有效劳动提供的国有资产规模为 b，$b < g$。在这种情况下：

个人的选择为：

$$C_{1,t} + s_t = w_t \tag{7.16}$$

$$C_{2,t+1} = (1 + r_{t+1})s_t + b(1+n)\mu r_{t+1} \tag{7.17}$$

由 (7.17) 式可得：

$$s_t = \frac{C_{2,t+1}}{1 + r_{t+1}} - \frac{b(1+n)\mu r_{t+1}}{1 + r_{t+1}} \tag{7.18}$$

将 (7.18) 式代入 (7.16) 式，可得：

$$C_{1,t} + \frac{C_{2,t+1}}{1 + r_{t+1}} = w_t + \frac{b(1+n)\mu r_{t+1}}{1 + r_{t+1}} \tag{7.19}$$

个人要实现效用最大化：

$$C_{1,t} = \frac{1 + \rho}{2 + \rho}\left[w_t + \frac{b(1+n)\mu r_{t+1}}{1 + r_{t+1}}\right] \tag{7.20}$$

因此，有：

$$s_t = w_t - c_{1,t}$$

$$s_t = \frac{1}{2+\rho} w_t - \frac{(1+\rho) b (1+n) \mu r_{t+1}}{(2+\rho)(1+r_{t+1})} \tag{7.21}$$

$$K_{t+1} = s_t L_t w_t \tag{7.22}$$

左右同时除以 L_{t+1}，有：

$$k_{t+1} = \frac{1}{1+n} \left[\frac{1}{2+\rho} w_t - \frac{b(1+n)(1+\rho)\mu r_{t+1}}{(2+\rho)(1+r_{t+1})} \right] + b$$

$$= \frac{1}{1+n} \cdot \frac{1}{2+\rho} (1-\alpha) k_t^\alpha + \frac{[(2+\rho)(1+r_{t+1}) - (1+\rho) r_{t+1} \mu]}{(2+\rho)(1+r_{t+1})} b \tag{7.23}$$

设 $\dfrac{[(2+\rho)(1+r_{t+1}) - (1+\rho) \mu r_{t+1}]}{(2+\rho)(1+r_{t+1})} b = z \tag{7.24}$

由于 $(1+\rho) r_{t+1} > 0$，因此 $z < b < g$，即曲线 $k_{t+1} = \dfrac{1}{1+n} \cdot \dfrac{1}{2+\rho} (1-\alpha) k_t^\alpha + z$ 的轨迹比曲线 $k_{t+1} = \dfrac{1}{1+n} \cdot \dfrac{1}{2+\rho} (1-\alpha) k_t^\alpha + g$ 的轨迹低，将会降低经济中稳态资本存量。图 7.2 显示了引入国有股权型养老保障制后的稳态资本存量变化：

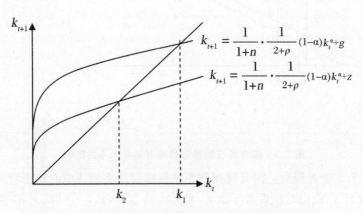

图 7.2　国有股权型养老保障对稳态资本存量的影响效应

7.2.3　国有股权型养老保障对私人消费水平的影响

经济均衡时，在没有引入国有股权型养老保障的经济中私人消费水平为：

$$c_1 = f(k_*^1) - g f'(k_*^1) - n(k_*^1 - g) \tag{7.25}$$

引入国有股权型养老保障之后，私人消费水平为：

$$c_2 = f(k_*^2) - b(1-\mu) f'(k_*^2) - n(k_*^2 - b) \tag{7.26}$$

引入国有股权型养老保障之后，国有资本收益中由于有 μ 的比例用于私人消费，因而经济均衡时政府享有的国有资产收益由 $gf'(k_*^1)$ 变为 $b(1-\mu)f'$ (k_*^2)。尽管降低国有资产水平会降低经济均衡时的资本存量进而降低私人消费水平，但在国有资产水平下降的同时，有部分国有资产收益用于私人消费，因而与国有资产水平下降之前的消费水平相比，私人消费还会由于获得了用于私人消费的国有资产部分收益而增加，因此，私人消费水平的实际变化要取决于稳态资本存量降低和国有资产部分收益用于私人消费两种作用的对比，如果国有资产部分收益用于私人消费而提高私人消费水平的规模大于稳态资本存量降低而使私人消费水平降低的规模，即如果 $c_2 > c_1$，则国有股权型养老保障可以实现社会福利的改进。具体情况见图 7.3。

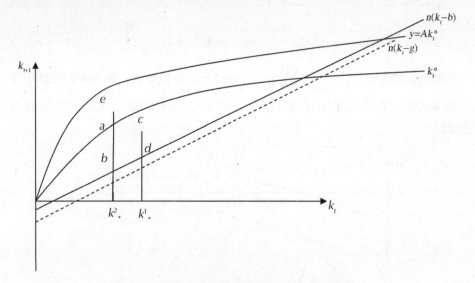

图 7.3　国有股权型养老保障对消费水平的影响

在图 7.3 中表现为，国有股权型养老保障制度将经济中的稳态资本存量由 k_*^1 降低为 k_*^2，稳态时消费水平由 $c_1 = f(k_*^1) - gf'(k_*^1) - n(k_*^1 - g)$ 变为 $c_2 = f(k_*^2) - b(1-\mu)f'(k_*^2) - n(k_*^2 - b)$，即线段 cd 变为线段 ab，如果线段 ab 长度大于线段 cd 长度，则国有股权型养老保障可以实现社会福利的增进。

考虑国有股权型养老保障。在引入该项制度后，资本积累方程为：

$$k_{t+1} = \frac{1}{1+n} \cdot \frac{1}{2+\rho}(1-\alpha)k_t^\alpha + z$$

其中，$z = \dfrac{[(2+\rho)(1+r) - (1+\rho)\mu r]}{(2+\rho)(1+r)}b < b$。

在经济均衡时，没有引入国有股权型养老保障经济中的私人消费水平为：

$$c_1 = f(k_*^1) - gf'(k_*^1) - n(k_*^1 - g) \tag{7.27}$$

引入国有股权型养老保障之后，私人消费水平为：

$$c_2 = f(k_*^2) - b(1-\mu)f'(k_*^2) - n(k_*^2 - b) \tag{7.28}$$

因此：

$$c_2 - c_1 = f(k_*^2) - f(k_*^1) - b(1-\mu)f(k_*^2) + gf(k_*^1) - n(k_*^2 - k_*^1) + n(g - b) = \{[f(k_*^2) - zf'(k_*^2) - n(k_*^2 - z)] - [f(k_*^1) - gf'(k_*^1) - n(k_*^1 - g)]\} + [z - b(1-\mu)]f'(k_*^2) + n(b - z) \tag{7.29}$$

在经济中的资本边际收益率大于经济增长率，即 $f(k_*^1) > n$ 时，$\partial c / \partial g > 0$。由于 $z < g$，

因此，在 $f(k_*^1) > n$ 时：

$$[f(k_*^2) - zf'(k_*^2) - n(k_*^2 - z)] - [f(k_*^1) - gf'(k_*^1) - n(k_*^1 - g)] < 0 \tag{7.30}$$

若要保证 $c_2 - c_1 \geq 0$，则必须保证：

$$[z - b(1-\mu)]f'(k_*^2) + n(b - z) \geq [f(k_*^1) - gf'(k_*^1) - n(k_*^1 - g)] - [f(k_*^2) - zf'(k_*^2) - n(k_*^2 - z)] \tag{7.31}$$

其中：

$$[z - b(1-\mu)]f'(k_*^2) + n(b - z) = \frac{[(1+\rho)nr + (2+r+\rho)f'(k_*^2)]\mu b}{(2+\rho)(1+r)} \tag{7.32}$$

$$[f(k_*^1) - gf'(k_*^1) - n(k_*^1 - g)] - [f(k_*^2) - zf'(k_*^2) - n(k_*^2 - z)] = (1 - nD)[f(k_*^1) - f(k_*^2)] + [zf'(k_*^2) - gf'(k_*^1)] \tag{7.33}$$

即国有股权型养老保障若能实现：

$$\frac{[(1+\rho)nr + (2+\rho+r)]\mu br}{(2+\rho)(1+r)} > (1 - nD)[f(k_*^1) - f(k_*^2)] + [zf'(k_*^2) - gf'(k_*^1)] \tag{7.34}$$

其中 r 为引入国有股权型养老保障经济均衡时的利率 $f'(k_2^*)$，则国有股权型养老保障可以实现社会整体福利的增进。

特别是，国有股权型养老保障可以使私人获得国有资产的部分收益，实质上是国有资产产权结构的一次调整，将会提高生产函数，假设将生产函数由 $y = k_t^\alpha$ 提高为 $y = Ak_t^\alpha$，$A > 1$。此时，均衡时消费可能提高至线段 eb，可以进一步扩大国有股权型养老保障的福利改进功能。

7.2.4　国有股权型养老保障与传统养老保险筹资方式的福利效应比较

现收现付制养老保险制度以及国债和税收方式对社会福利的调整作用，是在经济初始稳态的资本存量超过黄金律水平时，通过降低储蓄率实现的。即通

过将超过黄金律水平的稳态资本存量向黄金律水平靠近，以提高 $c = f(k_*) - nk_*$ 的水平。这种提高社会整体福利的作用得以实现是以经济中稳态资本存量大于资本黄金律水平，即经济动态无效率为必要条件的。在具有动态效率的经济中，现收现付制是不具备增进社会福利功能的。即使在经济动态无效率的经济中，由于缴费实质上来自于年轻人的工资，如果年轻人缴费率本身已经很高，在养老金不足时，现收现付制养老保险制度并不一定是可行的筹集养老基金的办法。

1995 年以来，瑞典、意大利、拉脱维亚、波兰、蒙古国和吉尔吉斯斯坦通过引入"名义账户制"基本上克服了养老保险制度的转轨成本，对于名义账户制的研究开始出现。名义账户制是待遇确定型现收现付制与缴费确定型的基金制的一种混合模式，即融资方式建立在现收现付制基础上，社会缴费直接用于当期养老金支出，但要对个人建立个人账户，将个人缴费信息进行"名义上"和"模拟的"记账式管理，而不实际存入缴费。同时，在养老金给付时按照基金制的模式，将个人账户中的"名义资产"年金化，按照一定的计算公式测算养老金给付总额。名义账户制之所以被一些转轨国家所采用，最重要的原因是这种方式可以缓解或解决养老保险制度从现收现付制向积累制转轨的成本。名义账户制通过利用个人账户基金缴费进行当期养老金支出，即主动形成"空账"，可以使转型成本得以分散到一个年龄跨度很宽的时段里，从而缓解转型成本的压力，保证养老保险制度的支付能力，而后在外部条件允许的情况下，再向完全积累制过渡。郑秉文（2003，2004）在对名义账户制起源、发展和对中国适用性研究的基础上提出了通过名义账户制建立个人财产权，在个人产权明晰化的基础上推进养老基金的投资运营。

国有股权型养老保障同样具有解决养老保险转轨成本和保障养老保险支付能力的功能。并且，与名义账户制类似，国有股权型养老保障可以在养老保险基金之外开辟资金来源渠道用于当期支付。两种方式的差别是：名义账户制是在养老保险制度内部开辟新的资金来源渠道，是一种制度内资金的调剂，即使用本应该进行积累的基金用于当期支付；国有股权型养老保障是在养老保险制度之外开辟资金来源渠道，将本应用于下一期投资的资金补充当期养老金，在动态效率经济中，如果政府提供国有资产能力足够强或者说资本收益率足够高的情况下，这种方式可以实现在降低投资同时提高消费水平。以全国社会保障基金为载体，利用国有资产收益充实养老保险基金，可以在一定程度上提高养老保险的支付能力。两者的相同点表现在：对全国社会保障基金划拨股权，同样不是要将个人账户全部做实，或者说划拨的国有股权并不一定要负担弥补"空账"的责任，因为做实个人账户相当于将国有资产转化为私人资产，会降低国有资产规模，在中国现实条件下这种方式将会降低经济均衡时的消费水平。而划拨股权之后由全国社会保障基金按照持股比例统一享受国有资产收益，并利用各期收益补充各期养老金支出，实质上是在不改变国有资产全民所有属性①的前提下将资产部分收益索取权和使用权转让给当代和之后各代的全体公民，从而在社会养老保险制度之外形成一个可持续性的资金补充渠道。与名义账户制可以形成的个人财产权类似，这种方式可以形成一种全民财产权，即全国社会保障基金代表全体养老保险制度的参保者通过持有国有股而享受国有资产收益索取权，并以此作为养老保险制度的资金保障。

国有股权型养老保障制度提高社会福利的机制与现收现付制类似，但不完全相同。国有股权型养老保障同样降低经济中的稳态资本存量，但私人消费因国有股权型养老保障的引入，从 $c_1 = f(k_*^1) - gf'(k_*^1) - n(k_*^1 - g)$ 变为 $c_2 = f(k_*^2) - b(1 - \mu)f'(k_*^2) - n(k_*^2 - b)$，因而此时保证 $c_2 > c_1$，就能保证国有股权型养老保障制度是增进社会福利的。当养老基金不足时，引入国有股权型养老保障，可以在年轻人工资之外开辟一个养老金渠道，即"国有资产红利"，在国有股权型养老保障增进社会福利的条件得以满足，即 $c_2 > c_1$ 时，可以在筹集养老基金同时提高社会整体福利。

利用国有资产可以设计出一种国有股权型养老保障制度。国有股权型社会保障制度可能同时实现增进社会福利和促进国有企业产权制度改革，在动态效率经济中是一种优于传统现收现付制以及国债和税收补充养老保险基金的方式，因为此种方式在增进社会福利的同时可以在私人工资之外开辟养老资金来源，并可能获得由产权制度改革带来的社会福利的额外增加，这是其他养老金筹集方式所不具备的功能。国有股权型养老保障要实现通过产权制度改革改善国有企业的治理结构和运营效率的目的，就需要派生出一个能够代表私人股东权益的机构参与公司治理、代理社会公众享受并发放国有资产部分收益。全国社会保障基金会可以实现这些功能，通过持有划转的国有股行使股东权利，之后按照股份享受资产收益并用于老年人养老金支出。并且，由于现实中一代人退休不是同时发生的，因此，从划转国有股到用于养老金支出之间会有一段时间间隔，在这段时期中，全国社会保障基金可以调整持有股票的企业结构，出售效益低的企业股票，购买效益好的企业股票，以实现对国有资产的结构调整。

已往的关于国有资产充实全国社会保障基金的探索，更多的是从国有资产对社会养老保险制度欠账的角度，指出国有资产应该变现以偿还欠债。但是，国有资产对社会养老保险制度欠账，并不意味着国有资产一定要变现，因为政

---

① 表现为可以无偿为社会公众所使用的属性。

府可以采取其他方式偿还这笔费用。国有资产对社会养老保险制度的欠账并不是国有资产充实全国社会保障基金的理由。运用国有资产充实全国社会保障基金的理论基础是：在国家确定偿还这笔债务的前提下，国有股收益取得的资金用于老年人养老金支出比其他渠道更有效率，因为在此种方式下，既可以实现偿还社会保障欠账，又可以提高私人消费水平，同时还可以促进国有企业产权制度改革，可以进一步提高社会生产函数，从而进一步扩大产出、增进社会福利。

7.3　国有股权型养老保障福利增进效应的数值模拟验证

7.3.1　减持国有资产支付养老金的福利效应

政府运用减持国有资产收入支付养老金，每期对每单位有效劳动提供的国有资产规模从 g 下降为 b，稳态资本存量由：

$$k_*^1 = \frac{1}{(1+n)(1+g)} \cdot \frac{1}{2+\rho}(1-\alpha)(k_*^1)^\alpha + g \tag{7.35}$$

下降为：$k_*^2 = \dfrac{1}{(1+n)(1+g)} \cdot \dfrac{1}{2+\rho}(1-\alpha)(k_*^2)^\alpha + b \tag{7.36}$

消费水平变化：

减持国有资产之前：$c_*^1 = f(k_*^1) - gf'(k_*^1) - n(k_*^1 - g) \tag{7.37}$

减持国有资产之后：$c_*^2 = f(k_*^2) - bf'(k_*^2) - n(k_*^2 - b) \tag{7.38}$

运用 mathematica 软件对数值进行模拟，比较国有资产水平变化对消费水平的影响。参数赋值：

人口增长率 n 取值 0.001；$\alpha = \dfrac{1}{3}$；$\rho = -0.5$①。

假设减持国有资产之前 $g=5$，减持之后 $b=3$。

表 7.1　　　　　　　　　减持国有资产福利效应数值模拟

	k_*	$f'(k_*)$	$f(k_*)$	c
$g=5$	5.79763	0.103287	1.79646	1.27923
$g=3$	3.68585	0.139697	1.54471	1.12493

---

①　即私人更偏重于老年期消费，比较符合中国现实。此处本书希望利用数据模拟验证国有股权型养老保障的福利增进效应，因而数据在 $b<g$ 情况下选择了经济学中的常用数值，以验证在国有资产水平变化之后，国有股权型养老保险是否具有增进福利的效应。

表 7.1 数据显示，在 $g=5$ 时，$f'(k_*)>n$，此时国有资产下降后，稳态资本存量下降，消费水平下降。

7.3.2　国有资产收益用于支付养老金的福利效应

政府每期将国有资产收益部分比例用于支付养老金，同时每期对每单位有效劳动提供的国有资产水平下降。假设政府每期将国有资产收益的 μ 比例用于支付养老金，同时对每单位有效劳动提供的国有资产水平从 g 下降为 b。

稳态资本存量变化：

使用国有资产收益之前：

$$k_*^1 = \frac{1}{(1+n)(1+g)} \cdot \frac{1}{2+\rho}(1-\alpha)(k_*^1)^\alpha + g \tag{7.39}$$

使用国有资产收益之后：

$$k_*^2 = \frac{1}{(1+n)(1+g)} \cdot \frac{1}{2+\rho}(1-\alpha)(k_*^2)^\alpha + z \tag{7.40}$$

其中，$z = \dfrac{[(2+\rho)(1+r_{t+1})-(1+\rho)\mu r_{t+1}]}{(2+\rho)(1+r_{t+1})}b$

消费水平变化和使用国有资产收益之前：

$$c_*^1 = f(k_*^1) - g f'(k_*^1) - n(k_*^1 - g) \tag{7.41}$$

使用国有资产收益之后：

$$c_*^2 = f(k_*^2) - b(1-\mu)f'(k_*^2) - n(k_*^2 - b) \tag{7.42}$$

参数赋值：人口增长率 $n=0.001$；$\alpha=1/3$；$\rho=-0.5$。

（1）假设使用国有资产收益 μ 比例用于养老金支出，使用国有资产收益之前 $g=5$，之后 $b=4$[①]。现分析不同 μ 取值对消费的影响，以及国有资产收益用于养老金支出前后消费水平的变化。

表 7.2　　　　　　　　　$b=4$ 时 μ 不同取值下的消费水平

	k_*	$f'(k_*)$	$f(k_*)$	c
$\mu=0.1$	4.73128	0.118275	1.67878	1.25226
$\mu=0.15$	4.72381	0.1184	1.67789	1.27461
$\mu=0.2$	4.71633	0.118525	1.67701	1.29701
$\mu=0.9$	4.61006	0.120339	1.66431	1.61556

---

① 本书要分析国有股权型资产提高社会福利可能性的存在，因而数据在 $b<g$ 情况下选择了经济学中常用数值，验证在国有资产水平变化之后，国有股权型养老保险是否具有增进福利的效应。

表 7.2 数据显示，随着 μ 取值的提高，稳态资本存量下降，消费水平上升。在 $\mu < 0.2$ 时，消费水平小于 $g = 5$ 时的消费水平，国有股权型养老保障不能实现福利增进；在 $\mu \geqslant 0.2$ 时，消费水平大于 $g = 5$ 时的消费水平，国有股权型养老保障的福利改进效应显现。

（2）假设使用国有资产收益 $\mu = 0.1$ 比例用于养老金支出，使用国有资产收益之前 $g = 5$，之后 $b < g$。现分析不同 b 取值对消费的影响以及国有资产收益用于养老金支出前后消费水平的变化。

表 7.3　　　　　　　 $\mu = 0.1$ 时 b 不同取值下的消费水平

	k_*	$f'(k_*)$	$f(k_*)$	c
$b = 3.5$	3.67275	0.140029	1.54287	1.15823
$b = 4$	4.73128	0.118275	1.67878	1.25226
$b = 4.5$	5.25713	0.110471	1.73706	1.2889

表 7.3 数据显示，随着 b 取值的提高，稳态资本存量提高，消费水平提高。在 $b < 4.5$ 时，消费水平小于 $g = 5$ 时的消费水平，国有股权型养老保障不能实现福利增进；在 $b \geqslant 4.5$ 时，消费水平大于 $g = 5$ 时的消费水平，国有股权型养老保障的福利改进效应显现。

7.3.3　数值模拟分析结论

（1）在资本边际收益率大于人口增长率时，政府每期对每单位有效劳动提供的国有资产水平与私人消费水平成正比，国有资产水平下降，消费水平下降，验证了在经济动态有效时降低国有资产水平会降低经济均衡时私人消费水平的结论。

（2）在 $g = 5$ 下降至 $b = 4$ 时，$\mu \geqslant 0.2$ 时可以保证国有资产水平下降之后私人消费水平的提高；在 $\mu = 0.1$ 时，$b \geqslant 4.5$ 时可以保证消费水平比 $g = 5$ 时提高。验证了国有股权型养老保障可能实现将部分收益用于私人消费同时不降低社会福利的结论。

（3）使用国有资产收益 μ 比例用于养老金支出，政府每期对每单位有效劳动提供的国有资产水平由 g 下降为 b，在 b 不变时，μ 值与消费水平成正比；μ 不变时，b 值与消费水平成正比。这说明国有股权型养老保障的福利效应取决于政府提供国有资产的能力，即在将固定比率国有资产收益用于养老金支出之后，政府每期可以对每单位有效劳动提供的国有资产水平越高，私人消费水平越高；在政府将每期对每单位有效劳动提供的国有资产规模由 g 下降为 b 以后，在 b 一定时，政府用于养老支付的国有资产收益比率越高，消费水平越高。

因此，政府提供国有资产的能力是增进国有股权型养老保障福利效应的基础，如果政府提供国有资产的能力可以保证在引入国有股权型养老保障之后提高私人消费水平，那么国有股权型养老保障就具有不降低社会福利同时提高社会养老保险的功能，在动态效率经济中，是优于财税政策的一种经济调节和社会保障制度的补充工具。

本章小结

本章将国有资产作为外生变量引入代际交叠模型。模型显示，引入国有资产的代际交叠模型在均衡时的私人消费不仅仅由均衡时的资本存量决定，还要受到国有资产收益用于私人消费比例的影响。因此，在经济动态有效时，资本存量的降低不一定意味着私人消费水平的下降，如果国有资产收益用于私人消费的比例足够大，足以抵消掉资本存量下降对私人消费的影响，那么在经济动态有效时，以国有资产部分收益用于私人消费为代价降低国有资产水平，进而降低资本存量水平就可能实现私人消费水平的上升。也正是这个原因，在动态效率经济中，如果政府提供国有资产的能力足够强，那么利用国有资产收益充实社会保障基金可以有效解决税收、国债等方式的福利效应困境。利用mathematica 软件，本章进一步验证了国有股权型养老保障的福利增进效应。在动态效率经济中，国有股权型养老保障是优于税收、国债和提高现收现付制缴费率的有效方式。

第8章 国有股权型养老保障实现方式与效应

8.1 全国社会保障基金发展

8.1.1 全国社会保障基金概述

2000 年 8 月，全国社会保障基金正式建立，同时设立"全国社会保障基金理事会"，负责管理运营全国社会保障基金。全国社会保障基金是提高社会养老保险制度支付能力的专项储备金，是由全国社会保障基金理事会负责管理的，由国有股减持划入资金及股权资产、中央财政拨入资金、经国务院批准以其他方式筹集的资金及其投资收益形成的，由中央政府集中的社会保障基金，主要用于缓解人口老龄化可能带来的中国社会保障基金支付的压力。全国社会保障基金是实现国有股权型养老保障的重要工具，全国社会保障基金的发展和基金的管理运营效率直接关系到国有股权型养老保障的有效实施。

全国社会保障基金是整个社会保障体系有效运转的补充基金，是社会保障基金体系的重要组成部分。按照不同属性和用途，社会保障基金可划分为以下四个部分：

（1）社会保险基金。是指根据各项社会保险计划筹集的资金及其投资运营收益形成的资金，具体包括养老保险基金、医疗保险基金、失业保险基金、工伤保险基金和生育保险基金。根据中国社会保险的统筹层次，社会保险基金一般由各级地方政府负责管理，因此，也可以将社会保险基金称为"地方政府社会保障基金"。

（2）企业年金基金①。是指根据依法制订的企业年金计划筹集的资金及其

---

① 对于企业年金属于社会保障还是商业保险在业界和学界存在争论。笔者认为应该将企业年金归入社会保障，理由有三：一是根据目前企业年金管理的规定，劳动保障部负责制定企业年金基金管理的有关政策；二是企业年金计划一般都有相应的税收优惠政策；三是企业年金基金要接受劳动社会保障部门的监管。

投资运营收益形成的企业补充养老保险基金①。企业年金基金直接归属于建立企业年金计划的企业，又可称为"企业社会保障基金"。

（3）全国社会保障基金。由于其筹集与管理是由中央一级政府负责的，因而又可称为"中央政府社会保障基金"②。

（4）其他社会保障基金。主要是指通过低保、优抚、救济等其他社会保障项目形成的基金，包括社会救济基金、社会福利基金等。其他社会保障基金一般来自于各级财政支出，因而又可称为"财政社会保障基金"。

中国社会保障基金体系主要由四个部分组成，即：社会保险基金、企业年金基金、全国社会保障基金及其他社会保障基金。其中，社会保险基金、企业年金基金和其他社会保障基金是根据特定的社会保障目标筹集的资金，是建立在严格精算基础之上的缴费形成的基金。全国社会保障基金则不同，从本质上说，全国社会保障基金是其他社会保障基金的托底基金，目的是在社会保障基金出现收不抵支时对社会保障基金进行弥补，特别是对由于人口老龄化等原因造成的养老保险基金不足进行弥补。全国社会保障基金的功能可以归纳为：

（1）集中社会养老保险储备资金。全国社会保障基金首要的功能是建立养老金储备，即为通过各种渠道形成的养老储备基金提供一个集中管理的工具，以提高养老金储备的效率，增强养老金储备的功能与作用。

（2）投资运营实现基金保值增值。全国社会保障基金的重要功能是对集中的养老金储备进行投资运营，以实现基金的保值增值，降低养老金储备成本。同时，利用投资运营，全国社会保障基金可以在资本市场中发挥机构投资者对资本市场的各项正面效应，促进资本市场的改革与完善。

（3）充实社会养老保险基金。全国社会保障基金的最终功能是在必要时保证以合意的规模充实社会养老保险基金，确保社会养老保险制度的支付能力。

8.1.2　养老储备基金国际比较

人口老龄化趋势是世界上很多国家共有的人口结构特征。为了解决人口老龄化对社会保障制度特别是对现收现付制养老保险制度造成的资金压力，很多国家在采取延长法定退休年龄、提高缴费率、合理调整养老金水平等措施的同时也建立了养老储备基金，以提前做好养老保险的资金储备，满足人口老龄化高峰时期养老金给付的需要。从国际上建立养老储备基金的情况来看，养老储备基金可以分为两类：一类是以加拿大、瑞典和日本等为代表的现收现付制公

---

① 人力资源和社会保障部. 企业年金基金管理试行办法, 2011.
② 财政部. 全国社会保障基金投资管理暂行办法, 2009.

共养老金结余充分的国家，这类国家养老储备基金形成是通过从缴费中划出一定比例，形成半积累式的养老储备基金；另一类是以爱尔兰、法国、挪威、荷兰、新西兰等为代表的现收现付制公共养老金结余较少或入不敷出的国家，这类国家养老储备基金在公共养老金之外筹资，单独建立养老储备基金。其中，第二类国家公共养老金发展形势与中国比较类似，在此背景下建立的养老储备基金对中国的全国社会保障基金也具有比较强的借鉴意义。本书选取爱尔兰、新西兰、挪威、法国四个国家养老储备基金为样本同中国的全国社会保障基金进行比较分析，以拓展全国社会保障基金的发展思路、吸取国外同类基金的发展经验与教训、促进全国社会保障基金的发展与功能的发挥。

8.1.2.1　爱尔兰国家养老储备基金

爱尔兰国家养老储备基金资金来源有三项：一是自 2001 年起，2001—2055 年每年从中央财政资金或中央财政超收部分划拨总额相当于 1% 的国民生产总值的资金按季度等额充实基金；二是通过决议的形式将拨款期限延长到 2055 年之后，但延长期拨款数额要低于年度国民生产总值的 1%；三是不定时以决议形式从中央财政资金或中央财政资金超收部分充实基金。同时，在国家养老储备基金建立之初，从爱尔兰电信公司私有化收入中划拨 62 亿欧元充实基金。

基金的支出目标是满足 2025—2055 年以及 2055 年之后可能出现的、需要支付的年度社会福利养老金及公共服务养老保险金的财政支付需求[①]，基金支出的对象是财政部。根据《2000 年国家养老储备基金法》的规定，从 2025 年开始至 2055 年之间的任意年度，可以从基金中提取资金支付给财政部，用于满足社会福利养老金和公共服务养老金支出；支付期限可以延长至 2055 年之后任一年度。其中，基金对财政部的支付不得超过该年财政部对社会福利养老金和公共服务养老金的全部支出。《2000 年国家养老储备基金法》同时规定，2025 年之前理事会不得从基金中提取资金支付财政部，即 2025 年之前为基金的封闭期。

根据基金的特点，爱尔兰国家养老储备基金确定了分阶段的投资策略。第一阶段是基金建立的初始阶段，在这个阶段基金以现金形式持有资产，基金投资几乎全部是银行存款；第二阶段是基金封闭期阶段（2001—2025 年），在这个阶段中，基金可以每年获得财政一定规模的拨款，并且不发生支出。由于期限确定，基金可以承受长期持有证券的风险来获得较高的收益率。因此，在这

---

① 项怀诚. 关于全国社会保障基金的几个问题 [J]. 中央财经大学学报，2006（1）：1—7.

个阶段基金的投资采取"谨慎人规则"，政府监管取消了投资限制规定，基金初始配置比例设定为 80％的股票和不动产，20％欧元区债券。2004 年，爱尔兰国家养老储备基金投资收益率 9.3％。值得注意的是，为了确保基金规模的增长和政府变相动用基金，除了规定基金的封闭期之外，爱尔兰政府还规定，基金禁止购买爱尔兰国债，并且基金投资还要求不得谋求控制任何公司；第三阶段是基金的支付阶段（2025—2055 年），在这个阶段中，基金在每年依然有资金划入的同时开始向财政部支付资金，在这个阶段投资策略偏重于短期投资，降低股票的比重，增加银行存款和债券的比重，以增加基金的流动性。

8.1.2.2　新西兰国家养老储备基金

按照《新西兰养老金法案》，新西兰国家储备基金的资金来源是财政预算拨款，并且被确定为每年财政预算的法定支出项目。每年划入额计算方法是：

$$划入规模＝（当年国内生产总值×a/100）－b$$

其中，a 为当年国内生产总值所占百分比，具体数值按照一定方法计算[①]，b 为当年应从基金中支出的新西兰退休金预计费用净额。2020 年之后，如果根据基金每年划入额的基金公式计算结果小于 0，可以要求从基金中划出资本，直到每年应划入资金等于 0 时为止。基金确立了在 2030 年达到 1000 亿美元的目标。为此，除了规定每年向基金注资的规则外，还规定了封闭期，从基金建立至 2020 年，在此期间任何财政年度不得从基金中划出资产。

新西兰养老储备基金管理采用"谨慎人规则"，取消了投资品种和比例限制，采取直接投资和委托投资相结合的方式进行投资运作。基金基于长期投资理念，基金中 80％左右的资产配置于股票和实业投资，无风险和低风险投资只占总资产的 20％。另外，新西兰养老储备基金资产中有 6％左右配置于固定资产投资，可以抵御通货膨胀、通过出租房产获得稳定收入，比较符合养老基金长期负债的资产负债特性。《新西兰养老金法案》规定，为了保证基金的独立性并避免政府变相使用基金，政府不得强制要求基金购买新西兰政府债券，是否要持有国内政府债券完全由监管人委员会根据市场情况和收益情况决定；关于股票投资，《新西兰养老金法案》要求监管人必须确保基金不控制任何实体，或持有为寻求控制任何其他实体所要求的该实体某一比例的股票。

8.1.2.3　挪威石油储备基金

1990 年 6 月，挪威通过石油基金法案决定建立"石油基金"，旨在把调节石油收入和提供社会保障两个因素结合起来予以"互补"："石油基金"既可以

---

① 假设从划拨年起之后 40 年，每年换转 GDP 相同比例进入基金，基金规模刚好足以支付后 40 年应从基金支付的养老金净额。

作为财政政策管理的工具,"熨平"短期内石油收入的变化,还可以成为解决石油收入逐渐减少和社会保障支出不足问题的工具,并为后代转移一部分财富。石油基金的目的是实现石油的物理储备与金融资产的置换,以减少未来对石油收入的依赖度。挪威财政部趋向于使用这一基金用于未来社会保障支出,并建议将其改名为"社会保障基金",以减少各方对于基金用途的分歧。

石油基金有三个资金来源,最主要的来源是从国家直接财政收益中的转入,其次是石油公司缴纳的税费,第三部分是国家石油公司投资股份的红利。此外,有些年份政府会出售一部分持有的石油公司股份,其获得的收入全部转入石油基金之中。石油基金资产主要支付不包含石油收入的国家预算赤字部分,详见图 8.1:

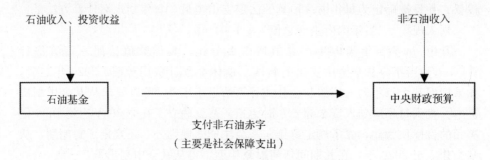

图 8.1　挪威石油基金支出图示

财政部为石油基金的法定管理者,行使制定基金投资目标、进行业绩评估等管理权。1997 年财政部同挪威银行(央行)签订了《委托管理协议书》,由挪威银行根据委托负责基金日常管理工作。石油基金采取直接投资和委托投资相结合的方式,投资目标要求基金实现在可接受的风险水平下最大化基金资产的长期国际购买力,而短期内的净值波动处于相对次要的地位。在资产分布结构中,挪威财政部规定,固定收入工具应占其总资产的 50%～70%,股票工具 30%～50%,其中在单一上市公司中持股比例不得超过 3%。

8.1.2.4　法国退休储备基金

在基金建立的初始阶段,资金主要来源于划入老年团结互助基金的公司缴税收入的一部分;2000 年,将法国国家养老基金(不包括公众部门及国有企业员工)的基金部分盈余、不动产和投资收益的资本利得税的 2% 以及储蓄存款保险基金的缴费纳入基金的来源渠道;2001 年,又将国有资产出售收入(如移动电话牌照的拍卖收入)、政府私有化收入以及财政盈余纳入了基金来源渠道。基金主要用于弥补现收现付制养老金的缺口,设计于 2040 年取消,并规定在 2020 年之前达到 10000 亿法郎的规模。按照《法国社会保障法》的规定，基金设立封闭期至 2020 年，在此期间限制基金提取和使用。

法国参、众两院，预算部、社会保障部和国民议会是基金的监管机构，参议院是其监督机构。监管部门对基金投资采取"谨慎人规则"，没有太多的限制，规定基金投资于单一发行人发行的金融工具不得超过总资产的 5％，25％的资金可以用于公司总部设于欧元区以外的公司股票。基金所有资产均采取委托投资方式，由监管委员会确定资产配置后选择外部管理人管理。目前，基金资产中主动式投资占 75％，被动式投资只占 25％[①]。

8.1.2.5　养老储备基金比较分析

（1）四个国家养老储备基金的共同特点

①基金设立背景相似

四个国家的养老保障制度尽管在各个方面存在差异，但存在两个共同点：一是现收现付制在养老保险制度中所占比重较大，二是人口老龄化趋势显著。正是由于现收现付制对于人口老龄化较低的应对能力以及由此带来的对养老保险金支付压力的加大，才迫使各个国家都建立了养老储备基金，以弥补未来可能发生的巨大养老金缺口。

②以法律形式确定养老储备基金稳定资金来源

养老储备基金必须在必要的时限内达到一定的规模，否则，基金就不能发挥其初始设定的弥补养老金缺口的功能。如果基金设立时规模不足，单纯依靠基金投资运营收入来扩大基金规模速度缓慢。因此，通过法律形式确保基金在投资运营外的稳定资金来源是确保基金规模达到目标要求的必要措施。从四个国家情况来看，它们都对养老储备基金的资金来源作了法律上的明确规定。挪威国民保险基金由于资金来源渠道不稳定，现在已不能实现其功能，这对各个国家的养老储备基金来说是一个教训。

③规模积累和资金支出具有明确计划

养老储备基金是对未来可能出现的养老金缺口进行弥补的一种工具，其规模以及支出应该建立在严格的精算基础之上，并以法律形式对目标规模、支出规模以及具体的方式、分阶段任务等加以明确，以保证基金功能的正常发挥。四个国家的养老储备基金都明确规定了封闭期，在封闭期内基金不能用于任何途径的划出。在具有明确规模目标的条件下，封闭期可以确保在一定期间内规模增长的需求，保证基金的独立性和安全性。

④投资监管采取谨慎人监管，投资策略基于长期投资理念

---

① 主动型投资不复制指数；被动型投资一般选取特定的指数作为跟踪的对象，即指数化投资。

养老储备基金本身就是在养老金缺口积累到一定规模，而对制度本身筹资能力和财政支持造成不可解决的压力之前建立的，到基金发挥功能时应具有较长的期限。这个期限既给养老储备基金本身规模的增长和能力的积累提供了时间，同时也使养老储备基金的投资运营具备了长期投资的条件。上述四个国家的养老储备基金基本上都基于长期投资理念，并采取了谨慎人监管，这就使养老储备基金可以承受长期持有股票等资产的风险而获得高收益率。有两点需要关注：一是为了避免政府变相使用养老储备基金，爱尔兰和新西兰政府对基金购买本国政府债券作出了限制性规定；二是各个国家都限制养老储备基金对某一企业投资的最高比例，避免养老储备基金获得企业的控制权。

（2）全国社会保障基金同四个国家养老储备基金的比较分析

结合以上对四个国家养老储备基金的分析，本文将中国的全国社会保障基金同四个国家的养老储备基金进行综合对比，以查找全国社会保障基金发展过程中存在的不足，吸取各国经验教训。全国社会保障基金与以上四个国家养老储备基金的比较可以体现在以下七个方面：

第一，从成立时间上看，地处北欧的挪威成立时间最早，可以追溯到1966年，新西兰的国家养老储备基金和法国的退休储备基金在2001年建立，时间上是最晚的。中国的全国社会保障基金则晚于挪威34年，处于较晚的水平，与爱尔兰的国家养老储备基金建立时间相同。

第二，从稳定基金来源方面，爱尔兰主要从2001—2055年每年划入相当于当年国民生产总值1%的资金；新西兰则每年测算基金，使基金刚好支付未来40年的需求，需要的资金划转额度与当年应从基金划转额之间差额，由财政全额拨付；挪威通过每年的财政盈余获得基金；法国的来源渠道较多，基金稳定性较强，除了国家养老基金的盈余外，还有资本利得税、国有资产出售收入等；中国的全国社会保障基金来源有国有股减持变现的资金和中央财政预算拨款，财政拨款并没有固定的计算方式，其他方式尚不明确。

第三，从筹资目标看，爱尔兰确定养老金支付高峰时期的支出占总额的1/3；新西兰预计在2030年达到1000亿美元；挪威将逐步建立金融储备；法国将在2020年之前达到10000亿法郎；中国的社会保障基金筹资主要是为了应对老龄化带来的支出压力。

第四，从支出规定看，爱尔兰规定从2025年开始至2055年之间的任意年度，将基金中提取资金支付给财政部；新西兰规定从2020年开始，如果根据基金每年划入额基金公式的计算结果小于0，就可以要求从基金中划出资本，直到每年应划入资金等于0时为止；挪威在支出方面倾向于把该基金仅仅作为一种不限定特定用途的财政储备基金；法国规定在2020—2040年之间进行支出；中国暂无相关规定。

第五，从是否具有法定具体筹资目标看，爱尔兰、新西兰和法国均从法定角度明确具体的筹资状况，挪威和中国还没有相关法律规定。

第六，从封闭期看，爱尔兰、新西兰和法国都规定具体的封闭期，挪威和中国则没有。

第七，从资产配置规定上看，爱尔兰规定股票占 80％，债券占 20％；新西兰则规定股票占 80％、实业投资等作为增长型资产，固定收益类作为防御型资产占 20％；挪威规定股票占 18％，债券、票据等占 82％；法国规定股票占 55％，债券占 45％；中国的社会保障基金规定银行存款和国债投资的比例不得低于 50％，企业债、金融债投资的比例不得高于 10％，证券投资基金、股票投资的比例不得高于 40％。

根据与上述四个国家的养老储备基金比较，中国全国社会保障基金存在以下三个方面的问题：

（1）全国社会保障基金的资金来源不稳定。尽管全国社会保障基金明确规定了资金的来源渠道，但国有股减持由于种种原因没能全面实施，财政拨款也没有明确的划拨规模、期限方面的规定，与其他养老保险储备基金相比，资金来源不稳定。

（2）缺乏明确、具体的基金筹资和支付目标。全国社会保障基金规模增长没有明确的规划和目标，基金的支付也没有设立相应的标准和时限，不利于全国社会保障基金的长期有序发展。

（3）缺少封闭期的规定。在上述四个国家的养老储备基金中，具有明确筹资目标的养老保障储备基金一般都设定有明确的封闭期。而中国全国社会保障基金由于缺少明确的筹资目标，因而基金也没有设立封闭期，这对基金能否在长期内保持资金的独立和安全提出挑战，也对基金未来规模积累带来不确定性。同时，缺少封闭期规定也使基金不能坚持长期投资理念，将对基金的资产组合、投资策略、绩效等造成影响。

从全国社会保障基金发展的现实情况看，基金存在上述问题的原因主要是法规建设不完善，造成基金缺乏明确、具体的发展规划以及相应稳定的资金来源渠道和资金使用计划，发展目标不明确，基金规模增长能力不强以及基金功能实现的不确定性。为了提高全国社会保障基金的发展质量，笔者提出以下政策建议：

（1）拓宽资金来源渠道，提高基金规模增长速度，对各资金来源渠道确定资金划入的具体和可操作性的标准及目标，以保证资金来源足额和稳定。

（2）明确全国社会保障基金的积累期和支出期，确定各阶段的具体目标，保证基金的独立性与安全性。

（3）明确全国社会保障基金的存续期，并以此确定相应的基金资产组合类型、投资策略、发展模式与发展规划；确定基金的封闭期，实行全封闭管理，限制基金在这一期间的划出，保证基金稳定增长；确定基金支出期，以及资金划出的用途、范围、对象、具体标准和方式。

（4）明确全国社会保障基金的积累期总体以及阶段性规模增长目标，制订全国社会保障基金规模增长规划，确定基金积累期间规模增长目标，确保基金功能的发挥。

8.2　国有股权型养老保障实现方式选择

养老基金与资本市场的互动以养老基金对经济增长的理论主线为基础，而养老基金对经济增长的影响主要是通过"养老基金—社会储蓄—社会投资—经济增长、养老基金—金融市场—经济增长、养老基金—劳动力市场—经济增长"三条路径进行[①]。全国社会保障基金作为中国社会保障制度的专项储备基金，通过改善资本市场和参与国企改革，在中国经济改革的进程中，可以实现"养老基金—机构投资者—公司治理—资本市场—经济增长—福利提高"的一条独特路径。国有资产是全国社会保障资金的重要资金来源，通过国有资产充实全国社会保障基金可以实现国有股权型社会保障，并且在利用国有资产收益筹集养老基金的同时，推动国有企业改革，促进中国经济增长。

国有资产充实全国社会保障基金，进而利用国有资产及收益提高社会养老保险制度支付能力具体方式的选择应该以中国现实条件为基础，综合考虑福利效应、全国社会保障基金的特点、支付需求以及中国证券市场的承接能力等各方面因素，在满足全国社会保障基金实际需求的基础上，力求尽量减少对经济整体运行和证券市场的冲击，促进中国股权分置改革和国有企业治理结构的改善，增进社会整体福利。

8.2.1　划转国有股方式充实全国社会保障基金

8.2.1.1　划转国有股充实全国社会保障基金福利效应

变现国有股充实全国社会保障基金是曾经进行过的改革尝试，并以《减持国有股筹资社会保障资金管理暂行办法》第五条内容的停止执行为标志，证明

---

　①　林义，陈志国. 养老基金与资本市场互动机理及其条件分析［J］. 保险研究，2006（2）：46—51.

变现的方式不适用于当时的情况。随着中国股权分置改革第一阶段的完成，在一定的对价安排下，中国的非流通股基本上已经全部具有了流通股的属性，在变现价格上非流通股股东与流通股股东之间也已达成了共识，理论上可以按照国有股减持的计划安排实现流通变现，并以变现收入充实全国社会保障基金。但是，如果发生大规模国有股减持，将由于供求关系的变化引起股票市场波动。并且，如果减持国有股权仅是用于养老金支出而不进行国有资产结构性的调整，或者国有资产结构性调整本身的作用不足以使社会生产函数提高，从而抵消国有资本下降对消费的影响，那么这种方式将造成社会福利的下降。因此，从福利的角度来说，减持、变现国有资产并不是最优的选择。划转国有股充实全国社会保障基金的方式与变现国有股的方式相比，具有优势。

　　首先，划转国有股充实全国社会保障基金可以进一步降低"全流通"的改革成本。股权分置改革的目标是全流通，但同此前几次国有股减持流通的改革不同，股权分置改革是有阶段性的，第一阶段是赋予非流通股以流通的权利，第二阶段才是实现国有股的减持与流通。而前几次改革，国有股减持流通都是从改革一开始就进行，并贯穿于改革的全过程。在后股权分置时期，国有股减持尚未真正开始，一旦国有股减持流通开始进行，会对股票市场产生何种程度的冲击还不确定。由于国有股减持相当于在股票市场现有股票数量的基础上增加了股票的供给，在股票市场资金没有大幅增加的情况下，国有股减持必定会对股票市场带来一定的冲击，至少是短期的冲击。《减持国有股筹集社会保障资金管理暂行办法》对国有股充实全国社会保障基金的具体方式是变现国有股，利用变现收入充实全国社会保障基金，此种方式难免造成股市波动。如果不变现国有股，而是直接将股权划转至全国社会保障基金，既可以实现国有股减持，又可以实现充实全国社会保障基金的目的。近几年中国养老保险制度的支付压力不大，全国社会保障基金没有大幅支出的需要，划转股权对于全国社会保障基金来说是可以接受的。划转国有股充实全国社会保障基金可以提高减持国有股所得资金使用的公共性。股改阶段没有明确全流通实现国有股变现收入的用途，如果将部分用途规定为全国社会保障基金，可以进一步提高公众对改革的合作程度。全国社会保障基金没有在短期内大规模变现股份的需求，并且全国社会保障基金可以通过企业分红实现充实全国社会保障基金。因此，划转国有股充实全国社会保障基金可以减轻整个股票市场中国有股变现的压力，进而降低改革成本。划转国有股充实全国社会保障基金还可以提高社会公众对企业盈利能力提高的预期，全国社会保障基金代表全体社会公众的利益，如果全国社会保障基金理事会成为企业的股东，可以改善股权结构和公司治理结构，提高企业未来的盈利能力，进一步降低全流通改革成本。

其次，划转国有股充实全国社会保障基金可以避免全流通引起可供划转的国有股存量的降低。在全流通时期，企业会有变现国有股获取资金的动机，特别是目前国有资本经营预算制度已经在中央企业开始试行，一部分国有企业利润将上缴，国有企业保留国有股的动机进一步下降。由于前期已经进行了国有股减持充实全国社会保障基金的改革探索，企业和政府部门会再次形成国有股充实全国社会保障基金的预期。无论是国有股减持还是划转，从实际情况分析，都由全国社会保障理事会负责管理运营。在目前国有资产分级管理的背景下，地方政府会具有加快变现国有股的动机，以避免地方所属国有股份划转至中央从而影响地方政府的利益。并且，股权分置改革本身目的之一就是通过改革盘活国有资产，进而实现国有资产存量的结构调整，国有资产将在部分领域降低比例，在某些领域增强实力，进而提高国有资产在国民经济中的主导作用。目前，国有资产存量调整已经开始进行，全流通将进一步加速这一进程，国有股份的总量将会下降。如果国有股份存量规模下降过快，将降低国有股充实全国社会保障基金的实际作用，如果国有资本存量调整结束，国有股份集中在国有经济必须要发挥控制作用的行业和领域，其他领域国有资本退出完成，国有股充实全国社会保障基金将不可能实现。因此，在全流通真正到来之前的后股权分置时期，就应该完成国有股充实全国社会保障基金，以避免全流通对国有股充实全国社会保障基金这项制度安排的冲击。

最后，更为重要的是，股权划转持有利于股权型社会保障制度的建立，实现在不影响社会福利的条件下提高养老保险的支付能力。国有股划转全国社会保障基金，这部分国有股由全国社会保障基金会持有并统一行使股东权利，全国社会保障基金会由此成为代表社会成员利益的国有资产股东，可以获得股票收益并将收益用于当期养老金支出。

根据第七章的分析结论，如果引入国有股权型养老保障之后能够保证：

$$\frac{[(1+\rho)nr+(2+\rho+r)]\mu br}{(2+\rho)(1+r)} > [(1-nD)][f(k_*^1)-f(k_*^2)]+[zf'(k_*^2)-gf'(k_*^1)]$$

(8.1)

则国有股权型养老保障可以实现社会整体福利的增进。

考虑更简单的情形，如果引入国有股权型养老保障之后能够实现：

$$\frac{b\mu(1+n)f'(k_*^2)}{1+f'(k_*^2)} \geqslant (1-\alpha)[f(k_*^1)-f(k_*^2)]+\{(k_1-g)f'(k_1)-[k_2-b(1-\mu)]f'(k_2)\}$$

(8.2)

那么国有股权型养老保障就可以在不降低社会福利的条件下解决养老金不足问题。其中：$\dfrac{b\mu(1+n)f'(k_*^2)}{1+f'(k_*^2)}$ 为国有股权型养老保障在老年期增加的收入折现到青年期末的规模，$(1-\alpha)[f(k_*^1)-f(k_*^2)]+\{(k_1-g)f'(k_1)-[k_2-b(1-\mu)]f'(k_2)\}$ 为由于国有股权型养老保障降低经济中稳态资本存量造成私人年轻期末收入的下降。即如果国有股权型养老保障增加私人消费的规模大于由于降低资本存量而使收入降低的规模，那么国有股权型养老保障就具有增进社会福利的效应。

政府降低每期对每单位有效劳动提供的国有资产规模，同时将部分国有资产当期收益用于当期老年人养老金支出对私人消费同时具有两个效应：“挤出效应”和“替代效应”。“挤出效应”是指国有资产水平的下降会降低经济均衡的资产存量，从而经济中产出下降，消费水平下降；“替代效应”是指由于每期国有资产收益用于老年人消费，会提高私人消费水平。同时，产出中政府所得的资产收益下降，也会提高产出中私人所有的比例，因而会对私人消费有一定的替代作用。如果“替代效应”大于或等于“挤出效应”，那么从福利的角度利用国有资产收益充实全国社会保障基金就是一种能够实现福利改进的措施；反之，如果“替代效应”小于“挤出效应”，那么国有资产收益充实全国社会保障基金就同变现国有资产一样会降低社会福利水平。而国有资产的“替代效应”与“挤出效应”的比较关键取决于政府提供国有资产的能力，即在用于私人消费的国有资产收益比例 μ 不变的条件下，政府可以提供的国有资产水平 b 越高，“替代效用”越大，“挤出效应”越小；而在政府可以提供的国有资产水平 b 不变的条件下，用于私人消费的国有资产收益比例 μ 越高，国有资产的“替代效应”越大，“挤出效应”越小。特别是国有股权型养老保障将部分国有资产收益的所有权划归私人，实质上赋予了私人对部分国有资产的管理权，这相当于改善了国有资产的所有权结构。如果这种所有权结构的改善提高了生产函数，那么国有股权型养老保障制度的福利改进效应将更加显著。

8.2.1.2　划转国有股与改善国有企业公司治理结构的改革效应

国有企业改革的方向是建立并规范同现代公司运行机制相适应的法人治理结构，实现企业经营机制的真正转换，现代公司制度的特征是投资主体多元化以及与此相适应的所有权与经营权的分离。优化股东结构、探索适合中国实际的国有企业法人治理结构是国有企业改革的重点。公司治理结构主要讨论的是企业的投资者通过何种途径解决委托代理问题，保证其投资获得回报。控制委托代理问题有多种办法，其中，在投资者权益保护不充分的国家和地区，所有权集中、让机构投资者加强对企业的监督，是减轻代理问题的有效方式，一些实证研究也验证了这个结果。Minton（1999）对韩国、马来西亚、泰国和菲律宾 399 个企业进行了研究，发现它们在 1997—1998 年金融危机期间的绩效与其外部所有权集中度正相关；对印度的一项研究表明，1991 年市场开放以后，企业的绩效与外国金融机构在当地企业的持股比例正相关，与印度本国金融机构的持股比例负相关；许小年、王燕（2000）发现，中国上市公司的股权结构与公司绩效密切相关；上市公司的利润率与法人股的占比正相关，在很多情况下，与国有股比重和散户持股比重负相关；此外，上市公司的劳动生产率与国有股比重负相关。

从国外养老金的发展来看，养老基金在一些国家积极参与公司治理，有效地促进了公司治理效率的提高。以美国为例，随着公共养老基金的资产额不断增长和资本市场的发展，基金投资于公司股票的比重也日趋上升。为了避免因为上市公司出现治理问题使公共养老金遭受损失①，美国公共养老基金从被动投资者逐渐转变为主动所有者，即放弃原来的"华尔街准则"②，而是通过积极参与公司治理的方式确保自身的投资收益和价值增值。通过采取制定有效的公司治理原则与投票政策、向公众"曝光"不良公司治理、私下沟通、代理投票和提出股东议案等方式积极参与公司治理，在保证公共养老金保值增值的同时，也提高了公司治理效率，保护了中小投资者的权益。中国的情况与其他国家不完全相同，在国有企业公司化改造中，多数企业被改制为国有独资公司和国有控股公司，因此，国有股权过度集中的问题比较突出，公司治理的问题不是股权分散，而是股权过于集中。改善中国国有企业的公司治理结构，一是要降低国有股份比重，二是探寻国有股权的实现形式。

在利用国有资产解决社会保障资金压力的研究中出现了"股转债"的观点，即在国有企业产权多元化和私人股份占有一定比重的基础上，将部分国有股权转成全国社会保障基金对企业的债权，从而使国有股在公司总股本中的比重降低，私人股的比重上升。国有股份比重下降可以改善国有企业的股权结构，全国社会保障基金同时也具备参与和改善公司治理的功能，可以以股东身份及投资策略引导、影响企业行为，提高企业的管理运营效率，但这要以全国社会保障基金具有参与公司治理的能力和意愿为基础。有的学者还提出了"社会保障基金所有制"，建议通过资本市场的国有资产减持变现改善产权结构，使产权结构多元化，实现政企分开。而将部分国有股划转全国社会保障基金，由全国社会保障基金根据实际情况运营管理、享受收益，并利用分红弥补养老金缺口的国有股权型养老保障制度实质上与这些观点契合。利用社会保障基金代表投资者利益、全民共有以及投资的长期、稳定特点，划转国有股充实全国

---

① 因为公共养老金持有股票较多，抛售股票会加速股票的下跌，使公共养老金遭受更大的损失。

② 对参与所投资公司的治理保持低调，主要通过财务评价以及考察公司的成长业绩等手段来确定投资方向，当出现偏差时就"以脚投票"，通过抛售股票来规避投资风险、确保投资收益。

社会保障基金可以实现改善国有企业股权结构、完善公司治理结构等重要功能，详见图 8.2：

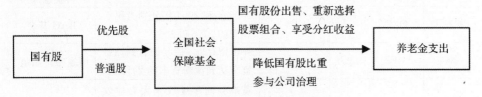

图 8.2　全国社会保障基金改善公司治理

8.2.2　国有资产收益分配的国际经验

从各个国家的情况来看，一般的做法都要求将国有企业的红利转给财政部门用于公共支出。一些国家还设立了独立的国家持股基金，例如：奥地利的 OIAG 基金、捷克的国家财产基金、新加坡的淡马锡等。在这些基金当中，只有淡马锡是一家将红利和私有化收入用于再投资的自我持续发展的基金。即便如此，在过去的 30 多年里，淡马锡平均每年都要将其股票市值的 7％作为红利支付给新加坡财政部。而奥地利 OIAG 基金在 2004 年将其普通盈利的 90％作为红利分给了财政部。此外，OIAG 基金还必须将普通盈利以外的私有化收入全部交给财政部。很多年来，捷克的国家财产基金上缴给各个政府部门以及分配给各种项目和补贴的资金几乎与该基金的利润收入和私有化收入相等。

企业红利是指税后利润减去企业保留利润后剩余部分。国有企业红利分配制度的变革贯穿于国有企业改革进程之中。在国有企业改革之前，国有企业要上缴财政所有的利润，然后再从国家财政获得投资以及弥补亏损所需的全部资金。国有企业改革始于扩大经理层的经营自主权，并允许企业保留利润，有助于提高国有企业内部的赢利动机。20 世纪 80 年代，国有企业的利润留成不断增加，而与此同时，政府从企业获得的收入却急剧减少，导致了财政收入的整体下滑。为了在不损害经理和职工的赢利动机的情况下确保从国有企业获得收入，政府采取了一系列措施，从 20 世纪 80 年代初的各种利润留存到 80 年代末的"承包制"等，政府分别与每一家国有企业就利润分配进行协商谈判。1994 年分税制改革之后，本来作为一项过渡性措施的企业利润暂缓上缴规定却成为一项长期制度，一直延续到近期的国有资本经营预算试点，中央企业才开始向国有股份分红，地方国有企业分红制度还未建立。

表 8.1 各国国有资产收益分配的情况

国家	公司	行业	国家所有权	分红政策	国有股份红利获益人
奥地利	OMV	石油冶炼	32%	2003 年和 2004 年分别为税后利润的 27% 和 20%	OIAG 基金
捷克	CEZ	电力	68%	要求留存 5% 的利润直到储备资金达到注册资本的 20%	国家财产基金
丹麦	CPH	机场	37%	董事会向年度股东大会建议制定稳定的分红比率，2004 年为盈利的 50%	财政部
芬兰	Finnair	航空	58%	董事会向年度股东大会建议根据收益趋势和前景、财务状况和资本投资需要，在一个商业周期内至少支付平均相当于每股收益的三分之二	财政部
法国	France Telecom	电信	31%	2003 年和 2004 年获得盈利的年份里，以每股为基础，红利为利润收入的 16%～43%	一般性预算和国家养老基金
印度	ICICI Bank	金融服务	17%	2004 年的每股红利为每股盈利的 88%。董事会建议分红政策应建立在收入、现金流、财务状况和中央银行监管的基础上，有待股东大会批准	国有保险公司
新西兰	Air New Zealand	航空	81%	分红率为盈利的 15%	财政部
挪威	Statoil	石油	81%	公司力图在考虑商业周期的情况下，将几年内的平均分红率保持在净利润的 45%～50%	财政部
新加坡	PSA	港口	100%	2003 年红利相当于税前经营现金收入的 61%	淡马锡基金
韩国	KT&G	烟草产品	1999 年 100%，2002 年底为 0	2000 年到 2002 年属于最后拥有国有股份的阶段，每股红利为每股盈利的 60%～80%	财政经济部
瑞典	SJ	铁路	100%	股本/资产比率达到 50% 的目标后，红利至少为净利润的三分之一	财政部

注：转自高路易，高伟彦，张春霖. 国有企业分红：分多少？分给谁？[EB/OL].
http：//www. worldbank. org. cn/Chinese/content/636m63551169. shtml，2005-10-17.

在表 8.1 中的各个国家中，有三个国家的国家持股基金比较类似于中国的全国社会保障基金，其持有国有股份并享受国有资产收益的管理运作经验对全国社会保障基金具有一定的借鉴意义。

表 8.2　　　　　　　　　　　国家持股基金情况

国家	公司	类型	国家所有权	分红政策	国有股份红利获益人
奥地利	OIAG	"战略性"	100％	2004 年 90％的利润收入作为红利支付，私有化收入必须 100％上缴财政部	财政部
捷克	国家财产基金	"战略性"和"资产组合"	100％	基金账目表明以预算支持和补贴的形式支付给各类国家部门和实体的总额可能已经达到盈利的 100％	各类政府基金
新加坡	淡马锡基金	"战略性"和"资产组合"	100％	在过去 30 年里，支付给财政部的红利平均为国有股份市值的 7％	财政部

注：①转自高路易，高伟彦，张春霖. 国有企业分红：分多少？分给谁？[EB/OL].
http：//www. worldbank. org. cn/Chinese/content/636m63551169. shtml，2005-10-17.
②"战略性"为非指数化积极投资策略；"资产组合"为指数化被动投资策略

奥地利政府试图获得对原国有企业的市场监督，并通过 OIAG 的少数持股保持其战略影响。OIAG 原来的任务（1970 年至 1980 年期间）是使国有企业免受政界的影响并提高经营灵活性；保持国有企业监督和战略的延续性；结束软预算约束；集中财政职能。为了应对经济危机和 OIAG 的债务，这种情况发生了变化，1993 年的一项法律要求 OIAG 出售其在奥地利国有企业的多数股权，用这笔收入来偿还债务。但是这项法律又规定 OIAG 的持股不得低于公司法要求的 25％加 1 股的水平，以避免公司经营或资本结构的根本性变动。目前，奥地利政府依靠 OIAG 的少数持股确保对奥地利国民经济有重要意义的企业作出战略决策。政府通过 OIAG 这个媒介，实现国有资产的退出、调整以及基金投资运营收入和国有资产收益。

新加坡淡马锡基金是在 20 世纪 70 年代由新加坡政府投资兴办的，具有较多企业参与的背景。为了提高对国有企业的管理效能，由财政部（投资司）负责组建，是一种专门经营和管理国家投入到各类企业资本的国家资产经营和管理公司。淡马锡控股公司在性质上属于一个民间法人，但其股权 100％为新加坡财政部持有，其宗旨是从新加坡的长远利益出发，负责持有并管理旗下企业的投资。淡马锡公司在每年从国有企业取得红利的同时，必须将自己利润的一定比例上缴给财政部。自 20 世纪 90 年代中期以来，淡马锡将主要精力集中在调整投资组合上，通过精简或整合的形式来提高股东的长期投资回报，并以持有或脱售的思路将旗下企业分为三类，A 类和 B 类继续持有，另外一类则属于出售的部分。A 类资产为政府拥有并监控的企业，B 类资产为具有国际或区域发展潜能的企业。自 1985 年以来，淡马锡出售了 40 多家公司的全部股权，并出售了 30 多家公司的部分股权。淡马锡基金十分注重对外投资，主要是投资于具有区域或国际发展潜能的新兴业务。淡马锡是积极参与的股东，运用其股东权力和良好的企业监管架构，影响旗下公司的发展战略与方针，扮演着战略性的推动作用。但是，淡马锡不参与旗下公司的微观管理和日常经营。企业的微观管理和日常运作由各自的管理层自行负责，并由各企业自身的董事会监督。

捷克的国家财产基金（NPF）对于捷克政府在国有资产私有制进程中发挥国家控制力的重要工具。目前，捷克尽管已经有超过 80％的国有资产转入私有部门，但国家在许多实体中仍然保有主要股权。国家财产基金（NPF）仍然是全国最大的股东，某些战略性企业仍作为国有公司进行运作。此外，NPF在许多大公司（如捷克最大电站及其独家经销商、捷克航空、炼油和石油运输企业）和商业银行以及地区电力和燃气分销商中都保有高至 100％的股权。并且，在私有化的过程中国有财产基金根据私有化部的决定完成财产的转移，并负责保管未能及时转换到私人手中的国有财产。

从这些国家的情况分析，国有资产的收益一般都有部分上缴国家，用于公共支出等目的。上述三支有代表性的国家持股基金对国有资产规模结构的调整、参与公司治理、国有资产收益获取以及使用等方面的经验对中国全国社会保障基金的运行具有较强的借鉴意义。

8.3　国有股权型养老保障提高养老保险支付能力效应测算

本书在全国社会保障基金投资收益率、国有企业利润增长率、分红率以及全国社会保障基金持股比例等指标不同假设基础之上，测算利用全国社会保障基金实现国有股权型养老保障在 2050 年之前提高中国养老保险制度支付能力的效应。

8.3.1　假设条件

（1）全国社会保障基金投资收益率：全国社会保障基金建立以来，累计年均实现收益率 3.89％，累计年均经营收益率 6.88％，收益率逐年提高，收益额逐年增加。假设个人账户资金全部由全国社会保障基金投资管理，在资产组合限制放宽、监管效率提高以及中国资本市场不断完善的情况下，投资收益率有所提高，在原有 5％水平的假设基础上提高至 7％的水平。

（2）国有企业分红率：目前中国上市公司总体分红率为净利润的 38％左右。假设股权结构调整、国有资本经营预算制度的建立可以提高国有企业的分红率，从目前的 38％提高至 50％。

（3）国有企业利润增长：本书假设国有企业利润增长幅度以高速度、中高速度、中低速和低速度增长，高速度为年均增长 15％，中高速度为年均增长 10％，中低速度为年均增长 8％，低速度为年均增长 5％。

（4）划转国有股充实全国社会保障基金的比例：《减持国有股筹集社会保障资金管理暂行办法》将减持比例限定在 10％，目前的研究一般倾向于比例在 10％～15％之间。为测算不同持股比例下国有股权型养老保障的不同效应，本书假设划转全国社会保障基金的比例为低水平（10％）、中低水平（15％）、中水平（30％）、中高水平（50％）、高水平（80％）。

8.3.2　测算结果

8.3.2.1　国有股权型养老保障分红收入测算

本书选取以下五个指标衡量国有股权型养老保障在不同条件下可获得的分红收入：

（1）各年可获得分红收入规模；

（2）各年分红收入可实现的平均替代率；

（3）各年分红收入与当年个人账户可支出规模的比率；

（4）各年分红收入与当年统筹养老金收入的比率；

（5）各年分红收入与当年养老金可支出规模的比率。

测算结果见表 8.3。

表 8.3 （a） 国有企业利润年均 15％增长条件下国有股权型养老保障分红收入

	持股比例	2005	2010	2015	2020	2025	2030	2035	2040	2045	2050
分红收入规模（亿元）	10%	600	**1206**	2426	4880	9815	**19741**	**39707**	**79864**	**160635**	**323095**
	15%	900	1809	**3639**	**7320**	**14722**	29612	59560	119796	240953	484642
	30%	1799	3619	7278	14639	29445	59224	119120	239592	481906	969284
	50%	2998	6031	12130	24399	49074	98706	198533	399320	803176	1615474
	80%	4798	9650	19409	39038	78519	157929	317653	638913	1285082	2584758
各年分红收入可实现的平均替代率（%）	10%	4.96	6.57	8.92	12.28	17.01	24.67	38.28	61.86	102.85	178.35
	15%	7.44	9.86	13.38	18.42	25.52	37.01	57.42	92.79	154.28	267.52
	30%	14.87	19.72	26.77	36.84	51.03	74.02	114.84	185.58	308.56	535.04
	50%	24.78	32.87	44.61	61.40	85.06	123.36	191.41	309.30	514.27	891.74
	80%	39.66	52.59	71.38	98.24	136.09	197.38	306.25	494.87	822.83	1426.78
各年分红收入与当年个人账户可支出规模之比	10%	5.01	2.69	2.71	1.71	1.55	1.63	1.97	2.63	3.79	5.87
		5.29	2.94	2.71	2.03	1.94	2.13	2.67	3.67	5.40	8.49
	15%	7.51	4.03	4.06	2.57	2.33	2.44	2.95	3.94	5.68	8.81
		7.93	4.41	4.06	3.05	2.90	3.19	4.01	5.50	8.11	12.73
	30%	15.03	8.06	8.12	5.14	4.66	4.89	5.90	7.88	11.36	17.62
		15.87	8.83	8.12	6.09	5.81	6.38	8.02	11.01	16.21	25.46
	50%	25.05	13.43	13.53	8.56	7.77	8.15	9.83	13.14	18.94	29.36
		26.45	14.71	13.53	10.15	9.68	10.63	13.37	18.35	27.02	42.43
	80%	40.07	21.49	21.65	13.70	12.44	13.04	15.73	21.02	30.30	46.98
		42.32	23.53	21.65	16.25	15.49	17.01	21.39	29.36	43.23	67.89
各年分红收入与当年统筹养老金收入之比	10%	0.08	0.13	0.22	0.39	0.67	1.16	1.99	3.41	5.84	9.82
	15%	0.12	0.20	0.34	0.59	1.01	1.74	2.98	5.12	8.76	14.74
	30%	0.24	0.39	0.67	1.18	2.02	3.49	5.97	10.24	17.53	29.47
	50%	0.40	0.66	1.12	1.96	3.36	5.81	9.94	17.07	29.22	49.12
	80%	0.64	1.05	1.80	3.14	5.38	9.30	15.91	27.31	46.75	78.60

	持股比例	2005	2010	2015	2020	2025	2030	2035	2040	2045	2050
各年分红收入与当年养老金可支出规模之比	10%	0.08	0.13	0.21	0.32	0.47	0.68	0.99	1.48	2.30	3.68
		0.08	0.13	0.21	0.33	0.50	0.75	1.14	1.77	2.81	4.55
	15%	0.12	0.19	0.31	0.48	0.70	1.02	1.48	2.23	3.45	5.51
		0.12	0.19	0.31	0.49	0.75	1.13	1.71	2.65	4.21	6.83
	30%	0.24	0.38	0.62	0.96	1.41	2.04	2.97	4.45	6.89	11.03
		0.24	0.38	0.62	0.99	1.50	2.25	3.42	5.31	8.42	13.66
	50%	0.39	0.63	1.04	1.60	2.35	3.39	4.94	7.42	11.49	18.38
		0.39	0.63	1.04	1.64	2.50	3.76	5.70	8.84	14.04	22.77
	80%	0.63	1.00	1.66	2.55	3.76	5.05	7.33	10.93	18.39	29.40
		0.63	1.01	1.66	2.63	3.99	6.01	9.12	14.15	22.46	36.43
养老金缺口（亿元）	5%收益率假设	375	−1399	−4629	−8553	−13713	−18915	−22075	−23672	−23811	−20789
	7%收益率假设	369	−1438	−4637	−9000	−14956	−21744	−27414	−32308	−36488	−37737

注：不加下划线为指标在投资收益率 7% 与投资收益率 5% 条件下相等；加下划线为投资收益率 5% 条件下的数值，**黑体**为分红收入与当年养老金缺口最接近值。

表 8.3　(b)　国有企业利润年均 10% 增长条件下国有股权型养老保障分红收入

	持股比例	2005	2010	2015	2020	2025	2030	2035	2040	2045	2050
分红收入规模（亿元）	10%	600	**1206**	2426	4880	9815	**19741**	**39707**	**79864**	**160635**	**323095**
	15%	900	1809	**3639**	**7320**	**14722**	29612	59560	119796	240953	484642
	30%	1799	3619	7278	14639	29445	59224	119120	239592	481906	969284
	50%	2998	6031	12130	24399	49074	98706	198533	399320	803176	1615474
	80%	4798	9650	19409	39038	78519	157929	317653	638913	1285082	2584758
各年分红收入可实现的平均替代率（%）	10%	4.74	5.03	5.47	6.03	6.69	7.77	9.65	12.49	16.62	23.08
	15%	7.11	7.55	8.21	9.05	10.03	11.65	14.47	18.73	24.93	34.62
	30%	14.22	15.10	16.42	18.09	20.07	23.30	28.95	37.46	49.87	69.24
	50%	23.71	25.17	27.36	30.15	33.44	38.84	48.25	62.43	83.11	115.40
	80%	37.93	40.28	43.78	48.24	53.51	62.14	77.20	99.89	132.98	184.64

续表

	持股比例	2005	2010	2015	2020	2025	2030	2035	2040	2045	2050
各年分红收入与当年个人账户可支出规模之比	10%	4.79	2.06	1.66	0.84	0.61	0.51	0.50	0.53	0.61	0.76
		5.06	2.25	1.66	1.00	0.76	0.67	0.67	0.74	0.87	1.10
	15%	7.19	3.09	2.49	1.26	0.92	0.77	0.74	0.80	0.92	1.14
		7.59	3.38	2.49	1.50	1.14	1.00	1.01	1.11	1.31	1.65
	30%	14.37	6.17	4.98	2.52	1.83	1.54	1.49	1.59	1.84	2.28
		15.18	6.76	4.98	2.99	2.28	2.01	2.02	2.22	2.62	3.29
	50%	23.96	10.29	8.30	4.20	3.06	2.57	2.48	2.65	3.06	3.80
		25.30	11.27	8.30	4.99	3.81	3.35	3.37	3.70	4.37	5.49
	80%	38.33	16.46	13.27	6.73	4.89	4.10	3.97	4.24	4.90	6.08
		40.48	18.03	13.27	7.98	6.09	5.35	5.39	5.93	6.99	8.79
各年分红收入与当年统筹养老金收入之比	10%	0.08	0.13	0.22	0.39	0.67	1.16	1.99	3.41	5.84	9.82
	15%	0.12	0.2	0.34	0.59	1.01	1.74	2.98	5.12	8.76	14.74
	30%	0.24	0.39	0.67	1.18	2.02	3.49	5.97	10.24	17.53	29.47
	50%	0.4	0.66	1.12	1.96	3.36	5.81	9.94	17.07	29.22	49.12
	80%	0.64	1.05	1.8	3.14	5.38	9.3	15.91	27.31	46.75	78.6
各年分红收入与当年养老金可支出规模之比	10%	0.08	0.10	0.13	0.16	0.18	0.21	0.25	0.30	0.37	0.48
		0.08	0.10	0.13	0.16	0.20	0.24	0.29	0.36	0.45	0.59
	15%	0.11	0.14	0.19	0.24	0.28	0.32	0.37	0.45	0.56	0.71
		0.11	0.14	0.19	0.24	0.29	0.35	0.43	0.54	0.68	0.88
	30%	0.23	0.29	0.38	0.47	0.55	0.64	0.75	0.90	1.11	1.43
		0.23	0.29	0.38	0.48	0.59	0.71	0.86	1.07	1.36	1.77
	50%	0.38	0.48	0.64	0.78	0.92	1.07	1.25	1.50	1.86	2.38
		0.38	0.48	0.64	0.81	0.98	1.18	1.44	1.78	2.27	2.95
	80%	0.60	0.77	1.02	1.25	1.48	1.71	1.99	2.40	2.97	3.81
		0.60	0.77	1.02	1.29	1.57	1.89	2.30	2.86	3.63	4.71
养老金缺口（亿元）	5%收益率假设	375	−1399	−4629	−8553	−13713	−18915	−22075	−23672	−23811	−20789
	7%收益率假设	369	−1438	−4637	−9000	−14956	−21744	−27414	−32308	−36488	−37737

注：不加下划线为指标在投资收益率 7％与投资收益率 5％条件下相等；加下划线为投资收益率 5％条件下的数值，**黑体**为分红收入与当年养老金缺口最接近值。

表 8.3（c）　国有企业利润年均 8％增长条件下国有股权型养老保障分红收入

	持股比例	2005	2010	2015	2020	2025	2030	2035	2040	2045	2050
分红收入规模（亿元）	10％	600	**1206**	2426	4880	9815	**19741**	**39707**	**79864**	**160635**	**323095**
	15％	900	1809	**3639**	**7320**	**14722**	29612	59560	119796	240953	484642
	30％	1799	3619	7278	14639	29445	59224	119120	239592	481906	969284
	50％	2998	6031	12130	24399	49074	98706	198533	399320	803176	1615474
	80％	4798	9650	19409	39038	78519	157929	317653	638913	1285082	2584758
各年分红收入可实现的平均替代率（％）	10％	4.66	4.51	4.47	4.50	4.55	4.82	5.46	6.45	7.83	9.92
	15％	6.98	6.76	6.71	6.74	6.82	7.23	8.20	9.67	11.75	14.89
	30％	13.97	13.53	13.42	13.49	13.65	14.46	16.39	19.35	23.50	29.77
	50％	23.28	22.55	22.36	22.48	22.75	24.10	27.32	32.25	39.17	49.62
	80％	37.24	36.08	35.77	35.97	36.40	38.56	43.71	51.60	62.67	79.39
各年分红收入与当年个人账户可支出规模之比	10％	4.70	1.84	1.36	0.63	0.42	0.32	0.28	0.27	0.29	0.33
		<u>4.97</u>	<u>2.02</u>	<u>1.36</u>	<u>0.74</u>	<u>0.52</u>	<u>0.42</u>	<u>0.38</u>	<u>0.38</u>	<u>0.41</u>	<u>0.47</u>
	15％	7.06	2.76	2.03	0.94	0.62	0.48	0.42	0.41	0.43	0.49
		<u>7.45</u>	<u>3.03</u>	<u>2.03</u>	<u>1.12</u>	<u>0.78</u>	<u>0.62</u>	<u>0.57</u>	<u>0.57</u>	<u>0.62</u>	<u>0.71</u>
	30％	14.11	5.53	4.07	1.88	1.25	0.96	0.84	0.82	0.87	0.98
		<u>14.90</u>	<u>6.05</u>	<u>4.07</u>	<u>2.23</u>	<u>1.55</u>	<u>1.25</u>	<u>1.14</u>	<u>1.15</u>	<u>1.23</u>	<u>1.42</u>
	50％	23.52	9.21	6.78	3.13	2.08	1.59	1.40	1.37	1.44	1.63
		<u>24.84</u>	<u>10.09</u>	<u>6.78</u>	<u>3.72</u>	<u>2.59</u>	<u>2.08</u>	<u>1.91</u>	<u>1.91</u>	<u>2.06</u>	<u>2.36</u>
	80％	37.64	14.74	10.85	5.02	3.33	2.55	2.25	2.19	2.31	2.61
		<u>39.74</u>	<u>16.15</u>	<u>10.85</u>	<u>5.95</u>	<u>4.14</u>	<u>3.32</u>	<u>3.05</u>	<u>3.06</u>	<u>3.29</u>	<u>3.78</u>
各年分红收入与当年统筹养老金收入之比	10％	0.07	0.09	0.11	0.14	0.18	0.23	0.28	0.36	0.45	0.55
	15％	0.11	0.14	0.17	0.22	0.27	0.34	0.43	0.53	0.67	0.82
	30％	0.22	0.27	0.34	0.43	0.54	0.68	0.85	1.07	1.34	1.64
	50％	0.37	0.45	0.56	0.72	0.90	1.14	1.42	1.78	2.23	2.73
	80％	0.60	0.72	0.90	1.15	1.44	1.82	2.27	2.85	3.56	4.37

	持股比例	2005	2010	2015	2020	2025	2030	2035	2040	2045	2050
各年分红收入与当年养老金可支出规模之比	10%	0.07	0.09	0.10	0.12	0.13	0.13	0.14	0.15	0.18	0.20
		0.07	0.09	0.10	0.12	0.13	0.15	0.16	0.18	0.21	0.25
	15%	0.11	0.13	0.16	0.18	0.19	0.20	0.21	0.23	0.26	0.31
		0.11	0.13	0.16	0.18	0.20	0.22	0.24	0.28	0.32	0.38
	30%	0.22	0.26	0.31	0.35	0.38	0.40	0.42	0.46	0.53	0.61
		0.22	0.26	0.31	0.36	0.40	0.44	0.49	0.55	0.64	0.76
	50%	0.37	0.43	0.52	0.58	0.63	0.66	0.71	0.77	0.88	1.02
		0.37	0.43	0.52	0.60	0.67	0.73	0.81	0.92	1.07	1.27
	80%	0.59	0.69	0.83	0.93	1.00	1.06	1.13	1.24	1.40	1.64
		0.59	0.69	0.83	0.96	1.07	1.17	1.30	1.48	1.71	2.03
养老金缺口（亿元）	5%收益率假设	375	−1399	−4629	−8553	−13713	−18915	−22075	−23672	−23811	−20789
	7%收益率假设	369	−1438	−4637	−9000	−14956	−21744	−27414	−32308	−36488	−37737

注：不加下划线为指标在投资收益率 7% 与投资收益率 5% 条件下相等；加下划线为投资收益率 5% 条件下的数值，**黑体**为分红收入与当年养老金缺口最接近值。

表 8.3（d）　国有企业利润每年 5% 增长条件下国有股权型养老保障分红收入

	持股比例	2005	2010	2015	2020	2025	2030	2035	2040	2045	2050
分红收入规模（亿元）	10%	**548**	699	892	1138	1453	1854	2366	3020	3855	4920
	15%	821	**1048**	1338	1707	2179	2781	3550	4530	5782	7380
	30%	1643	2096	2676	3415	4358	5563	7099	9061	11564	14759
	50%	2738	3494	**4459**	5692	7264	9271	11832	15101	19274	24598
	80%	4380	5591	7135	**9106**	**11622**	**14833**	**18932**	**24162**	**30838**	**39357**
各年分红收入可实现的平均替代率（%）	10%	4.53	3.81	3.28	2.86	2.52	2.32	2.28	2.34	2.47	2.72
	15%	6.79	5.71	4.92	4.30	3.78	3.48	3.42	3.51	3.70	4.07
	30%	13.58	11.43	9.84	8.59	7.55	6.95	6.84	7.02	7.40	8.15
	50%	22.63	19.04	16.40	14.32	12.59	11.59	11.41	11.70	12.34	13.58
	80%	36.21	30.47	26.24	22.92	20.14	18.54	18.25	18.71	19.75	21.73

续表

	持股比例	2005	2010	2015	2020	2025	2030	2035	2040	2045	2050
各年分红收入与当年个人账户可支出规模之比	10%	4.57	1.56	0.99	0.40	0.23	0.15	0.12	0.10	0.09	0.09
		4.74	1.52	0.81	0.35	0.19	0.12	0.09	0.07	0.06	0.05
	15%	6.86	2.33	1.49	0.60	0.35	0.23	0.18	0.15	0.14	0.13
		7.11	2.28	1.21	0.52	0.29	0.18	0.13	0.10	0.09	0.08
	30%	13.72	4.67	2.98	1.20	0.69	0.46	0.35	0.30	0.27	0.27
		14.21	4.56	2.42	1.04	0.57	0.36	0.26	0.21	0.18	0.16
	50%	22.87	7.78	4.97	2.00	1.15	0.77	0.59	0.50	0.45	0.45
		23.69	7.59	4.03	1.74	0.96	0.61	0.44	0.35	0.29	0.27
	80%	36.59	12.45	7.96	3.20	1.84	1.22	0.94	0.79	0.73	0.72
		37.90	12.15	6.44	2.79	1.53	0.97	0.70	0.56	0.47	0.43
各年分红收入与当年统筹养老金收入之比	10%	0.07	0.08	0.08	0.09	0.10	0.11	0.12	0.13	0.14	0.15
	15%	0.11	0.11	0.12	0.14	0.15	0.16	0.18	0.19	0.21	0.22
	30%	0.22	0.23	0.25	0.27	0.30	0.33	0.36	0.39	0.42	0.45
	50%	0.36	0.38	0.41	0.46	0.50	0.55	0.59	0.65	0.70	0.75
	80%	0.58	0.61	0.66	0.73	0.80	0.87	0.95	1.03	1.12	1.20
各年分红收入与当年养老金可支出规模之比	10%	0.07	0.07	0.08	0.07	0.07	0.06	0.06	0.06	0.06	0.06
		0.07	0.07	0.06	0.06	0.05	0.04	0.04	0.03	0.03	0.03
	15%	0.11	0.11	0.11	0.11	0.10	0.10	0.09	0.08	0.08	0.08
		0.11	0.10	0.09	0.08	0.07	0.06	0.06	0.05	0.05	0.04
	30%	0.22	0.22	0.23	0.22	0.21	0.19	0.18	0.17	0.17	0.17
		0.21	0.20	0.19	0.17	0.15	0.13	0.11	0.10	0.09	0.09
	50%	0.36	0.36	0.38	0.37	0.35	0.32	0.29	0.28	0.28	0.28
		0.35	0.33	0.31	0.28	0.25	0.21	0.19	0.17	0.15	0.14
	80%	0.57	0.58	0.61	0.60	0.56	0.51	0.47	0.45	0.44	0.45
		0.56	0.52	0.49	0.45	0.39	0.34	0.30	0.27	0.24	0.23
养老金缺口（亿元）	5%收益率假设	375	−1399	−4629	−8553	−13713	−18915	−22075	−23672	−23811	−20789
	7%收益率假设	369	−1438	−4637	−9000	−14956	−21744	−27414	−32308	−36488	−37737

注：不加下划线为指标在投资收益率 7％与投资收益率 5％条件下相等；加下划线为投资收益率 5％条件下的数值，**黑体**为分红收入与当年养老金缺口最接近值。

测算结果显示，在其他条件相同的情况下，国有企业利润增长越快，国有股权型养老保障获得的分红收入规模和可实现的平均收益率越高，与各年个人账户可支出规模、各年统筹养老金收入规模以及各年养老金支出规模之比越高；在国有企业利润增长速度相同的情况下，基金收益率提高可以提高国有股权型养老保障的收入水平。

在国有企业利润年均增长率 15％、基金投资收益率 7％的最高假设条件下，全国社会保障基金 10％持股在人口老龄化高峰期获得的分红收入依然可以达到个人账户可支出规模的 1.5 倍以上，2029 年之后分红收入将超过统筹养老金收入，2036 年之后分红收入将超过当年养老金可支出规模。在此条件下，国有股权型养老保障提高养老保险支付能力的作用较强，随着国有企业利润的不断增长，国有股权型养老保障的分红收入将超过当年养老保险制度本身养老金的可支出规模，相当于利用国有股权建立了一个支付能力超过社会养老保险的全新的养老保障制度。

在国有企业利润年均增长率 5％、基金投资收益率 5％的最低假设条件下，全国社会保障基金 10％持股，在人口老龄化高峰期，分红收入相当于各年个人账户资金的 9％～20％、统筹养老金的 7％、养老金可支出规模的 4％，可以在一定程度上实现对养老保险的资金补充；随着持股比例的提高，国有股权型养老保障分红收入增加，国有股权型养老保障效应增强，在全国社会保障基金 30％持股条件下，人口老龄化高峰期分红收入相当于个人账户可支出规模的 30％～50％、统筹养老金收入的 20％、养老金可支出规模的 11％～15％。

8.3.2.2 国有股权型养老保障支付能力测算

加入国有资产收益之后，各年养老保险制度可支出规模增加：

各年可支出养老金总额＝当年基础养老金收入＋当年可支出个人账户资金规模＋当年国有资产收益补充

上述公式是在支付能力测算模型中，加入国有资产收益对养老保险基金的补充规模。不同参数假定下养老保险的支付能力测算结果如图 8.3 和图 8.4。

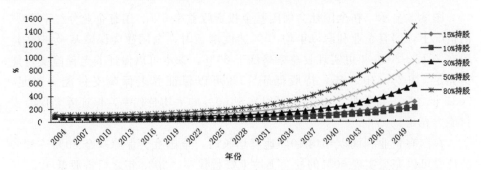

图 8.3（a）　投资收益率 5%、国有企业分红率 50%、企业利润以 15%速度增长
全国社会保障基金不同持股比例 2050 年之前养老保险可实现替代率

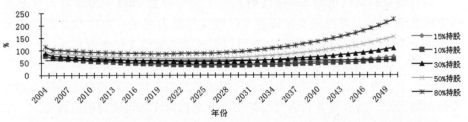

图 8.3（b）　投资收益率 5%、国有企业分红率 50%、企业利润以 10%速度增长
全国社会保障基金不同持股比例 2050 年之前养老保险可实现替代率

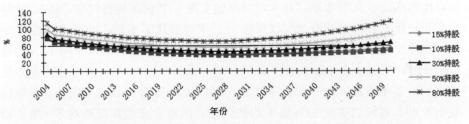

图 8.3（c）　投资收益率 5%、国有企业分红率 50%、企业利润以 8%速度增长
全国社会保障基金不同持股比例 2050 年之前养老保险可实现替代率

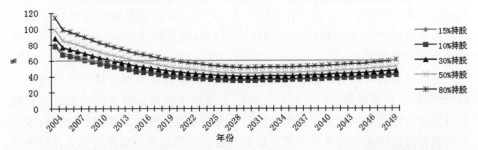

图 8.3（d）　投资收益率 5%、国有企业分红率 50%、企业利润以 5%速度增长
全国社会保障基金不同持股比例 2050 年之前养老保险可实现替代率

图 8.3 显示，在全国社会保障基金投资收益率 5％、国有企业分红率 50％ 的情况下，国有企业利润以年均 15％ 速度增长时，全国社会保障基金 15％ 持股在 2012—2025 年可实现收益率略低于 60％，基本可以保证养老保险支付能力充足，2026—2030 年，持股低于 15％ 可以保证养老保险支付能力充足，2031 年之后，持股低于 10％ 就可以实现 60％ 的平均替代率，保证养老保险支付能力充足。

在国有企业利润以年均 10％ 速度增长时，全国社会保障基金 30％～50％ 的持股可以完全实现 60％ 的社会平均工资替代率，2033 年之后持股低于 30％ 可以实现 60％ 平均替代率，保证养老保险制度支付能力充足。

国有企业利润以年均 8％ 速度增长时，50％ 持股 2021—2033 年可实现收益率略低于 60％，可以基本保证养老保险支付能力充足，2033 年之后持股低于 50％，2045 年之后持股低于 30％ 可以保证养老保险支付能力充足；

国有企业利润以年均 5％ 速度增长时，80％ 持股依然不能实现 60％ 的社会平均替代率。上述结果说明国有企业利润增长趋势是国有股权养老保障作用发挥的关键因素，国有企业利润增长越快，养老保险实际可支付能力越高。

图 8.4 显示，在全国社会保障基金投资收益率 7％、国有企业分红率 50％ 的情况下，在国有企业利润以年均 15％ 速度增长时，2013—2023 年可实现平均替代率略低于 60％ 水平，基本可以保证实现 60％ 的平均替代率，从 2024 年左右开始低于 15％ 的持股就可以保证 60％ 平均替代率实现，2030 年之后低于 10％ 的持股就可以实现 60％ 的平均替代率；在国有企业利润以年均 10％ 的速度增长时，全国社会保障基金持股 30％ 时，2015—2030 年可实现替代率略低于 60％，基本可以实现 60％ 的平均替代率，从 2031 年开始，全国社会保障持股小于 30％ 就可以实现 60％ 的平均替代率；国有企业利润以年均 8％ 速度增长时，在 2023—2029 年，全国社会保障持投 50％ 就可以基本实现 60％ 的平均替代率。2030 年开始持股低于 50％ 就可以实现 60％ 的平均替代率；国有企业利润以年均 5％ 速度增长时，在 2022—2037 年，全国社会保障持股 80％ 就可以基本实现 60％ 的平均替代率，2038 年开始持股比例低于 80％ 可以实现 60％ 的社会平均替代率。

测算结果同时说明，在相同条件下，7％ 投资收益率所实现的替代率要比 5％ 投资收益率实现的替代率高，全国社会保障基金保证养老保险充足支付能力所要求的持股比例较低，证明全国社会保障基金投资收益率是影响国有股权型养老保障作用发挥的重要因素，投资收益率的提高将直接提高养老保险的实际支付能力。

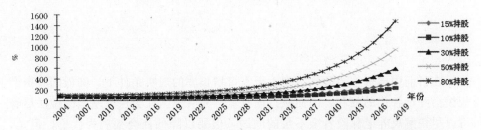

图 8.4（a）　投资收益率 7%、国有企业分红率 50%、企业利润以 15%速度增长

全国社会保障基金不同持股比例 2050 年之前养老保险可实现替代率

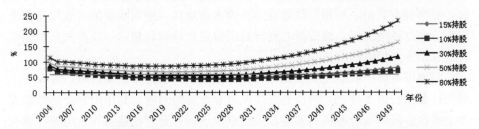

图 8.4（b）　投资收益率 7%、国有企业分红率 50%、企业利润以 10%速度增长

全国社会保障基金不同持股比例 2050 年之前养老保险可实现替代率

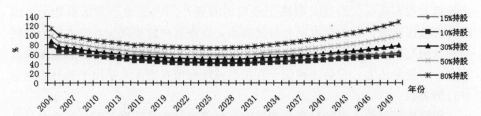

图 8.4（c）　投资收益率 7%、国有企业分红率 50%、企业利润以 8%速度增长

全国社会保障基金不同持股比例 2050 年之前养老保险可实现替代率

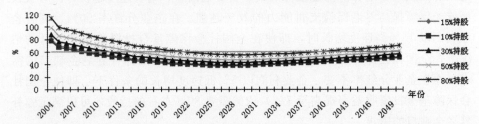

图 8.4（d）　投资收益率 7%、国有企业分红率 50%、企业利润以 5%速度增长

全国社会保障基金不同持股比例 2050 年之前养老保险可实现替代率

本章小结

在目前中国资本边际收益率大于人口增长率的现实条件下，降低国有资产规模会降低各代的福利，因而减持国有资产充实全国社会保障基金的做法尽管可以尽快解决养老保险资金不足的问题，但要以降低社会福利为代价。但是，如果将全国社会保障基金作为国有资产布局调整的市场化工具，利用全国社会保障基金调整国有资产结构，那么全国社会保障基金可以在持股结构优化的同时，长期持有股份，利用分红收益弥补养老金缺口，进而实现国有股权型养老保障。在这种情况下，减持国有资产是国有资产结构调整的一种方式，也是国有股权型养老保障的实施步骤之一。

利用国有资产收益充实全国社会保障基金，在条件得到满足时，可以在不降低社会福利的条件下，解决养老保险资金不足的问题。利用国有资产收益充实全国社会保障基金的福利效应，关键取决于国有资产收益对收入的替代效应与降低国有资产水平所造成的挤出效应在两者间的比较。政府提高在利用国有资产部分收益用于养老金支出时提供国有资产的水平，可以增进国有股权型养老保障的福利效应，而这又取决于政府国有资产的收益水平和运营能力。因此，提高国有资产的管理水平和运营效率，在提高政府提供国有资产能力的同时引入国有股权型养老保障，以增进社会福利的同时解决中国社会养老保险制度存在的资金压力，它是一种优于直接单纯降低国有资产水平用于弥补养老金缺口的方式。

国有股权型养老保障提高养老保险支付能力的测算结果表明，在企业分红率和全国社会保障基金投资收益率确定的条件下，企业国有资产收益增长速度是国有股权型养老保障功能发挥的最重要影响因素，增长速度越快，国有股权型养老保障提高养老保险支付能力的效应越强。在企业分红率50％、国有企业利润以15％高速度增长时，即使在全国社会保障基金投资收益率较低的情况下，全国社会保障基金最高持股15％就可以完全满足弥补养老金缺口的需求；而在企业分红率不变、企业利润以5％低速度增长的条件下，即使全国社会保障基金投资收益率提高至7％，依然需要80％左右的持股才可以满足弥补养老金缺口的需求。

第 9 章　政策建议

9.1　养老保险制度参数的调整

9.1.1　提高实际缴费率

目前，城镇企业职工社会养老保险实际缴费率偏低，可以通过两方面进行解释：第一，平均缴费基数明显低于城镇单位就业人员平均工资水平。2009年全国个人平均缴费基数为 1860 元/月，即 22320 元/年；2014 年个人平均缴费基数为 3037 元/月，即 36444 元/年。2009 年城镇单位就业人员平均工资为32244 元/年，缴费基数仅为当年平均工资的 69.22%；2014 年城镇单位就业人员平均工资为 56339 元/年，当年缴费基数仅为当年平均工资的 64.68%。从数据来看，平均缴费基数占平均工资的比例不到 70%，并且增长幅度也低于平均工资的增长幅度。第二，按照城镇单位就业人员平均工资计算，实际缴费率明显偏低。2014 年城镇企业职工社会养老保险征缴收入为 18720 亿元，参保职工人数为 25531 万人，人均征缴收入为 7332.26 元，占同年平均工资的比例仅为 13.01%，即使与个体工商户和灵活就业人员 20% 的缴费比例相比较也明显偏低。缴费率是征缴收入和基金收入的主要决定因素之一，有效提高实际缴费率是缓解养老保险基金收支压力的有效手段。提高实际缴费率水平可以从以下几个方面入手：

（1）加强社会保险监管力度。目前，部分单位存在着逃缴、少缴、晚缴等各种情况，一定程度上造成目前实际缴费率较低的情况。在实际工作中，应严格执行《社会保险费征缴条例》，确保缴费主体按时足额缴纳社会保险费，对违规情况严厉查处。

（2）强化缴费与待遇的联动机制，并加强宣传力度。尽管现行制度设定了个人缴费年限与基础养老金待遇确定的联动机制，但是由于个人待遇要同时受到社会平均缴费水平的较大影响，因而一定程度上影响了主体选择较高缴费水平的意愿。同时，由于养老保险待遇确定机制宣传力度不强，部分缴费主体对缴费与待遇的关联机制并不完全清楚。要进一步改革基础养老金待遇确定机制，在实现一定程度收入再分配功能的前提下，进一步强化缴费水平与待遇水平的精算平衡程度，提高主体的缴费积极性；同时，加强待遇确定机制的宣传，使缴费主体深入了解缴费对待遇确定的影响，以增强缴费主体选择较高缴费档次的积极性。

（3）有效解决目前断缴或中断缴费问题。由于养老保险转移接续机制尚不完善，部分缴费主体由于跨行业、地域工作而不能顺利地转移养老保险关系，造成部分人群出现断缴现象。同时，现行制度规定了 15 年的最低缴费年限，部分工作人群在达到最低缴费年限之后选择放弃继续缴费。这些情况都是引起实际缴费水平不正常的原因。为了解决上述问题，应尽快完善养老保险关系转移接续机制，同时强化制度吸引力，从而解决制度运行中出现的断缴和停缴情况。

值得关注的是，缴费水平与养老保险给付水平之间存在关联，缴费水平的提高必然意味着养老保险待遇的提高。因此，缴费水平提高对于养老保险基金收支情况的影响需要利用精算技术科学测定，不能简单地一概而论。

9.1.2 逐步提高覆盖率

目前城镇企业职工社会养老保险覆盖率总体偏低，未来提高空间较大。一是提高缴费主体的参保能力。要进一步完善市场经济体制，改善投资环境，提高企业经济效益，保持经济持续健康发展，以此促进就业率的上升，减少失业和贫困人口，有效扩大参保的覆盖面；调整收入分配政策，缩小贫富差距，提高低收入人群的工资待遇，对该部分群体设定合理的缴费标准，并可进行适度的缴费补贴，提高他们参加社会基本养老保险的能力。二是加强对社会养老保险的宣传力度，加强法律监督和执法力度。应该采取更主动的执行方式和程序确保所有养老保险覆盖的企业都注册，所有注册企业如实报告其缴费基数并缴纳所有保费，联合工商、税务部门，对参保的企业给予减免一定税负的奖励。通过思想上引导、制度上约束，确保提高社会基本养老保险的覆盖率。可适时推出"费改税"，用社会养老保障税代替缴费，使之成为一种义务被广泛实施，使社会养老保险的强制性得到完全的体现。

从实际测算结果来看，在假设条件下，由于覆盖率的提高同时会快速提高退休人口的覆盖率。因此，覆盖率对养老保险基金收支的影响实际上要取决于工作人口与退休人口覆盖率的相对变动。因此，在养老保险扩面过程中，如果从养老保险基金收支角度出发，需要对扩面的对象与步骤作出合理安排。在扩面过程中，为了确保老年人口退休之后的生活，可以适度允许之前未参保或断保的、接近退休年龄的人口进行补缴，但对养老保险基金收支更有意义的是相对年轻人口覆盖率的提高，因为这部分人口未来缴费期较长，不会对退休人口覆盖率产生快速影响，从而具有缓解养老保险基金收支压力的效应；而如果覆盖率提高主要依靠接近退休年龄人口，由于会引起老年人口覆盖率的快速提高，进而可能加大养老保险基金的支出压力。

9.1.3　审慎调整平均替代率

如前所述，城镇企业职工社会养老保险的平均替代率水平大约在 45% 左右，与养老保险社会化改革之初相比较，出现了一定程度的下降，适度提高养老保险平均替代率，有效发挥养老保险的保障功能，是城镇企业职工社会养老保险制度未来发展的趋势。但是，养老保险替代率并没有统一的和公认的标准，替代率的调整应该兼顾各种因素，以同时实现保障功能与养老保险的可持续发展，具体可以体现以下几方面：一是建立科学合理的养老金调整机制，综合物价、工资等因素的变动，对养老金水平进行动态适时的调整；二是建立养老金调整预算机制，为养老金调整储备足额资金，确保养老金水平的提高不会对养老基金总体收支造成大的冲击；三是将目前各年养老金等额计算的方式转变为按照一定比例增长的年金形式进行发放，以解决退休人口养老金实际替代率逐年下降的问题；四是避免养老金调整的惯性，防止养老金水平非理性提高给养老基金支出带来压力。

9.2　制度改革的政策建议

9.2.1　有步骤地推行延迟退休政策

（1）建立政策的宣传和引导机制

延迟退休年龄一直是社会敏感的热点问题，近年来每次涉及延迟退休年龄的提案或动议出台，都会引发全社会的关注和讨论。特别是信息技术高速发展的今天，人们可以通过互联网快速方便地获取需要的信息，表达自己的意见。在网络上就多次引发了关于延迟退休年龄的讨论和争议，反映出人们对这项改革政策的极大关注。对于政府来说，要利用好网络等大众传媒广泛征求各社会群体的态度、意见和建议，对延迟退休年龄的原则、方案以及制度中诸如男女同龄退休，女性内部的退休年龄差异以及弹性退休制度及养老金调整机制等问题展开调研，在政策宣传中，正确对待因推迟退休年龄可能产生的负面影响，不能过分夸大，也不能视而不见。要充分发挥主流宣传工具对小步渐进的延迟退休年龄方案的核心与细节进行规范的解释，对延迟退休年龄过程中引发的各种各样的矛盾和问题提供耐心的引导，加强舆论导向监督作用。

（2）细化延迟退休年龄的政策

在延迟退休年龄总体指导性方案的基础上，应充分考虑不同地区老龄化程度、不同性别、不同行业、不同部门群体的现实差异，从而实现人口结构、劳动力供需结构、人力资本结构的协调与平衡。首先，要保障女性劳动者退休的公平权利，逐渐消除目前男女性别退休年龄差异带来的养老金男女分配领域的不公平现象。中国女性的平均寿命高出男性3岁左右，而退休年龄却低于男性5～10岁。与国外多数国家的女性劳动者退休年龄相比偏低，与国内男性劳动者相比调整空间还很大。如果提高退休年龄，需要在一个相对较长的时间内逐步提高，因此，可以建议遵循女先男后的标准。先从2015年之后开始提高女性退休年龄，再逐步对男性退休年龄实行调整，最终在2040年前实现男女同龄退休。女性退休年龄进行微调，不仅迎合新时代女性的价值取向，而且对解决中国当前养老支付危机具有较大的现实意义。所以应稳步有序地先从女性退休年龄调整入手，延迟其退休年龄。其次，要重点区别对待高危行业、重体力劳动行业、有职业病潜在危险的行业，以及高级人力资本存量的专业技术人员的延迟退休年龄的方案。其中，我国高学历群体的初始就业年龄偏大。随着知识经济对劳动者的素质要求越来越高。劳动力进入职场之前的受教育时间也随之延长，初始劳动年龄相应地推后。高学历劳动者工作时间晚，退休年龄早，对我国社会统筹基金的收支平衡也形成不小的冲击。细化这一群体的退休年龄政策，不仅有利于社会统筹基金的收支平衡，还可以有效提高我国人力资源的利用效率。

（3）建立合理有序的政策推进机制

延迟退休年龄不是一项孤立的社会制度改革，而是一项重大的社会系统工程。由于它涉及全社会劳动者切身的实际利益、社会保障制度的调整与衔接、养老金劳动力市场供需结构，具有广泛的社会和经济效应，因而要建立合理有序的机制，谨慎科学地推进方案。

在推行之前，要严格执行现有的退休政策，加强对非正常退休现象的监管力度，有效控制违规操作的提早退休行为，从而规范现有退休年龄及政策，为2015年之后开始延迟退休年龄奠定一个良好规范的制度基础。在这一阶段，国家可以选择在老龄化程度较高的地区，抓住成熟时机，适时开展延迟退休年龄的制度试点。在选取试点地区后，应注意汲取国外的成功经验，适度调整我国现行退休制度，以免影响正常的经济运行。建立试点为的是将来能广泛推广，因而试行中必须广泛征求社会各阶层的意见，及时查找和解决制度内部症结，积极宣传制度推行的实施步骤与操作规程，为延迟退休基本指导方案在全国的推行积累宝贵的经验，并提高劳动者理解制度和接受制度的心理预期。制度推行过程中要充分考虑社会效应和个人利益，长远利益和当前利益，统筹兼顾，适时调整，与时俱进，小步渐进地逐步推行退休制度改革。

（4）建立延迟退休年龄的立法制度

延迟退休年龄改革需要在立法领域确定全国指导性方案的法律地位。在制度推行初期需要将社会全体劳动者细化，单独出台针对部门、行业、群体或者地方性的延迟退休条例和规章。颁布《社会保障法》之后，选择成熟的时机制定和颁布覆盖全体劳动者的退休立法。退休立法应能够详尽地包括退休的年龄、方式和配套措施、违反退休法律制度的法律责任等，并对相关问题的法律适用进行法理解释。

根据西方国家的发展经验，对于基本社会问题的立法往往是最先建立和完善的。我国实施延迟退休年龄的改革不能操之过急，不仅要通过讨论让社会达成共识，出台一系列配套措施，而且一定要经过立法，应由全国人大通过。制定和颁布覆盖全体劳动者的退休立法后，将为中国延迟退休年龄改革提供充分的法律依据，确保制度在规范化和法制化的轨道上运行。随着科学技术的进步与发展、生产（工作）环境和条件的改善，原来规定的特殊工种，都会有不同程度的变化。为符合与时俱进的政策原则，还应进一步完善相关法律里有关退休方面的制度、规定。加强相关监管机构对非正常退休现象的监管力度，有效控制违规操作的提早退休行为，一经查出应严厉惩办。延迟退休年龄政策和就业政策需要统筹考虑，通过法律禁止任何歧视性的做法也是增加老年人就业的重要条件之一。老年就业者容易遭受年龄歧视并给他们造成心理上的负担，从而使他们放弃工作机会。随着人口老龄化的加剧，鼓励老年人口就业是减轻社会压力的重要途径。政府和企业应为着力改善老年人口的工作环境和工作条件，完善劳动合同法中老年人就业的立法措施，从而确保老年人口保持其工作技能和健康的身体受雇直至晚年。建立、健全约束监督机制，立法与监督双管齐下，以规范改革后的退休制度能够有效地贯彻执行下去。

（5）实行弹性制度和补偿激励机制

延迟退休年龄是一项敏感复杂的社会制度改革，不能采取传统的"一刀切"模式，根据我国社会经济、人口方面的诸多特殊性及地区发展不平衡的特点，应推行更加适合我国国情的弹性退休制度。在延长退休年龄时，适当地给劳动者尤其是女性劳动者一定的选择余地，逐步提高退休年龄，经过若干年就可以达到退休年龄的上限，尽量减轻提高退休年龄的同时降低其所引起的不利影响。使劳动者在退休年龄、退休方式和退休收入方面拥有较为灵活的弹性选择权,这将有利于降低政策实行的阻力。同时建立养老保险待遇和退休时间选择的有效利益激励机制,从而减少制度实施初期劳动者的心理阻力,实现制度实施后的帕累托改进。不同人力、不同就业和闲暇偏好的劳动者通过弹性选择退休或继续工作,能够增加人力资本存量和延缓人力资本折旧,有助于缓解劳动力市场的供求压力。

在推行弹性退休制度的同时,需要建立有效的养老金补偿激励配套机制。在中国的养老保险制度构建中,并没有建立养老保险待遇与退休时间选择之间有效的利益调整机制,直接诱发了提前退休的道德风险和企业逃费的逆向选择行为。应进一步完善养老保险制度,建立适度完善的养老金给付机制,根据劳动者不同的退休时间调节养老金给付。对于提前退休者劳动者养老金给付予以适当比例的扣除,而对延期退休者养老金给付额度要给予适当的增加,这种补偿机制既能够体现个人养老金积累的权利与义务的对等,又能弥补延迟退休人员由于领取养老金年限缩短引发的养老金受益损失,体现了养老金的收入再分配功能,从而促进了公平与效率的统一。

9.2.2　适时向名义账户制转变

一是尽快明确名义账户制作为养老保险制度的基本形式之一,适时向名义账户制转轨。由于转轨成本未得到弥补、人口老龄化日益严重等各种原因,实账运行的养老保险制度难以持续,在此条件下,应尽快明确名义账户制的形式,并实现制度模型向名义账户制转变。在具体模式选择上,可以选择全账户模式,也可以保留一定比例的完全积累制,但考虑到中国现实情况,全账户模式可能是更适合的选择。

二是科学测定名义账户制的关键参数:记账利率与养老金调整指数。记账利率的设定一般有两种方法。第一,历史数据法,即根据历史数据计算养老保险体制的实际内部收益率,以此内部收益率作为记账利率的基准值并进行微调。不足之处是以历史数据得到的内部收益率没有考虑到未来经济环境等因素的变化,不能及时地对突发情况作出调整。第二,指数法,即以某种外生参数为基准,将记账利率与外生参数挂钩,通常采用的参数为当地社会平均工资增长率、GDP 增长率等数据。这种方法的特点是方便直接,不足之处在于很难保证与养老保险体系的内部收益率完全一致,因而收支不平衡现象难以完全避免,这也是缓冲基金设立的主要原因之一。养老金调整指数设定也有两种方法:第一,将养老金调整指数作为外生变量独立于记账利率,通常设定为 CPI指数或政府规定的其他指标,以保证每一期养老金的实际购买力不会出现明显差异。第二,建立养老金调整指数与记账利率之间的关系。上述方法各有利弊，需要在实践中进行权衡与选择。

三是有效应对名义账户制管理的要求。主要有两种方法：第一，自动平衡机制的建立。名义账户制并不能自发实现基金收支平衡，制度参数的设定对于名义账户制具有极其重要的意义。中国经济的波动性和不确定性较大，进一步增加了测算长期财务平衡利率水平的难度。在这种情况下，自动平衡机制就显得尤为重要，在建立 NDC 模式的初期，可以选择较为保守的估算方式来确定名义账户积累利率，以保证体系的财务稳定性。第二，强化名义账户制的信息管理。名义账户制模式下，账户不存在实际资金积累，只是纯粹的账面记录，对信息的自动管理系统提出了更高的要求，降低人工操作在日常运行中的比重，同时提供一个公开的信息查询系统，让参保群体来监督账户信息管理机构，将具有重要的作用。

9.3　配套制度改革的政策建议

9.3.1　发展壮大全国社会保障基金的政策建议

（1）完善全国社会保障基金发展的法规环境

关于全国社会保障基金发展的统一法规文件尚未出台。目前主要有关于投资运营的《全国社会保障基金投资管理暂行办法》和《全国社会保障基金境外投资管理暂行规定》，以及关于全国社会保障基金来源的《国务院关于印发减持国有股筹集社会保障资金管理暂行办法的通知》、《国务院关于进一步规范彩票管理的通知》和《境内证券市场转持部分国有股充实全国社会保障基金实施办法》。这些规定由于立法层次较低、内容不尽完善等原因，已不能完全适应全国社会保障基金的发展需求。目前，除《国务院关于印发减持国有股筹集社会保障资金管理暂行办法的通知》之外，其他规定均由相关部门制定实施，而关于投资运营的两个规定均是以暂行办法的形式，随着时间的推移，原规定中对于投资渠道和投资比例的限制等内容已不能够完全适应发展环境的变化，全国社会保障基金发展法规环境亟待完善。

为了确保全国社会保障基金的健康持续发展，2016 年 2 月 3 日，国务院立法形式出台《全国社会保障基金条例（草案）》，明确规定，全国社保基金由中央财政预算拨款、国有资本划转、基金投资收益等资金构成，用于补充和调剂人口老龄化高峰时期养老保险等社保支出，并明确了基金投资运营和监督、风险管理等制度，强化了审计、公开等监管措施。

（2）合理确定并确保实现全国社会保障基金目标规模

全国社会保障基金目标规模的确定应该以未来养老金缺口的发生时间和规模为基础。目前对养老金缺口的测算研究较多，不同研究机构的测算结果基本在3万亿元至9万亿元之间，这可以作为全国社会保障基金目标规模的参考。2008年年末全国社会保障基金资产规模为5623亿元，即使将目前政策确定的划转国有股市值包括进来，也只有六千多亿元人民币，远远低于养老金缺口的测算规模。2004年，全国社会保障基金理事会表示，在2010年左右实现基金规模达到一万亿元人民币，2008年这个目标规模又被提及，综合考虑全国社会保障基金的现期规模和增值能力，可以将一万亿元作为短期目标规模，将2020年基金规模再翻一番达到两万亿元作为中远期目标，并将目标规模以法规形式确定，在此基础之上制订完善的全国社会保障基金计划，以保障基金规模能够具备相应的弥补养老金缺口的能力。

目前全国社会保障基金的实际规模距离目标规模尚有一定差距，为了保证全国社会保障基金目标规模的实现，需要在充分利用现有各个资金来源渠道的基础上，开辟新的资金来源渠道。在现有资金来源渠道中，中央财政资金补助、国有资产以及投资收益具有较大潜力。同时，开辟其他资金来源渠道是确保全国社会保障基金规模合意增长的重要保证。从其他国家养老储备基金的发展来看，许多国家都设定了较多并且相对稳定的资金来源渠道，例如：爱尔兰"国家养老储备基金"年度划入规模与GDP挂钩，挪威"政府全球养老基金"的来源除预算拨付之外，还包括石油业务税收收入和二氧化碳排放税收收入等，法国"国家养老储备基金"来源包括不动产和投资收益资本利得税的2%、储蓄银行和存款保险金的缴费和移动电话牌照拍卖收入等。结合中国的现实国情和国际经验，资源税、矿山开采金、土地出让金等资源性国有资产收入的一定比例，以及利息税等部分税种的一定比例收入，可以考虑作为充实全国社会保障基金的新的资金渠道。

（3）科学设定基金封闭期和支付期以及资金划入与支付规划

中国人口老龄化高峰期目前尚未到来，短期内对全国社会保障基金并没有支付要求。为了确保全国社会保障基金规模的稳定增长以及弥补养老金缺口预期目标的实现，应该根据人口结构变化及养老金实际缺口确定全国社会保障基金的封闭期和支付期，以提高基金运营管理的科学性。关于中国养老金未来资金供求的研究较多，尽管各类研究对基金缺口的测算结果存在差异，但是对中国养老金缺口出现的时间基本集中在2020年左右。结合中国养老基金收支缺口的测算结果，可以将全国社会保障基金封闭期设定在2020年之前，并确定在此阶段每年拨入全国社会保障基金的最低资金规模，以全力保证基金规模的增长。如果 2010 年全国社会保障基金规模能够达到一万亿元的短期目标规模,在 5‰的投资收益率假设条件下,在 2020 年达到两万亿元每年大约只需要拨入资金 200 多亿元,这需要利用法规形式加以明确。2021 年开始,可以根据实际需求逐步利用全国社会保障基金弥补养老金缺口。从投资策略来看,封闭期初始阶段坚持长期投资理念,资产组合可以涉及基础设施等长期资产,但随着支付期临近,要不断提高资产的流动性,以保证基金充足的支付能力。

(4) 拓展投资渠道提高基金收益水平

全国社会保障基金建立至今,其投资渠道不断拓宽。2003 年,全国社会保基金开展了债券回购业务,并以战略投资者身份申购新股;2004 年,经国务院批准全国社会保障基金开始了股权投资;2005 年,全国社会保障基金开展了上证 50ETF 直接投资渠道;2006 年全国社会保障基金开展了境外投资业务;目前,实业投资和信托投资业务也已开始。从实际效果来看,投资渠道的拓展和投资方式的创新,使全国社会保障基金投资收益显著增加,为全国社会保障基金的保值增值发挥了积极作用。从目前情况来看,由于资产比例限制规定等原因,全国社会保障基金配置在境内传统投资工具上的资产比重较高,而境外投资以及风险相对较低、投资收益率稳定的实业投资、信托投资和产业基金等比例较小,这在一定程度上限制了全国社会保障基金投资收益的提高。随着全国社会保障基金的进一步发展,投资渠道的拓宽、投资比例的调整将是提高基金收益率、确保基金规模增长的必要手段。结合目前全国社会保障基金的资产配置情况,提高境外投资比重,加大参入实业投资、基础设施建设以及国有企业股份制改革的力度,有利于全国社会保障基金进一步分散风险、提高收益水平。

9.3.2　尽快实现养老保险基金全国统筹

(1) 立法先行,从法律层面界定养老保险基金全国统筹的形式,打破地方政府因地方利益不均而产生的改革阻力,为养老保险金全国统筹奠定必要的法律和制度基础。目前,养老保险基金全国统筹最大的阻力来自于养老金有较大结余的经济发达地区不愿承担养老金亏损地区的成本,人口结构和经济发展水平的差异在短期内不可能完全解决,养老保险基金收支状况的差异也将长期存在,这个改革阻力只能通过立法的形式才能有效解决。

(2) 建立全国统一集中的基本养老保险经办体制,并实现垂直管理,奠定全国统筹的组织基础。目前,我国养老保险经办机构实行的是地区分割的属地管理体制,经办机构向地方政府负责,而不向上级经办机构负责。在这种管理体制下,地方养老保险基金一旦出现缺口,就会形成向上级财政的倒逼机制,不利于养老保险制度的自我完善和自我发展。同时，属地管理体制也很容易造成基金的地域分割，不利于基金安全。因此，建议按照实现全国统筹的要求，建立全国统一集中的经办机制，在统一经办机构性质、名称的基础上，实现组织和人事上的垂直管理，下级经办机构对上级经办机构负责，地方经办机构对中央经办机构负责，地方经办机构负责征缴养老保险费，中央经办机构负责制定全国范围内养老保险基金的收支预算。

（3）实行新旧财务分离和遵循增量改革原则，减少全国统筹的阻力。可以采取新旧财务分离和遵循增量改革原则，明确全国统筹之日前已经积累的养老保险基金为地方所有，不上调中央；对全国统筹之日前出现的收支亏空，由中央政府与地方政府按照一定比例分担。对新账建立从严，自全国统筹之日起，全国各地必须完全按照中央的统一制度、统一管理、统一经办、统一缴费比率、统一计发办法等开展基本养老保险，切实保证制度的统一性。中央政府还应限制地方基本养老保险基金结余资金的使用方向，可用来发展区域性补充养老金等，确保其用于劳动者养老保险领域。根据这一办法处理旧账新账的关系，再运用增量推进全国统筹将要涉及的管理及运行成本问题，以确保改革顺利推进。

（4）建立养老保险全国统筹大数据平台，为养老保险基金全国统筹提供必要的技术支持。养老保险基金全国统筹，将涉及不同地区养老保险待遇的确定、养老保险关系的转移接续、养老保险基金跨地区划转等各种情况，这些都需要有完备的数据存储、调用、分析、测算、记录、整合等信息技术与信息系统，建立与之相适应的全国统筹信息平台，也是实现养老保险基金全国统筹的必要条件之一。

（5）养老保险待遇的确定及调整。现行制度规定基础养老金的计算基数包括个人缴费工资和社会平均工资，个人缴费工资体现效率原则，社会平均工资水平体现了公平原则。在各地区在岗职工平均工资差距很大的情况下，实现基本养老保险全国统筹，如果基本养老金计发基数按全国在岗职工平均工资和本人指数化平均缴费工资的平均值来计算的话，那么可能会引起较大范围地区间的收入再分配，会直接影响到职工退休后的基本养老待遇水平。对经济发展水平较高的地区和职工来讲，会直接导致利益的损失，这样不利于全国统筹的实现和各地区间的协调发展。为了使基本养老保险能顺利实现全国统筹，而又不影响各地区间的发展，需对基本养老金计发基数进行进一步研究。

9.3.3　建立国有股权型养老保障

（1）国有股权型养老保障实施的组织架构和具体流程

在目前国有资产管理体制和养老保险管理模式下，国有股权型养老保障实现至少要涉及以下政府机构与部门：国有资产出资人，中央与地方政府，代表各级政府履行出资人职责的政府部门，各级国有资产管理部门，证券行业主管机构，中国证券行业监督管理委员会，国有资本经营预算主管部门，各级财政部门，国有资产经营机构，各类国有企业，养老保险管理部门，各级劳动与社会保障部门，国有股权型养老保障实现机构，全国社会保障基金理事会。国有股权型养老保障实施的组织架构与流程设计如图 9.1 所示：

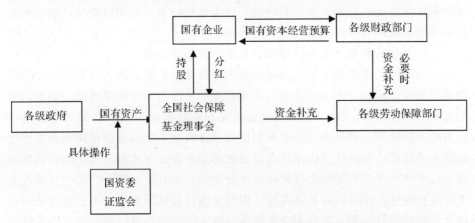

图 9.1　国有股权型养老保障实施的组织架构与具体流程图

在国有股权型养老保障实施过程中，作为国有资产出资人代表的各级政府将国有股权划转至全国社会保障基金，但具体操作需要证监会、国资委等部门参与并制定相关具体措施；全国社会保障基金理事会接收国有股权并进行适度股权结构调整之后，对企业持股并享受企业分红；股份制企业按照股东持股比例对国有股东进行分红，国有独资企业通过国有资本经营预算制度向国家交纳一定比例利润；财政部门在必要时对养老金进行补充；全国社会保障基金按照各年养老金缺口规模对养老金进行补充。

建议明确各级政府及相关部门职责分工，构建有效的国有股权型养老保障运行组织体系，建立中央与地方以及各政府部门之间协调有序的工作机制，确保国有股权型养老保障的实现。

（2）全国社会保障基金实现国有股权型养老保障的具体形式

社会保障基金长期持股不变现，在迭代生命周期情况下，下一期的劳动者无需购买社保基金持有的股权，只需购买退休者的股权就拥有该企业的部分所有权和全部使用权、支配权，从而减少了资产代际转移的成本，新投资因而加大，物资资本积累增加、劳动者收入和社会福利相应增加。由全国社会保障基金长期持股并利用股利收入充实养老基金，从福利角度优于变现国有股做实个人账户或直接补充养老基金的方式，在合意的条件下，国有股权型养老保障还可以实现社会整体福利的增进。因此，在国有资产充实全国社会保障基金的具体方式选择上，应该利用国有股划转和全国社会保障基金长期持有的方式替代此前采取的直接变现国有股的方式，以便在降低国有资产充实全国社会保障基金成本的同时，尽量减少对社会福利的影响。

建议采取划转国有股方式充实全国社会保障基金，合理确定划转比例，全国社会保障基金在适度调整持股结构基础上长期持股，利用股权分红收益补充各年养老金缺口实现国有股权型养老保障。

（3）国有股权型养老保障与国有资本经营预算联动

人口结构变化使各年养老金需求规模差异较大，在退休人员相对较少的阶段养老金需求较低，而在退休人员相对较多的阶段养老金需求较高。根据本书的测算结果，2015—2035年是人口老龄化程度较重的阶段，也是养老金支付压力较大的阶段，如果国有企业利润增长速度放缓，全国社会保障基金投资收益率水平较低，全国社会保障基金需要的国有企业分红比例较高，而在现实条件下由于种种原因全国社会保障基金持股比例存在上限，即全国社会保障基金不可能获得过高比例的国有股划转。因而全国社会保障基金就不能通过持股获得高比例的分红，那么在养老金支出压力较大的阶段，可以通过国有资本经营预算获得分红，即在全国社会保障基金按照持有国有股比例获得分红不能满足养老金支付需求的条件下，国有资本经营预算可以对全国社会保障基金进行资金弥补；同时，在养老金支付压力较小的阶段，全国社会保障基金也可以通过国有资本经营预算将多余的国有企业分红用于其他用途。并且，目前国有企业中特别是中央一级国有企业中，有相当比例是国有独资型企业，尚未实行股份制，这部分企业的利润上缴将通过国有资本经营预算进行，而这部分企业在股份制改革之前如果不能将产权划拨全国社会保障基金，那么在国有资本经营预算制度中应明确规定这部分企业利润按照股份制企业相同比例划转至全国社会保障基金是尤为必要的。建立社会保障基金预算制度并强化其与国有资本经营预算的联动是国有资本经营预算弥补社保基金缺口的制度基础，也是国有股权型养老保障顺利实施的必要条件。

建议深入推进国有资本经营预算制度，建立社会保障基金预算制度，加强国有资本经营预算与社保基金预算的联动，灵活调整国有企业分红率及分红划转全国社会保障基金比例，确保国有股权型养老保障功能作用的有效发挥。

（4）深化国有企业股份制改革和提高国有企业经营绩效

国有股权型养老保障主要有两类资金来源渠道：一是全国社会保障基金按照基金的持股比例享受企业的分红；二是利用国有资本经营预算通过财政渠道获得资金。从这两类资金来源渠道的成本分析可以看出，第一种方式要低于第二种方式，原因是全国社会保障基金按照所持股份享受分红的方式只涉及两个当事方：股东与企业；而通过国有资本经营预算拨款的方式要在全国社会保障基金与企业之间增加一道财政程序，会提高国有股权型养老保障的制度运转成本。社会保障刚性预算尚未建立，国有资本经营预算也只是刚刚起步试运行，因此，目前情况下无法完全确保国有资本经营预算向全国社会保障基金及时、足额拨款。此外，全国社会保障基金直接持股可以使基金具有调整持股结构进而获得更多分红收益的能力，即全国社会保障基金可以卖出股份同时购进其他股份，以保障和提高持有股权的收益。因此，国有股权型养老保障应以全国社会保障基金直接持股为主、国有资本经营预算为辅的方式，以提高制度的可操作性，降低制度运转成本，保证制度功能的有效发挥。而在分红率确定的条件下，全国社会保障基金持股收入将主要取决于持股规模与国有企业的利润水平，持股规模和国有企业利润水平越高，持股可以获得的分红收入规模越大。

国有企业股份制改革程度直接决定全国社会保障基金可以获得的国有股规模。1998 年《关于积极稳妥地推进国有企业股份制改革的指导意见》颁布以来，国有企业股份制改革步伐明显加快。截至 2006 年，中央企业及其下属子企业的公司制股份制企业户数比重已由 2002 年的 30.4% 提高到目前的 64.2%，大多数地方国有企业已经实行了股份制改革[①]。从股份制改革进程来看，地方国有企业股份制改革的速度快于中央企业，这与中央企业的行业特点、领域和国家战略部署有关；同时，由于中央企业的规模和经营效益总体高于地方性企业，是国有资产收益的主要来源，因此，中央企业股份制改革是国有股权型养老保障发挥效应的关键。

国有企业利润水平是全国社会保障持股可获得分红收入规模的决定因素，也是国有股权型养老保障提高社会福利的基础。国有企业利润率越高，在确定的分红率下，国有资产在分红后每期能够提供的国有资产规模越大，或者说在保证一定分红规模的条件下，所需要的分红比例越低。根据前面的分析结论，在这种情况下，经济均衡时消费水平越高，国有股权型养老保障的福利提高效

---

① 国资委网站. 国有企业股份制改革取得重大进展 [EB/OL]. http：//www. sasac. gov. cn/2006rdzt/2006rdzt _ 0021/gzw/08/200701150239. htm，2007-01-15.

应越有可能显现。并且，国有企业利润是国有股权型养老保障提高养老保险支付能力的直接资金来源，利润越高、利润增长越快，补充养老保险基金的能力越高。从测算结果来看，如果国有企业利润增长速度低于8％，那么国有股权型养老保障满足养老金支付需求需要持有的国有股比例将大幅上升，在利润增长速度5％时，全国社保基金80％持股依然不能满足养老金支付高峰的需求，在国有企业分红率维持在一定水平时，国有股权型养老保障对养老保险基金的补充作用不足。因此，提高国有企业的利润水平是发挥国有股权型养老保障作用的前提条件。

建议进一步改善国有企业经营效率，提高国有企业利润水平，深入推进国有企业改革，特别是中央所属国有企业的股份制改革，有效提高国有股权型养老保障的可操作性和实际效应。

（5）全国社会保障基金层次设计

中国目前实行的国有资产管理体制为中央和地方政府分别代表国家履行出资人的分级代表国有资产管理体制，在这种管理体制下，国务院和地方人民政府分别代表国家履行出资人职责，分别享有国有资产产权以及与产权相对应的所有、占有、使用、收益和处置的权利。而全国社会保障基金是中央政府所有的基金，因而划转地方国有股充实全国社会保障基金会影响到地方政府的利益，这相当于将地方政府拥有产权的资产无偿划拨给中央政府，将造成地方政府的抵触以及由此带来的在划拨政策出台之前提前变现国有资产以保护地方利益的行为。2007年《国务院关于试行国有资本经营预算的意见》也指出：国有资本经营预算实行分级管理、分级编制，根据条件逐步实施。因此，在划拨国有股充实全国社会保障基金的政策制定上，必须要以中国目前的国有资产管理体制为基础，合理确定中央与地方的权责，确保制度的顺利实施。

建议明确划分中央与地方补充全国社会保障基金的责任，有效解决国有资产分级管理体制与全国社会保障基金中央一级所属的矛盾。一是探索建立与国有资产管理体制相适应的全国社会保障基金中央与地方分级股权管理体制，地方所属国有资产主要负责弥补本地区养老保险缺口，中央所属国有资产在地方国有资产不能满足养老保险支出需求时按照资金缺口进行补充。二是逐步建立全国社会保障基金全国统筹使用机制，在养老保险支付高峰期，如果中央一级国有股权收益不足以弥补各地区养老金缺口，全国社会保障基金可以在全国范围内调剂使用国有股权分红收益，以充分发挥国有股权养老保障的效应。三是逐步提高养老保险统筹层次，建立养老保险全国统筹机制。目前中国养老保险制度实行省级统筹，不利于养老基金的调剂使用和收入再分配功能的有效发挥，也不利于全国社会保障基金接收划拨的地方国有资产。适时提高养老保险基金统筹层次，逐步建立养老保险全国统筹机制，可以进一步提高养老保险基金的使用效率，同时促进全国社会保障基金与养老保险统筹层次的对接，提高国有股权型养老保障的现实可操作性。四是建立国有企业改制过程中解决职工社会保障问题的统筹基金。目前在国有企业改制过程中，国有资产转让收入是解决职工社会保障问题的重要途径，而企业国有资产规模不同造成企业解决社会保障问题的能力不同，不符合公平原则。如果将国有资产转让部分收入基金统一划拨全国社会保障基金，统筹解决改制企业职工的社会保障问题，既可以解决公平问题，又有利于国有资产转让收入充实全国社会保障基金，避免国有资产的流失。

（6）全国社会保障基金持股属性的确定与全国社保基金理事会资产管理能力的提高

国有经济必须在部分行业和领域保持主导地位，因此，在这部分行业和领域划转国有股份必须要确保国有经济的控制力。按照"国有法人股"的定义，全国社会保障基金理事会作为国务院直属的事业单位，持有的股份可以划定为国有法人股。尽管股权分置改革之后不再存在国有股和普通股的区别，但全国社会保障基金的持股应该认定为国有的属性，这样划转国有股至全国社会保障基金就不会影响到国有经济的控股地位，可以解决划转国有股影响国有经济控制力的障碍。同时，对于不适合变现股份的行业，在划转时可以加以明确，由全国社会保障基金长期持有这部分股份，以保证国有经济必要的主导地位。

在全国社会保障基金持有大规模国有股份的同时，必须要加强与改善全国社会保障基金理事会的建设，建立全国社会保障基金理事会与国有资产管理部门以及财政部门的联合工作机制。可以利用国有资产管理部门的经验与优势，补充全国社会保障基金理事会股权管理能力和参与公司治理的能力，利用国有资本经营预算制度保障全国社会保障基金对国有企业分红的获取，以确保国有股权型养老保障制度的顺利实现。

建议明确全国社会保障基金理事会持股的国家所有属性，并加强全国社会保障基金同国有资产管理部门与财政部门的工作互补，以降低划转国有股充实全国社会保障基金的阻力，有效提高全国社会保障基金理事会的资产管理能力。

（7）全国社会保障基金投资运营管理改革

国有股权型养老保障是对养老保险制度本身支付能力的补充，养老保险制度本身支付能力的提高可以降低对制度外资金补充的需求。全国社会保障基金负责个人账户资金的投资运营，投资收益率的提高可以直接提高每年可用于支付的养老金规模，从而提高养老保险制度支付能力，降低国有股权型养老保障的资金补充压力。从全国社会保障基金目前的投资运营态势分析，中国目前对社会保障基金投资运作的监管主要采取严格的数量限制监管模式，养老基金的投资品种和投资组合都由监管者规定，包括规定养老基金可以投资的品种，限制养老基金进行股票、国外证券等高风险投资，规定对每种金融产品的投资限额和投资于单个企业或证券发行人所发行证券的最高比例。从国际经验来看，对资产投资比例限定严格的养老基金投资收益率一般较低，并且，如果基金进行长期投资，那么股票、债券等资产的风险会相应降低，甚至低于国债等低风险资产。

在中国社保基金投资运营体系建立的初期，由于金融市场发育不成熟以及相关法律不健全，采取数量限制的方式对社会保障基金的投资运作实行严格的监管，有助于防范全国社会保障基金过高的投资风险，确保基金资产的安全。但是，随着经济和金融市场的发展，以及社会保障基金面临日益迫切的增值压力，严格数量限制的监管模式要求基金的资产组合集中在银行存款、国债等较少类别的资产上，资产相关性较高，不利于社保基金分散风险，同时也限制了社会保障基金适当配置一些高风险、高收益额资产，不利于全国社会保障基金投资收益率的提高。资产组合理论证明，无风险资产与风险资产的有效组合是规避风险、提高收益的重要方式。在中国资本市场不断完善、投资环境显著改善的条件下，应该逐步采取"审慎监管模式"，放宽对全国社保基金投资品种的限制，拓宽投资渠道，使社会保障基金通过投资多元化、分散化，进一步减少社保基金投资风险，提高收益水平，有效保障养老保险支付能力充足。

建议推进资本市场改革，逐步实现"严格数量监管"向"审慎监管"转变，逐步放宽全国社会保障基金投资比例限制，拓宽全国社会保障基金投资渠道，使全国社会保障基金可以更加灵活地选择资产组合，根据基金特点和投资需求，适度增加股票等高风险资产投资比例，提高基金的投资收益率。特别是如果全国社会保障基金确定长期持有，那么对于划拨至全国社会保障基金的国有股份，可以考虑不受目前投资规定中股票比例最高40％的限制。

（8）普通股转优先股充实全国社会保障基金

全国社会保障基金可以考虑利用普通股转优先股方式而进一步降低国有股比重，使全国社会保障基金可以获得固定的收益用于弥补养老金支出缺口。优先股是指股份公司发行的在分配红利和剩余财产时比普通股具有优先权的股份，与普通股股东在投资收益获取方面具有不同的权利，主要体现为股息固定、享受优先。优先股有权先于普通股分红获得股息，并且优先股股息率先固定，一般不会根据公司经营情况而增减，但优先股一般不参与公司的分红。优先股的种类很多，为了适应一些特定投资者的专门需要，优先股具有各类形式，主要分为以下四类：一是累积优先股和非累积优先股，累积优先股是指在某个营业年度内，如果公司所获的盈利不足以分派规定的股利，以后优先股的股东对往年未付给的股息有权要求如数补给。非累积的优先股是指如果该年度公司所获得的盈利不足以按规定的股利分配，非累积优先股的股东不能要求公司在以后年度中予以补发。一般来讲，对投资者来说，累积优先股比非累积优先股具有更大的优越性。二是参与优先股与非参与优先股。当企业利润增大，除享受既定比率的利息外，还可以跟普通股共同参与利润分配的优先股称为"参与优先股"；除了既定股息外，不再参与利润分配的优先股称为"非参与优先股"。一般来讲，参与优先股较非参与优先股对投资者更为有利。三是可转换的优先股与不可转换的优先股。可转换的优先股是指允许优先股持有人在特定条件下把优先股转换成为一定数额的普通股。否则，就是不可转的换优先股。可转换的优先股是近年来日益流行的一种优先股。四是可收回的优先股与不可收回的优先股。可收回优先股是指允许发行该类股票的公司，按原来的价格再加上若干补偿金将已发行的优先股收回。当该公司认为能够以较低股利的股票来代替已发行的优先股时，就往往行使这种权利。反之，就是不可收回的优先股。优先股具有收益固定、风险较小的特征，并且通过对优先股具体形式的合理设计，可以使全国社会保障基金获得稳定收益率，降低全国社会保障基金的投资风险，在优先股与普通股之间转换获得更大主动性，更加灵活地享受企业收益，并且还可以降低全流通对股票市场造成的扩容压力，从而具有比普通股更多的优势，更加符合全国社会保障基金和国有股权型养老保障的需求。

全国社会保障基金可以根据优先股类型，利用普通股转优先股的形式灵活地选择是否参与公司管理，并可以获得稳定的现金流。但是，优先股也可能对全国社会保障基金带来负面影响，主要是：在企业盈利能力提高的时期不能相应获取更高的分红收益，流动性与普通股相比较低。因此，普通股转优先股的方式应该充分利用优先股的特点及中国证券市场的现实条件有选择地进行。一是行业领域上重点考虑不适宜放弃国有控股地位的行业领域，由于在这些行业领域不宜降低国有股比例，因而划转国有股和减持变现国有股充实全国社会保障基金的方式都不适合采用。而由于全国社会保障基金全民共有的属性，普通股转优先股充实全国社会保障基金并长期持有，可以在不降低国有股比重的前提下实现对全国社会保障基金的补充，从而解决维持国有控股地位与充实全国社会保障基金之间的矛盾；二是在优先股类新股确定上重点考虑累积优先股和可转换优先股，以保证全国社会保障基金在必要时可以实现优先股与普通股之间的转换；三是加快优先股交易市场的建设，提高优先股的流动性。

建议有选择地利用普通股转优先股方式划转国有股份充实全国社会保障基

金，并逐步建立优先股交易市场，充分利用优先股特点，促进国有股权型养老保障的实现。

本章小结

提高养老保险的支付能力，在政策方面主要从制度参数、制度改革、配套制度改革三个方面入手。在制度参数方面，需要提高实际缴费率，通过加强社会保险监管力度、强化缴费与待遇的联动机制和宣传力度、解决缴费中断等问题；同时还要逐步提高养老保险的覆盖率，在考虑物价、工资等因素的基础上，调整平均替代率，并建立养老金调整预算机制。在养老保险制度改革中，需要采取渐进的方式推行延迟退休政策，并适时向名义账户制转变。在配套制度改革方面，需要通过不断完善全国社会保障基金发展的法规环境、确定并实现全国社会保障基金目标规模、设定基金封闭期和支付期以及资金划入与支付规划、拓宽投资渠道提高基金收益水平等方式发展壮大全国社会保障基金；尽快在法律和完善体制等层面提高养老保险基金的全国统筹，同时通过建立养老保险的大数据平台，适时适度地调整养老保险待遇的水平，实现国有股权型养老保障与国有资本经营预算联动机制，加强社会保障基金的管理能力。

参 考 文 献

[1] Altig D. , Gokhale J. Social Security Privatization: One Proposal [EB/OL], http: //www. cato. org/pubs/ssps/ssp9es. html, 1997.

[2] Arrow K. The Economic Implications of Learning by Doing [J]. Review of Economic Studies (29), 1962 (3).

[3] Arrow K. , Debreu. Existence of Equilibrium for a Competitive Equilibrium [J]. Econometrica (22), 1954: 265—290.

[4] Auerbach, Alan J. , Jagadeesh Gokhale & Laurence J. Kotlikoff. Generational Accounts: A Meaningful Alternative to Deficit Accounting [A]. In D. Bradford, ed. , Tax Policy and The Economy [C]. Cambridge: MIT Press, 1991.

[5] Brunner, Johann K. Transition from a Pay—as—you—go to a Fully Funded Pension System: the Case of Differing Individuals and Intragenerational Fairness [J]. Journal of Public Economics 60 (1996): 131 —146.

[6] Catalan M. , Impavido G. & Musalem A. R. Contractual Savings or Stock Markets Development: Which Leads? [R]. World Bank Policy Research Working Paper No. 2421, 2000.

[7] Casamatta, Georges & Helmuth Cremerand et al . The political economy of social security [R]. CREPP working paper, 1999.

[8] Cass D. Optimum Growth in an Aggregative Model of Capital Accumulation [J]. Review of Economic Studies (32), 1965: 233—240.

[9] ChunLin Zhang. From Public Savings To Private Savings Understanding The Decline of State Ownership In The Chinese Corporate Sector [R]. The World Bank Working Paper 9912, 1999.

[10] Cohen D. , Hasset K. & Kennedy J. Are U. S. Investment and Capital Stocks at Optimal Levels [R]. FEDS Working Paper No. 9532, Board of Governors of the Federal Reserve System (http: //www.

federalreserve. gov/)，1995.

[11] Currie E. , Velandia A. Risk Management of Contigent Liabilities Within a Sovereign Asset — Liability Framework [EB/OL]，http：//www. worldbank. org/pdm/pdf/currie—velandia—cl. pdf，2002.

[12] David Hess，Gregorio Impavido. Governance of Public Pension Funds Lessons from Corporate Governance and International Evidence [R]. Policy Research Working Paper 3110，2003.

[13] Davis E. P. Pension Funds—Retirement — Income Security，and Capital Markets—A international Perspective [M]. Clarendon Press，Oxford，1995.

[14] Diamond P. National Debt in a Neoclassical Growth Model [J]. The American Economic Review (55)，1965：1126—1150 .

[15] Diamand P. The Economics of Social Security Reform [R]. NBER Working Paper No. 6719，1998.

[16] Dougherty，Sean & Herd R. Fast — Falling Barriers and Growing concerning：The Emergence of a Private Economy in China [J]. Economics Department Working Paper No. 471. OECD，2005.

[17] Farrar D. , Selwyn L. Tax，Corporate Financial Policy and Return to Investors [J]. National Tax Journal，1967：444—454.

[18] Gruber J. , David Wise. Social Security and Retirement：An International Comparision [J]. American Economic Review (78)，1998：158 —163.

[19] Gruber J. , P. Orszag. Does the Social Security Earnings Test Affect Labor Supply and Benefits Receipt? [R]. NBER Working Paper 7923，2000.

[20] Hart O. , Holmstrom B. the Theory of Contracts [A]. Bewley，T. Advanced In Economic Theory [C]，Cambridge University Press，1987：71—156.

[21] Holzmann R. Financing the Transition to Multipillar [R]. World Bank Social Protection Discussion Paper，No. 9809，1998.

[22] Hubbard R. G. , Judd K. L. Liquduty Constraints Fiscal Policy，and Consumption [J]. Brooking Papers on Economic Activity，1986 (1)：360—399.

[23] Hubbard R. G. , Judd, K. L. Social Security and Individual

Welfare: Precautionary Saving, Borrowing Constraints, and the Payroll Tax [J]. American Economic Review, 1987: 630—646.

[24] Ibbotson R. G. Stocks, Bonds, Bills, and Inflation: Market Results for 1926—1986 [R]. 1987 Yearbook, 1987.

[25] International Labour Office Sub—regional Office for East Asia. Extending Old—age Insurance Coverage in the People's Republic of China [EB/OL]. http: //www. ilo. org/public/english/region/asro/beijing/download/training/old —insur. pdf, 2006

[26] Jeffrey R. B., Warshawsky M. J. Longevity—Insured Retirement Distributions from Pension Plans: Market and Regulator Issues [R]. SIEPR Discussion Paper No. 00—05, 2000.

[27] Kalay, Avner. Stockholder—Bondholder Conflict and Dividend Constraints [J]. Journal of Financial Economics (10), 1982: 211—233.

[28] KentSmetters. Controlling the Cost of Minimum Benefit Guarantees in Public Pension Conversions [R]. Working Paper No. 8732, NBER Working Paper Series, 2002.

[29] Koopmans T. C. On the Concept of Optimal Economic Growth [J]. In the Econometric Approach to Development Planning. Amsterdam: North—Holland, 1965

[30] Kotlikoff L. J. Privatizing Social Security: How It Works and Why It Matters [J]. Tax Policy and the Economy (10), 1995: 45—52.

[31] Kotlikoff Laurence J., Lawrence H. Summers. The Role of Inter-generational Transfers in Aggregate Capital Accumulation [J]. Journal of Political Economy Vol. 89, No. 4, 1981: 706—732.

[32] Kotlikoff Laurence J. & Lawrence H. Summers. The Role of In-tergenerational Transfers in Aggregate Capital Accumulation [J]. Journal of Political Economy (89), 1981: 706—732.

[33] Kotlikoff, L. J. Social Security and Equilibrium Capital Intensity [J]. Quarterly Journal of Economics (93), 1979: 233—253.

[34] Lawrence H. Summers. Observations on the Indexation of Old Age Pensions [R]. Working Paper No. 1023, NBER Working Paper Series, 1982.

[35] Lang H. P., R. Litzenberger. Dividend Announcements: Cash Flow Signalling vs. Free Cash Flow Hypotheses [J]. Journal of Financial E-

conomics (24), 1989: 181—191.

[36] Leimer D. r. , Lesnoy, S. D. Social Security and Private Saving: Theory and Historical Evidence [J]. Social Security Bulletin (48), 1985: 14—30.

[37] Lintner John. Distribution of Income of Income of Corporations among Dividends, Retained Earning and Taxes, American Economic Review, 1956 (5): 97—113.

[38] Lucas R. On the Mechanics of Economic Development [J]. Journal of Monetary Economics (22), 1998 (1).

[39] Mariacristina De Nardi. Wealth Inequality and Intergenerational Links [J]. Review of Economic Studies (71), 2004: 743—768.

[40] Martin Feldstein. Social Security Wealth: the Impact of Alternative Inflation Adjustments [R]. Working Paper No. 212, NBER Working Paper Series, 1977.

[41] Martin Feldstein. Does the United States Save Too Little [J]. American Economic Review (67), 1977: 116—121.

[42] Martin Feldstein, Summers I. Is the Rate of Profit Falling [J]. Brooking Papers In Economic Activity, 1977: 211—227.

[43] Martin Feldstein. Pension Funding, Share Prices and National Saving [R]. Working Paper No. 5092, NBER Working Paper Series, 1980.

[44] Martin Feldstein. Jeffrey Liebman, The Distributional Effects of an Investiment — Based Social Security System [R], Working PaperNo. 7492, NBER Working Paper Series, 2000.

[45] Martin Feldstein. Social Security Pension Reform in China [R]. Working Paper No. 6794, NBER Working Paper Series, 1998.

[46] Martin Feldstein. Social Security, Induced Retirement and Aggregate Capital Formation [J]. Journal of Political Economic Perspectives, 1974 (4): 113 —138.

[47] Martin Feldstein. Social Security and Saving: New Time Series Evidence [J]. National Tax Journal (49), 1996 (2): 151—164.

[48] Martin Feldstein. , Samwick, A. The Transition Path in Privatizing Social Secutity [R]. NBER Working Paper No. 5761, 1996.

[49] Martin Feldstein. , Samwick, A. The Economics of Prefunding Social Security and Medicare Benefit [R]. NBER Working Paper No.

6055，1997.

[50] Michael MAGILL，Martine QUINZII. The Stock Market in the O-verlapping Generations Model with Production [EB/OL]. UC Davis Working Paper No. 99－13，http：//papers. ssrn. com/sol3/papers. cfm? abstract _id＝214109，2002.

[51] Miller M. E. ，Modigliani，F. Dividend Policy，Growth and the Valuation of Shares [J]. Journal of Business，1961：411－433.

[52] Munnell A. H. Private Pensions and Saving：New Evidence [J]. Journal of Political Economy，1976 (5).

[53] Murphy K. ，Welch，F. Consequence of Privatizing Social Security [J]. American Economic Review，1992.

[54] Orszag P. R. ，Stiglitz，J. E. Rethinking Pension Reform：Ten Myths about Social Security Systems [R]. Presented at the conference on New Ideas about Old Age Security，1999.

[55] Pablo Lopez Murphy，Alberto R. Musalem. Pension Funds and National Saving [R]. The World Bank Working Paper，2004.

[56] Phelps E. The Golden Rule of Accumulation：A Fable for Growthmen [J]. American Economic Review (51)，1961：638－642.

[57] Philip EngliSh，Thomas Smythe &. Chris McNeil. The Calpers Effect Revisited [J]. Journal of Corporate Finance，2004 (10)：157－74.

[58] Brixi H. P. Contigent Government Liabilities：A Hidden Risk for Fiscal Stability [M]. The World Bank，1998：102－105.

[59] Ramo J. C. The Beijing Consensus [J]. Foreign Policy Centre，2004 (5).

[60] Ramsey F. P. A Mathematical Theory of Saving [J]. Economic Journal，1928 (38) Reprinted in Joseph E. Stiglitz and Hirofumi Uzawa. Readings in the Modern Theory of Economic Growth. MIT Press，1969.

[61] Rasmussen Tobias N. &.Rutherford. Modeling Overlapping Generations in a Complementarity Format [R]. University of Colorado at Boulder，working paper，2001.

[62] Richard W. Johnson. The Distributional Implications of Reductions in Social Security COLSA [R]. Urban Institute Brief Series No. 5，1999.

[63] Robert J. Barro. Government Spending in a Simple Model of Endo-geneous Growth [J]. The Journal of Political Economy (98)，1995：103

—125.

[64] Robert C. Merton. An Analytic Derivation of the Cost of Deposit Insurance and Loan Guarantees: An Application of Modern Option Pricing Theory [J]. Journal of Banking and Finance, 1977 (6): 3—11.

[65] Romer P. Increasing Returns and Long—RunGrowth [J]. Journal of Political Economy, 1999, 94 (S): 1002—1037.

[66] Samuelson P. A. An Exact Consumption—Loan Model of Interest with or without the Social Contrivance of Money [J]. Journal of Political Economy (66), 1958: 467—482.

[67] Sachs J. D. Poland's Jump to the Market Economy [M]. The MIT Press, 1994: 45.

[68] Samwick A. The Limited Offset Between Pension Wealth and Other Private Wealth: Implication of Buffer—Stock Saving [R]. Mirmeo, 1995.

[69] Seidman Laurence S. A Phase—down of Social Security: The Transition in a Life Cycle Growth Model [J]. National Tax Journal (39), 1986: 97—110.

[70] Solow R. A Contribution to the Theory of Economic Growth [J]. Quarterly Journal of Economics, 1956 (70).

[71] Uzawa H. Optimal Technical Change in an Aggregative Model of Economic Growth [J]. International Economic Review (6), 1965 (1).

[72] Vincenzo, Galasso & Paola Profeta. The Political Economy of Social Security: A Survey [J]. European Journal of Political Economy (18), 2002: 1—29.

[73] Vittas D. Institutional Investor and Securities Markets: Which Comes First? [R]. Policy ResearchWoroking Paper 2032. World Bank, 1998.

[74] Walker, Eduardo & Lefort F. Pension Reform and Capital Markets: Are There Any Links? [R]. World Bank Working Paper, 1999.

[75] Zvi Bodie. Pension as Retirement Insurance [J]. Journal of Economic Literature, 1990 (28).

[76] 边恕, 穆怀中. 对我国养老金名义个人账户制及其财务可持续性的分析 [J]. 经济与管理研究, 2005 (3).

[77] 蔡兴扬. 世界性养老保险制度改革评析 [J]. 世界经济, 1997 (5).

[78] 曹信邦. 政府社会保障绩效评估指标体系研究 [J]. 中国行政管理,

2006 (7).

[79] 陈工，谢贞发. 解决养老保险转轨成本实现个人账户实账运行 [J]. 当代财经，2002 (10).

[80] 陈华. 我国基本养老保险基金收支平衡的财务分析 [J]. 华东经济管理，2003 (S1).

[81] 陈建奇. 养老保险制度安排的模型分析与评价 [J]. 华东师范大学学报：哲学社会科学版，2006 (3).

[82] 陈宁，范风桐. 企业职工统一养老保险的数学模型及分析 [J]. 北京市经济管理干部学院学报，2004 (3).

[83] 陈少晖. 清偿隐性负债：实现养老保险制度转型的首要前提 [J]. 理论与改革，2001 (2).

[84] 陈少强，姜宇，郭骊. 对我国养老保险基金投资问题的思考 [J]. 财政研究，2004 (1).

[85] 陈迅，韩林和，杨守鸿. 基本养老保险基金平衡测算及平衡状态分析 [J]. 中国人口科学，2005 (S1).

[86] 程永宏. 现收现付制与人口老龄化关系定量分析 [J]. 经济研究，2005 (3).

[87] 戴相龙. 将划拨央企利润弥补养老金缺口 [J]. 商，2012 (24).

[88] 邓大松，刘昌平. 论政府的养老保险基金监管职责 [J]. 中国行政管理，2003 (3).

[89] 邓大松，王增文. 我国人口死亡率与最优退休年龄的动态变化关系 [J]. 统计与决策，2008 (1).

[90] 邓大松，刘昌平. 中国养老社会保险基金敏感性实证研究 [J]. 经济科学，2001 (6).

[91] 邓飞. 我国受教育年限问题实证研究 [D]. 陕西师范大学硕士论文，2008.

[92] 董存田. 对我国女职工退休年龄问题的思考 [J]. 人力资源管理，2010 (4).

[93] 董克用，王燕. 养老保险 [M]. 北京：中国人民大学出版社，2000.

[94] 杜鹏. 中国人口老龄化研究 [M]. 北京：中国人民大学出版社，1994.

[95] 杜智民，李文雄，雷晓康. 我国养老保险基金投资问题探析 [J]. 甘肃社会科学，2010 (5).

[96] 房海燕. 对我国隐性公共养老金债务的测算 [J]. 统计研究，1998

(4).

[97] 封进. 中国养老保险制度体系改革的福利经济学分析 [J]. 经济研究，2004 (2).

[98] 符齐华. 延长法定退休年龄利弊谈 [J]. 中国保险，2004 (11).

[99] 傅新平. 新政策下养老保险基金收支平衡影响因素分析 [J]. 武汉理工大学学报：社会科学版，2007 (2).

[100] 高建伟，高明. 中国基本养老保险替代率精算模型及其应用 [J]. 数学的实践与认识，2006 (5).

[101] 高建伟，邱菀华. 现收现付制与部分积累制的缴费率模型 [J]. 中国管理科学，2002，10 (4).

[102] 高建伟. 中国隐性养老金债务精算模型及其应用研究 [J]. 经济数学，2004 (2).

[103] 高尚全. 中国养老保险向基金制转轨的问题与前景 [J]. 理论前沿，2012 (12).

[104] 龚经海. 开征社会保险税势在必行 [J]. 广东财政，2000 (1).

[105] 谷声洋. 论中国社会保障费改税 [J]. 贵州财经学院学报，2003 (5).

[106] 郭席四. 我国基本养老保险制度运行风险与对策分析 [J]. 经济问题，2002 (2).

[107] 国务院发展研究中心社会保障课题组. 分离体制转轨成本，建立可持续发展制度——世纪之交的中国养老保障制度改革研究报告 [J]. 经济社会体制比较，2000 (5).

[108] 国务院研究室课题组. 中国社会保险制度改革 [M]. 北京：中国社会科学出版社，1993.

[109] 韩克庆. 延迟退休年龄之争——民粹主义与精英主义 [J]. 社会学研究，2014 (5).

[110] 何帆，张宇燕. 国有企业的性质 [J]. 管理世界，1996 (5、6).

[111] 何平. 企业改革中的社会保障制度 [M]. 北京：经济科学出版社，2000.

[112] 何平. 我国社会保障体系构架研究 [J]. 中国劳动，2001 (5).

[113] 何平. 养老保险基金平衡及对策研究 [J]. 经济研究参考，1998 (9).

[114] 何平. 中国养老保险基金测算报告 [J]. 社会保障制度（中国人民大学复印报刊资料），2001 (3).

[115] 何新华. 养老保险体制改革成本的最小化研究 [J]. 世界经济, 2001 (2).

[116] 何樟勇, 陈巍. 两种社会养老保险模式运作的内在机制探析 [J]. 浙江社会科学, 2004 年 (1).

[117] 胡继晔. 社会保险基金监管博弈分析 [J]. 管理世界, 2010 (10).

[118] 胡秋明. 多层次养老保险制度协调发展探讨 [J]. 财经科学, 2000 (3).

[119] 黄德鸿, 姜永宏. 关于扩大社会养老保险覆盖面的几个问题 [J]. 中国工业经济, 2000 (2).

[120] 黄进. 养老金投资风险管理研究 [J]. 北京市计划劳动管理干部学院学报, 2003 (11).

[121] 黄晓, 王成璋. 养老金制度转轨理论评述 [J]. 西南交通大学学报：社会科学版, 2006 (4).

[122] 黄晓. 我国养老保险隐性债务的精算模型 [J]. 统计与决策, 2006 (24).

[123] 贾洪波, 温源. 基本养老金替代率优化分析 [J]. 中国人口科学, 2005 (1).

[124] 贾康, 王瑞, 杨良初. 调整财政支出结构是减少养老保险隐形债务的重要途径 [J]. 财政研究, 2000 (6).

[125] 贾康, 杨良初. 可持续养老保险体制的财政条件 [J]. 管理世界, 2001 (3).

[126] 贾名清, 马杰. 我国养老保险制度改革思路研究 [J]. 中国软科学, 2001 (3).

[127] 匡晓理. 世界各国社会保险制度比较 [J]. 世界经济文汇, 2000 (4).

[128] 劳动保障部社保所课题组. 中国养老保险基金收支预警系统 [J]. 社会保险研究, 2002 (5).

[129] 雷勇, 蒲勇健. 基于给付确定制的最优退休年龄经济模型分析 [J]. 工业技术经济, 2004 (1).

[130] 李春根, 朱国庆. 论我国社会保障基金监管体系的问题及重构 [J]. 当代经济管理, 2010 (2).

[131] 李长运, 我国养老保险基金缺口问题研究 [J]. 安徽财经大学, 2014.

[132] 李放, 吴敏. 基本养老保险收支测算中职工人数模型的探讨 [J].

南方人口，2006（3）.

[133] 李海明. 论退休自愿及其限制 [J]. 中国法学，2013（9）.

[134] 李洁明，许晓茵. 养老保险改革与资本市场发展 [M]. 上海：复旦大学出版社，2003.

[135] 李绍光. 划拨国有资产和偿还养老金隐性债务 [J]. 经济学动态，2004（10）.

[136] 李绍光. 养老保险的困境与出路 [J]. 经济社会体制比较，2000（3）.

[137] 李绍光. 养老金制度与资本市场 [M]. 北京：中国发展出版社，1998.

[138] 李文浩，王佳妮. 国内外养老保险基金运用比较分析及我国养老保险基金的投资选择 [J]. 人口与经济，2005（1）.

[139] 李珍，刘昌平. 建立和完善中国养老保险基金分权式管理制度和相互制衡式监管制度的构想 [J]. 中国软科学，2002（3）.

[140] 李珍，刘昌平. 养老保险基金分权式管理和制衡式监督的制度安排 [J]. 中国软科学，2002（3）.

[141] 李珍，杨玲. 养老基金制度安排与经济增长的互动——以美国为研究对象 [J]. 金融研究，2001（2）.

[142] 李印慧. 探讨我国退休年龄的延迟——从上海柔性退休政策谈起 [J]. 经济研究导刊，2011（23）.

[143] 梁君林，余涛. 养老保险基金模式选择的经济分析 [J]. 江西财经大学学报，2004（2）.

[144] 林东海，丁煜. 养老金新政：新旧养老保险政策的替代率测算 [J]. 人口与经济，2007（1）.

[145] 林义. 东欧国家养老保险基金管理的启示 [J]. 经济学家，1999（2）.

[146] 林义. 社会保险基金管理 [M]. 北京：中国劳动社会保障出版社，2002.

[147] 林毓铭. 充分认识养老保险个人账户从"空账"向"实账"转化的长期性 [J]. 市场与人口分析，2004（3）.

[148] 林治芬. 中国社会保障的地区差异及其转移支付 [J]. 财经研究，2002（5）.

[149] 刘昌平. 再分配效应、经济增长效应、风险性——现收现付制与基金制养老金制度的比较 [J]. 财经理论与实践，2002（11）.

[150] 刘苓玲，徐雷. 劳动力有限供给视角下养老保险基金财务可持续性研究 [J]. 社会保障研究，2014（2）.

[151] 刘攀. 从交易成本的比较中寻找我国养老基金的管理模式 [J]. 社会科学研究，2001（2）.

[152] 刘玮. 对男女同龄退休的探讨 [J]. 中南民族大学学报：人文社会科学版，2005（12）.

[153] 刘渝琳，曹华. 半基金制在我国养老保险基金模式选择中的适用性分析——基于"时间一致性"理论的均衡分析 [J]. 数量经济技术经济研究，2005（12）.

[154] 刘子兰，李珍. 养老社会保险管理成本研究 [J]. 中国软科学，2002（11）.

[155] 刘子兰. 养老社会保险制度国际比较 [J]. 中国软科学，2003（5）.

[156] 柳清瑞，苗红. 人口老龄化背景下的推迟退休年龄策略研究 [J]. 人口学刊，2004（4）.

[157] 骆正清，陈周燕，陆安. 人口因素对我国基本养老基金收支平衡的影响研究 [J]. 预测，2010，29（2）.

[158] 穆光宗. "人口机会窗口"解析 [N]. 中国人口报，2005-08-29.

[159] 马小红，孙超. 中国人口生育政策60年 [J]. 北京社会科学，2011（2）.

[160] 牛黎帆. 瑞典养老保障制度对中国的启示——名义账户制对养老保险个账做实的借鉴意义 [J]. 劳动保障世界，2009（7）.

[161] 牛文元. 中国未来五十年发展目标 [J]. 发明与创新：综合版，2005（12）.

[162] 仇保兴. 城镇化与城乡统筹发展 [M]. 北京：中国城市出版社，2012.

[163] 人力资源和社会保障部社会保险事业管理中心. 中国社会保险发展年度报告2014 [M]. 北京：中国劳动社会保障出版社.

[164] 商江. 关于全国人均受教育年限的粗浅认识和理解 [J]. 西华大学学报，2005（12）.

[165] 邵国栋. 基于生命周期理论的延迟退休年龄合理性研究 [J]. 云南社会科学，2007（5）.

[166] 申曙光. 社会养老保险模式：名义账户制与部分积累制 [J]. 行政管理改革（10）.

[167] 史潮，钱国荣. 企业基本养老保险基金安全性研究 [J]. 社会保障

研究，2008（1）.

[168] 世界银行. 老年保障——中国的养老金体制改革 [M]. 北京：中国财经出版社，1998.

[169] 孙爱琳. 财政应加强对社会保障基金运用的风险管理 [J]. 江苏商论，2003（8）

[170] 唐钧. 延迟退休实行条件尚未成熟 [N]. 中国社会科学报，2011－05－03.

[171] 万春. 我国混合制养老金制度的基金动态平衡研究 [M]. 北京：中国财政经济出版社，2009.

[172] 汪建强. 英国延迟退休年龄的现实考虑与启示 [J]. 中国市场，2007（3）.

[173] 王鉴岗. 社会养老保险平衡测算 [M]. 北京：经济管理出版社，1999.

[174] 王利军. 养老保险基金缺口的成因及对策分析 [J]. 当代经济管理，2005（10）.

[175] 王晓军. 对我国养老金制度债务水平的估计与预测 [J]. 预测，2002，21（1）.

[176] [美] 威廉姆森，申策，房连泉. 东亚三国的公共养老金制度改革：名义账户制的应用前景评析 [J]. 社会保障研究，2011（9）.

[177] 文太林. 养老保险制度对劳动力供给的影响及其完善 [J]. 广东行政学院学报，2008（12）.

[178] 吴平凡，魏岚. 刍议养老保险监管模式——谨慎人模式与限量模式及对我国的启示 [J]. 当代经理人旬刊，2005（6）.

[179] 吴石. 基本养老保险基金收支平衡问题研究 [D]. 陕西师范大学，2012.

[180] 熊必俊. 中国养老基金缺口及对策研究 [J]. 上海城市管理职业技术学院学报，2004（11）.

[181] 徐锦文. 社保基金投资组合管理及模型探讨 [J]. 投资研究，2004（9）.

[182] 徐晓雯，张新宽. 对延迟我国法定退休年龄的思考 [J]. 山东财政学院学报，2011（5）.

[183] 闫俊. 社保基金预算收支平衡实现路径 [J]. 人民论坛，2011（6）.

[184] 颜旭若. 浅论减持国有股、充实社会保障基金的方案设计 [J]. 中

共中央党校学报，2000（4）.

[185] 杨范. 社会保障基金投资运营风险预警防范问题研究［J］. 河北大学学报：哲社版，2004（10）.

[186] 杨良初. 中国社会保障制度分析［M］. 北京：经济科学出版社，2003.

[187] 杨继军，张二震. 人口年龄结构、养老保险制度转轨对居民储蓄率的影响［J］. 中国社会科学，2013（8）.

[188] 姚春辉. 我国社会保障基金监管体系存在的问题与对策［J］. 陕西理工学院学报：社会科学版，2009（2）.

[189] 叶晓倩. 欧盟国家养老金改革评析及其启示［J］. 中国软科学，2004（11）.

[190] 伊志宏. 养老金改革的模式选择［J］. 财贸经济，2000（4）.

[191] 于洪. 养老保险基金投资管理中的委托代理问题［J］. 财经研究，2002（9）.

[192] 袁铎珍. 国有资产补充社会保险基金：合理性与可行性［J］. 经济与社会发展研究，2014（11）.

[193] 袁磊. 延迟退休能解决养老保险资金缺口问题吗？——72 种假设下三种延迟方案的模拟［J］. 人口与经济，2014（4）.

[194] 袁志刚，葛劲峰. 由现收现付制向基金制转轨的经济学分析［J］. 复旦学报：社会科学版，2003（4）.

[195] 袁志刚，宋铮. 人口年龄结构、养老保险制度与最优储蓄［J］. 经济研究，2000（11）.

[196] 袁志刚. 中国养老保险体系选择的经济学分析［J］. 经济研究，2001（5）.

[197] 张艳. 中国养老保险制度转轨探析［J］. 中国保险，2012（11）.

[198] 张运刚. 人口老龄化背景下的中国养老保险制度［M］. 重庆：西南财经大学出版社，2005.

[199] 章萍，严运楼. 政府在养老保险基金监管中的定位［J］. 财经科学，2008（6）.

[200] 赵丽华. 完善我国社会保险基金监管体系的对策研究［J］. 金融监管，2008（11）.

[201] 赵孟华，李连友. 社会保障基金风险准备金制度激励效应分析——基于社会保障基金投资管理人视角的研究［J］. 江西社会科学，2008（6）.

[202] 赵宇. 中国养老保险隐性债务问题研究［J］. 金融与保险，2003

（8）．

[203] 曾益，任超然．破解养老金支付危机：单独二孩政策有效吗？[J]．财经研究，2015（6）．

[204] 郑秉文，房连泉．国内学术界对我国社保基金投资监管体制改革的观点综述 [J]．专家论坛，2006（24）．

[205] 郑秉文．经济理论中的福利国家 [J]．中国社会科学，2003（1）．

[206] 郑秉文．欧盟国家社会养老的制度选择及其前景——兼论"名义账户"制对欧盟的适用性 [J]．欧洲研究，2003（4）．

[207] 郑秉文．欧亚六国社会保障"名义账户"制利弊分析及其对中国的启示 [J]．世界经济与政治，2003（5）．

[208] 郑秉文．养老保险名义账户制顶层设计系列研究 [J]．开发研究，2015（8）．

[209] 郑功成．养老金计发办法改革意味着什么 [J]．社会保障制度，2006（3）．

[210] 郑功成．智利模式——养老保险私有化改革述评 [J]．经济学动态，2001（2）．

[211] 郑功成．中国社会保障制度改革的新思考 [J]．山东社会科学，2007（6）．

[212] 郑权．政府债务政策与社会保障基金运作 [J]．金融研究，1999（5）．

[213] 郑伟，孙祁祥．中国养老保险制度变迁的经济效应 [J]．经济研究，2003（10）．

[214] 郑伟．名义账户制与中国养老保险改革：路径选择和挑战 [J]．经济社会体制比较，2010（2）．

[215] 钟耀仁．养老保险改革国际比较研究 [M]．上海：上海财经大学出版社，2004．

[216] 周辉．我国延迟退休年龄限制因素分析与建议 [J]．学术交流，2011（2）．

[217] 周渭兵．社会养老保险精算理论、方法及其应用 [M]．北京：经济管理出版社，2004．

[218] 周渭兵．我国养老金记账利率制度的风险精算分析和再设计 [J]．数量经济技术经济研究，2007，24（12）．

[219] 周小川．社会保险与企业盈利能力 [J]．经济社会体制比较，2000（6）．

［220］朱洪兴. 我国延迟退休的效应分析［J］. 枣庄学院学报，2012
(12).

［221］朱君乐. 中国社会养老保险转制危机及解决方案选择［J］. 社会保障制度，2004 (3).

［222］朱青. 养老金制度的经济分析与运作分析［J］. 北京：中国人民大学出版社，2005.

［223］祝献忠. 社保基金进入资本市场的风险收益实证分析［J］. 中央财经大学学报，2008 (6).

后 记

这本著作是教育部人文社会科学研究青年基金项目（13YJC630225）"城乡社会养老保险基金缺口研究：规模、性质与应对"的最终研究成果。在整个课题研究中得到了课题组成员的大力支持，非常感谢金刚在关键数据和调研方面付出的辛苦努力！在课题研究中，课题组见证了我国实施延迟退休年龄、全面放开"二孩"等政策的发布。因此，在完成课题的相关工作中，我们根据政策可能会带来的影响，对相关内容进行了调整。这些新政策及未来可能会对养老保险领域产生哪些变化，都如磁石一般吸引我们进行更深入的探讨，也为我们未来的研究引领了方向。

"他山之石，可以攻玉"，在这本书完成之即，还要感谢在课题研究中提供宝贵意见的专家和同行，每一次讨论都使我们的课题更完善，也使我们认识到未来需要做更多的学习和研究。

尽管我们的课题即将告一段落，但是随着社会经济的飞速发展，我们的研究并不会停止，希望通过我们微薄的努力，能够助推养老保险事业的进一步发展。

作 者

2016 年 3 月